ΣBEST シグマベスト

今日からスタート高校入試

国語

文英堂

この本の特長

1 思い立ったその日が高校入試対策のスタート！

「そろそろ受験勉強始めなきゃ！」そう思ってこの本を手に取ったその日が、あなたの受験勉強のスタートです。この本は、いつから始めても、そのときどきの使い方で効率的に学習できるようにつくられています。計画を立てて、志望校合格を目指してがんばりましょう。この本では、あなたのスケジューリング（計画の立て方）もサポートしています。

2 段階を追った構成で、合格まで着実にステップアップ！

この本は、近年の入試問題を分析し、中学3年間の学習内容を、短期間で復習できるようコンパクトに編集しているので、効率よく学習できます。また、大きく3つのステップに分けて構成しているので、段階を追って無理なく着実に実力アップができます。

この本の構成

Step 1 要点をおさえる！［学習項目別］

まずは学習項目別の章立てで，今まで学んだ内容を復習しましょう。

ポイント整理

入試必出のポイントを簡潔にまとめています。忘れていることはないか，知識を確認しましょう。

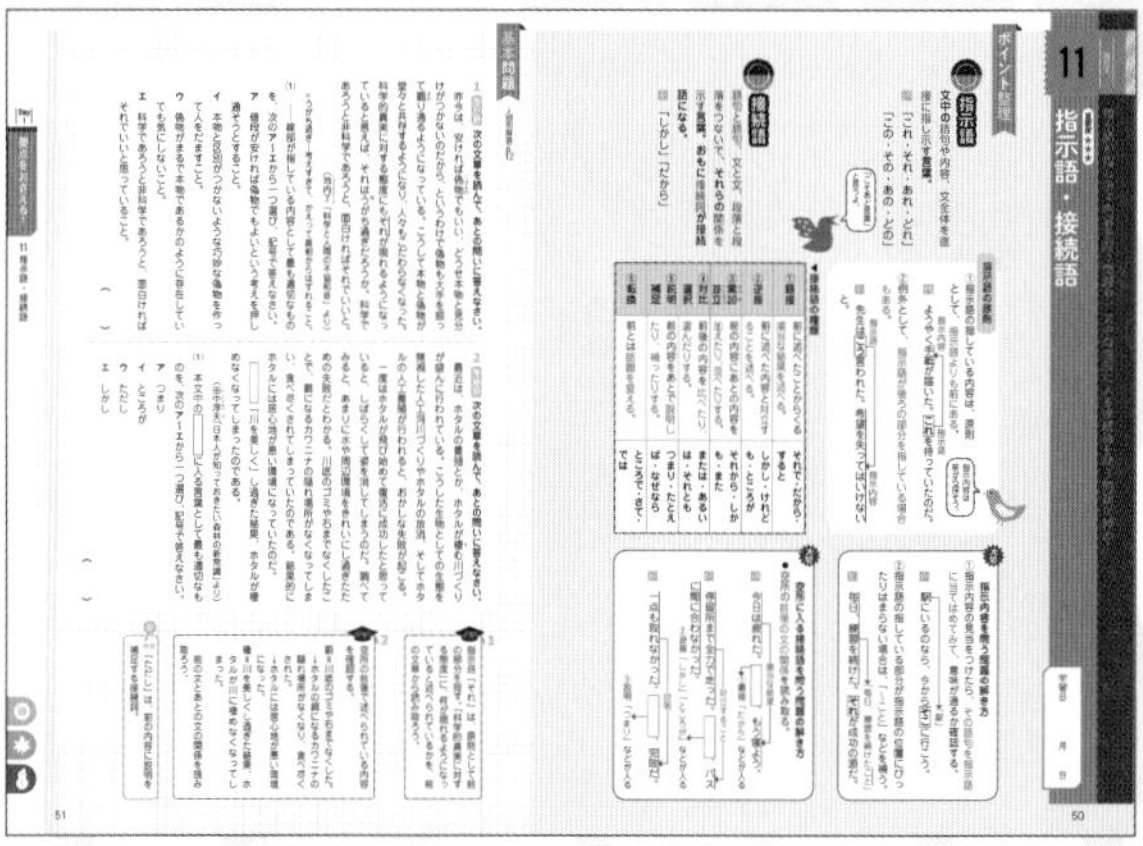

基本問題

基本的な問題を集めました。「ポイント整理」の内容を確認しましょう。

トレーニングテスト

実際に出題された入試問題から良問を集めました。「基本問題」をふまえて，実際に解いてみましょう。

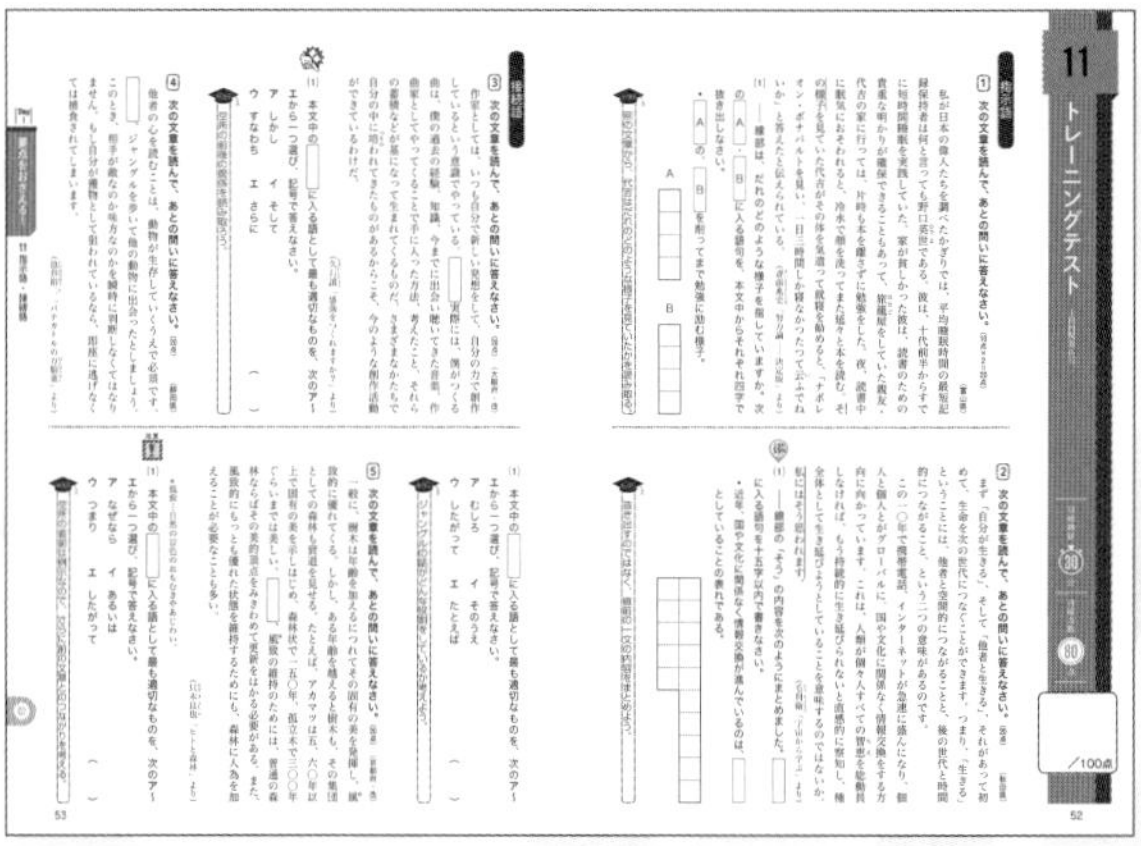

総合チェック

文章の中で出題された問題を集めました。実戦に近い問題で確認しましょう。

ふりかえりマーク

>>> **01** はふりかえりマークです。参照単元を記載していますので，必要に応じてその単元に戻って再確認しましょう。

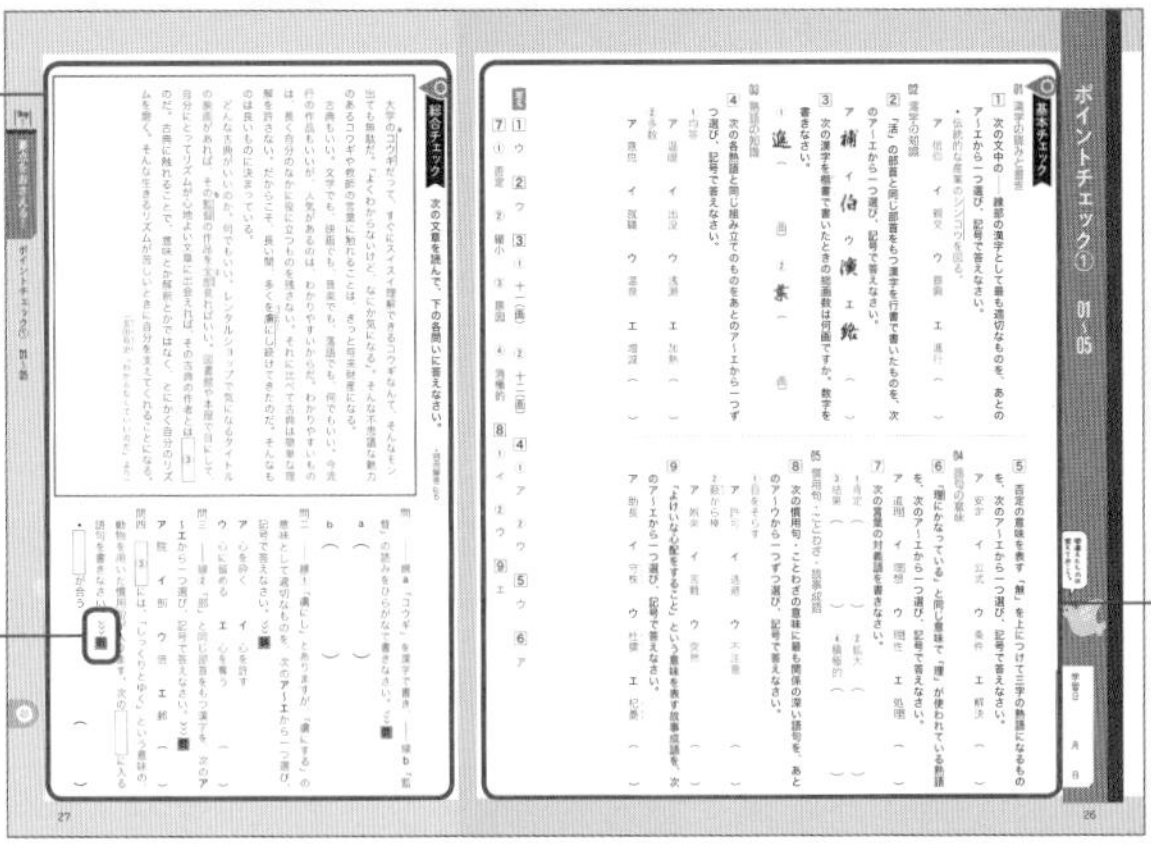

ポイントチェック

これまでに学んだ事項を再チェックするコーナーです。

基本チェック

一問一答形式の問題で確認しましょう。

Step 2 総合力をつける！［出題テーマ別］

出題テーマ別に分類した入試の過去問で構成されています。
高校入試に向けて実戦的な力を養いましょう。

入試攻略のカギ

それぞれのテーマをおさえるためのポイントや入試傾向を集めました。問題を解く前に読んでおきましょう。

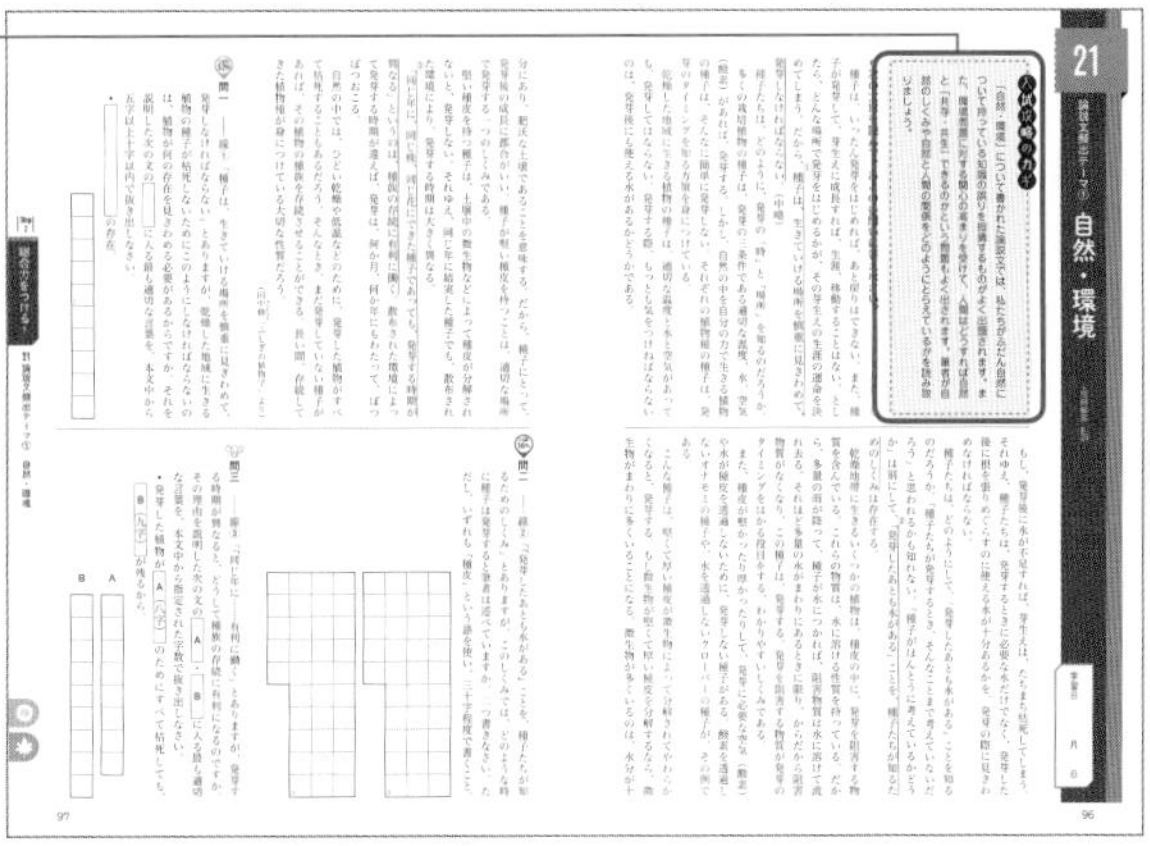

総合力をつける！

「Step1 要点をおさえる！」とは切り口を変えて出題しています。出題されているテーマについて学びながら，実戦的な力を養いましょう。

Step 3 入試にそなえる！［入試模擬テスト］

入試模擬テストが２回分ついています。
入試前に取り組んで，力試しをしましょう。

シリーズ全教科をそろえて，
高校入試本番のつもりで取り組んでみるのもオススメ！

くわしい「解答・解説」

問題の解き方，考え方，注意点などをくわしくていねいに説明しています。間違えたところは，解説をじっくり読んで理解しましょう。取り外して使用できます。

ふろく「入試直前チェックブック」

巻頭の入試直前チェックブックに，入試によく出る漢字の読み書きや四字熟語，慣用句などをまとめました。
スキマ時間に，試験会場で，いつでもどこでも重要事項がチェックできますので，大いに活用してください。

この本の使い方（スケジューリングのススメ）

今日からあなたの受験勉強がスタートします。志望校合格に向けて、計画を立てましょう。はじめにがんばりすぎて息切れ…なんてことにならないよう、決まったペースでコツコツ続けることが大切です。「スタートが遅れた！どうしよう！」…そんな人は、問題をスキップしてもOK！
この本では、使用時期に合わせて3つの学習コースをご用意しています。

あなたはどのコース？

①1学期・夏休みから始めるあなたは
→ とことんコース

②2学期から始めるあなたは
→ これからコース

③冬休み・3学期から始めるあなたは
→ おいそぎコース

見開きの左ページに、とことん・これから・おいそぎのマークをつけてあります。あなたの学習コースに合ったペースで取り組みましょう。計画的に取り組むことで、合格力を身につけることができます。
必ずやり通して、入試本番は自信をもって臨んでください！

Step 1 要点をおさえる！
ポイント整理
基本問題
トレーニングテスト
ポイントチェック

Step 2 総合力をつける！

Step 3 入試にそなえる！

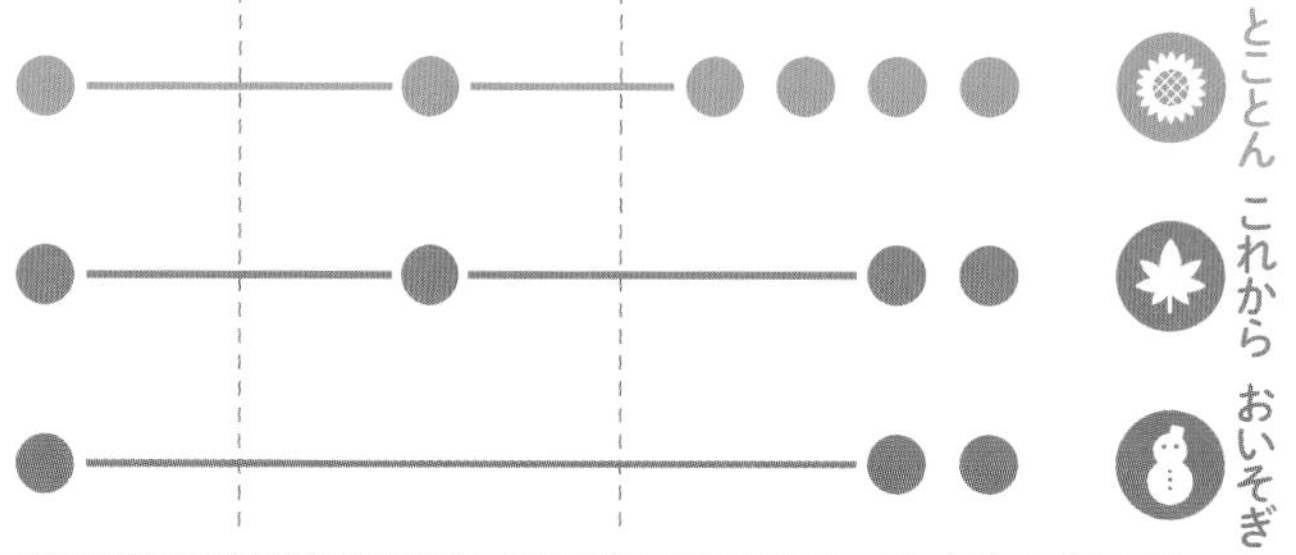

アイコンの一覧

重要 必ず押さえておきたい問題です。

差がつく 少し難しい問題です。マスターすることでライバルに差をつけることができます。

注意 ミスしやすい問題です。注意して解きましょう。

正答率75%　正答率25% 各都道府県で公表されている問題ごとの正答率です。青色は50％以上（必ず押さえるべき落とせない問題）、赤色は50％未満（受験生が間違えやすい、差をつけられる問題）を示しています。

思考力　判断力　表現力 「思考力」「判断力」「表現力」の強化に適した問題です。

もくじ

漢字の読みと書き

重要度★★★

同音異義語の問題が頻出！ 送り仮名のある訓読みをする漢字も覚えておこう。

ポイント整理

音読みと訓読み

音読み…中国から伝わったときの発音に基づく読み方。

例 山（サン）

訓読み…漢字にその意味を表す和語を当てはめた読み方。

例 山（やま）

同訓異字

同じ訓読みを**もつ異なる漢字**。

例 のぼる｛上る／登る／昇る

同音異義語

同じ音読みで、**意味が異なる語**。

例 ソウゾウ｛想像／創造

熟語の意味を考えよう。

入試によく出る読み

●送り仮名のある訓読みをする漢字

極《きわ》める・募《つの》る・緩《ゆる》やか・鮮《あざ》やか・挑《いど》む・逆《さか》らう・促《うなが》す・覆《おお》う・陥《おちい》る

●形の似ている漢字

- 遺跡《いせき》／派遣《はけん》
- 衝突《しょうとつ》／均衡《きんこう》
- 特徴《とくちょう》／微妙《びみょう》
- 暫時《ざんじ》／漸次《ぜんじ》
- 遂行《すいこう》／逐次《ちくじ》
- 穏《おだ》やか／隠《かく》す

●読みが二つ以上ある漢字

※送り仮名で見分ける

- 逃《に》げる／逃《のが》れる
- 厳《おごそ》か／厳《きび》しい
- 怠《おこた》る／怠《なま》ける

入試によく出る書き

●音や形の似ている漢字

- 貸《か》す／借《か》りる
- 往復《おうふく》／複雑《ふくざつ》
- 可能《かのう》／態度《たいど》
- 拾《ひろ》う／捨《す》てる
- 輸出《ゆしゅつ》／車輪《しゃりん》
- 検査《けんさ》／危険《きけん》
- 構成《こうせい》／講座《こうざ》
- 意義《いぎ》／会議《かいぎ》
- 業績《ぎょうせき》／体積《たいせき》

存在《そんざい》・価値《かち》　＊上下の漢字が似ている。

●送り仮名のある訓読みをする漢字

営《いとな》む・浴《あ》びる・快《こころよ》い・補《おぎな》う

注意 間違えやすい同訓異字

- あつい｛熱い湯／暑い夏／厚い本
- あらわす｛図で表す／姿を現す／書物を著す
- おさめる｛国を治める／成功を収める／税を納める／学問を修める
- たつ｛回線を断つ／消息を絶つ／布を裁つ／時間が経つ
- かえりみる｛過去を顧みる／自己を省みる
- そなえる｛試験に備える／花を供える

「表示」「出現」「著書」など音読みの熟語にしてみるといいよ。

注意 間違えやすい同音異義語

- カイトウ｛問題の解答／質問への回答
- カイホウ｛人質を解放する／正門を開放する
- タイショウ｛比較対照表／支援の対象／左右対称
- ホショウ｛製品を保証する／安全を保障する／損害を補償する

漢和辞典の引き方

●漢和辞典は索引を使って漢字を探す

①部首がわかるとき→**部首索引**
②読みがわかるとき→**音訓索引**
③部首も読みもわからないとき→**総画索引**

学習日　月　日

基本問題

→別冊解答 p.2

1 漢字の読み **次の各文の――線部の漢字の読みをひらがなで書きなさい。**

① 冬の海は閑散としていた。（　　）
② 内容が希薄である。（　　）
③ 領主が国を治める。（　　める）
④ スキーの技術を極めたい。（　　め）
⑤ 日ごとに寒さが募る。（　　る）

2 漢字の書き **次の各文の――線部のカタカナを漢字で書きなさい。**

① 文章をカンケツにまとめる。（　　）
② コピー機で原稿をフクシャする。（　　）
③ センモン家から教わる。（　　）
④ 笑顔をタやさない。（　　やさ）
⑤ 雪が降りツもる。（　　もる）

3 同訓異字 **次の各文の――線部の漢字として最も適切なものを、あとのア～ウから一つずつ選び、記号で答えなさい。**

① 彼の意見は一貫性にカける。
ア 掛　イ 駆　ウ 欠（　）
② 重大な罪をオカす。
ア 犯　イ 侵　ウ 冒（　）
③ アツいお茶を飲む。
ア 暑　イ 熱　ウ 厚（　）

4 同音異義語 **次の各文の――線部の漢字として最も適切なものを、あとのア～ウから一つずつ選び、記号で答えなさい。**

① この作品の良さはホショウする。
ア 保障　イ 保証　ウ 補償（　）
② 彼は、音楽のカンショウ眼が鋭い。
ア 鑑賞　イ 観賞　ウ 干渉（　）
③ 校庭をカイホウする。
ア 快方　イ 解放　ウ 開放（　）

5 辞典の引き方 **読みも部首もわからない漢字を漢和辞典で調べるときに使う索引を、次のア～ウから一つ選び、記号で答えなさい。**

ア 音訓索引　イ 部首索引　ウ 総画索引（　）

HINT 2
②「フクシャ」は、同じ物を二つ作ることだから、「フク製」と同じ漢字を使う。
④ここでの「タやす」は、「子孫をタやす」（ゼツ滅）、「悪をタやす」（根ゼツ）などと同じ意味。

HINT 3
①ここでの「カける」は「ケツ如《じょ》」しているという意味。
②ここでの「オカす」は「ハン罪」という熟語から考える。
過《あやま》ちを犯す（法にそむく）
権利を侵す（侵害する）
危険を冒す（冒険する）

HINT 4
②カンショウ
作品を鑑賞する（芸術を味わう）
桜の花を観賞する（物を見る）
武力で干渉する（介入する）
③ア「病気が快方に向かう」（回復する）などと用いる。

01 トレーニングテスト

↓別冊解答 p.2

目標時間 30分　目標点数 80点

／100点

漢字の読み

1 次の各文の――線部の漢字の読みをひらがなで書きなさい。（3点×6＝18点）

正答率86%
①山の輪郭を描写する。〈岐阜県〉（　　　）

正答率90%
②教室に本棚を設ける。〈鹿児島県〉（　　　ける）

正答率81%
③所得と税の額を申告する。〈神奈川県〉（　　　）

正答率99%
④悔しさをばねにして努力する。〈千葉県〉（　　　しさ）

⑤遠くの山を眺める。〈宮城県〉（　　　める）

正答率25%
⑥利用者の便宜を図る。〈高知県〉（　　　）

2 次の文の――線部の語は、漢字のどのような読み方の種類を組み合わせて読みますか。正しいものを、あとのア～エから一つ選び、記号で答えなさい。（5点）〈宮城県〉

・仕事を終えて、一息つく。

ア 訓読み＋訓読み　　イ 音読み＋音読み

ウ 訓読み＋音読み　　エ 音読み＋訓読み

（　　　）

漢字の書き

3 次の各文の――線部のカタカナを漢字で書きなさい。（3点×6＝18点）

正答率51%
①書類をユウソウする。〈新潟県〉（　　　）

②春の公園をサンサクする。〈三重県〉（　　　）

③銀行に金をアズける。〈愛媛県〉（　　　ける）

正答率62%
④ボールを巧みにアヤツる。〈岐阜県〉（　　　る）

⑤チームをヒキいる。〈栃木県〉（　　　いる）

正答率81%
⑥初日の出をオガむ。〈青森県〉（　　　む）

同訓異字

4 次の各文の――線部の漢字として最も適切なものを、あとのア～エから一つずつ選び、記号で答えなさい。（4点×2＝8点）

①来賓が席にツき、式が始まった。〈青森県〉

ア 突　イ 着　ウ 付　エ 尽　（　　　）

HINT 「席」を用いた熟語を考えるとよい。

② 複数の雑誌に筆をトる。〈青森県〉

ア 撮　イ 捕　ウ 採　エ 執　（　　）

同音異義語

5 次の各文の――線部の漢字として最も適切なものを、あとのア〜エから一つずつ選び、記号で答えなさい。（4点×5＝20点）

正答率87%
① 意地になって態度をコウカさせる。〈青森県〉

ア 高価　イ 硬化　ウ 降下　エ 効果　（　　）

正答率85%
② 生徒会のユウシで校内のごみ拾いをする。〈青森県〉

ア 融資　イ 有史　ウ 勇姿　エ 有志　（　　）

③ 利益を社会にカンゲンする。〈青森県〉

ア 還元　イ 管弦　ウ 換言　エ 甘言　（　　）

注意
④ 列車に空席があるか駅の担当者にショウカイする。〈青森県〉

ア 紹介　イ 照会　ウ 商会　エ 詳解　（　　）

⑤ 彼は、とてもセイサンがないと思われていた商談を粘り強くすすめ、契約にまでこぎ着けた。〈愛知県・改〉

ア 生産　イ 精算　ウ 清算　エ 成算　（　　）

6 次の文中の――線部のカタカナを漢字で書きなさい。（5点×2＝10点）〈愛知県〉

差がつく
・彼は、三つの章で①コウセイされた独創的な小説で文学賞をとり、作家として華々しいスタートを切った。それ以降も、優れた作品を数多く発表し、偉大な作家として②コウセイに名を残した。

①（　　）　②（　　）

正答率91%
7 次の文について、□に入る言葉は何ですか。あとのア〜エから一つ選び、記号で答えなさい。（5点）〈山梨県〉

・芸術の秋、豊かな□を読書ではぐくもう。

ア 閑静　イ 完成　ウ 感性　エ 歓声　（　　）

8 次の各文の□には同音の漢字がそれぞれ一字ずつ入ります。それぞれ適切な漢字を考えて書きなさい。（3点×2＝6点）〈鳥取県〉

正答率68%
① 布を□色する。　□

正答率54%
② 選手□誓。　□

辞典の引き方

9 「壊」を漢和辞典で調べるときに、「部首」「読み」「総画数」の組み合わせとして正しいものを、次のア〜エから一つ選び、記号で答えなさい。（5点）〈沖縄県〉

ア 「衣」で「ころもへん」―「メツ・こわ」―十七画
イ 「土」で「つちへん」―「カイ・こわ」―十六画
ウ 「衣」で「ころもへん」―「メツ・こわ」―十六画
エ 「土」で「つちへん」―「カイ・こわ」―十七画
（　　）

10 国語辞典で語句の意味を調べるとき、次のア〜エの言葉はどの順で配列されていますか。一番目に配列されているものを一つ選び、記号で答えなさい。（5点）〈沖縄県〉

ア 祝福　イ 充電　ウ 集中　エ 終日　（　　）

漢字の知識

重要度★★★

漢字の画数・筆順を問う問題は頻出！ おもな部首の行書体の形もしっかり覚えておこう。

学習日　月　日

ポイント整理

部首

漢字を組み立てている部分のうち、分類の基準になるところ。漢字のおおまかな意味を表す。

漢字の成り立ち

おもに、象形《しょうけい》・指事《しじ》・会意《かいい》・形《けい》声《せい》の四種類がある。

漢字の画数・筆順

画数…漢字を作る点や線の数。
筆順…漢字の書き順。

書体

楷書《かいしょ》…点や線をくずさずに正確に書く書き方。
行書《ぎょうしょ》…点や線をややくずして書く書き方。

▶おもな部首

へん	つくり	かんむり	かまえ
信 にんべん	利 りっとう	草 くさかんむり	園 くにがまえ
清 さんずい	歌 あくび	宇 うかんむり	開 もんがまえ

あし	にょう	たれ
熱 れっか	道 しんにょう	店 まだれ
悲 こころ	延 えんにょう	原 がんだれ

漢字の成り立ち

①**象形**…実際にある物をかたどる。例 山・川・馬
②**指事**…数や位置などを記号として表す。例 三・上
③**会意**…二つ以上の漢字の組み合わせ。
例 明（日＋月）
④**形声**…意味を表す部分と音を表す部分の組み合わせ。
例 板〔反(音＝ハン・バン)／木(意味＝木)〕　効〔力(意味＝ちから)／交(音＝コウ)〕

注意

間違えやすい画数・筆順（赤色部分に注意）

①**間違えやすい画数**
⻌…丶 ⻍ ⻌→三画　阝…㇇ ㇋ 阝→三画
子…ㇷ 了 子→三画　折…扌 扌 扩 折 折→七画

②**間違えやすい筆順**
状…丨 丬 丬 状　非…丿 ｷ 三 引 非 非 非
必…丶 ソ 义 必 必　博…十 卜 忄 怕 博 博 博
飛…⺄ ⺄ ⺄ 飞 飛 飛　発…ノ ク ダ 癶 癶 発

③**左払いがある漢字の筆順**
・左払いが先　右…ノ ナ 右　成…丿 厂 万 成
・左払いが後　左…一 ナ 左　在…一 ナ 才 在

注意

行書の書体の注意点（上が楷書・下が行書）

①**点や線がつながったり、省略されたりする。**
波→波　編→編　校→校

②**しめすへん（ネ）ところもへん（ネ）は形が同じになる。→つくりの部分で漢字を見分ける。**
礼→礼（しめすへん）　補→補（ころもへん）

③**楷書と筆順が違う場合がある。→筆の流れを見る。**
花（①②③）→花（①②③）

基本問題

→別冊解答 p.3

1 部首・漢字の成り立ち 次の行書で書かれた漢字の説明文の［①］に入る語句を書きなさい。また、［②］に入る語句を、あとのア～エから一つ選び、記号で答えなさい。

照

・この漢字の部首名は［①］であり、漢字の成り立ちは［②］文字に分類される。

①（　　　　）

② ア 指事　イ 象形　ウ 会意　エ 形声　（　　）

2 部首 次の行書で書かれた漢字の部首名を書きなさい。また、この部首と組み合わせたとき、常用漢字表にある、正しい漢字になるものを、あとのア～エから一つ選び、記号で答えなさい。

秋

部首名（　　　　）

ア 音　イ 責　ウ 成　エ 含　（　　）

3 画数 「泳」の総画数と、楷書で書いた場合の総画数が同じものを、次のア～エから一つ選び、記号で答えなさい。

ア 延　イ 批　ウ 退　エ 医　（　　）

4 筆順 次は、「図」という漢字を楷書体で書いたものです。黒ぬりのところは何画目になりますか。数字で答えなさい。

（　　画目）

5 書体 「万葉集」の「葉」を、行書で次のように書いたときの特徴を、楷書で書いたときと比較して説明した文として適切なものを、次のア～エからすべて選び、記号で答えなさい。

葉

ア 一点一画がはっきりしている。
イ 点画の形や方向が変化している。
ウ 部首の部分の筆順に変化がある。
エ 全体に直線的で丸みがない。

（　　　　）

HINT 1 ②「照」の音読みは「ショウ」。「昭」の部分が音を表す。

注意 2 行書体の文字は、字画の省略がある。ここでは、楷書に直すと何へんになるかを考えよう。

HINT 5 「葉」のくさかんむりの部分や、下部の「木」の部分の形の特徴をとらえよう。

参考 漢字の知識問題は、1のように二つの要素を問う複合問題がほとんど。また、漢字は行書体の形で出題されることが多い。おもな部首の行書体の形はしっかり覚えておこう。

02 トレーニングテスト

→別冊解答 p.3

目標時間 30分

目標点数 80点

／100点

部首

1 「拍」の部首名をひらがな三字で書きなさい。（5点）〈福島県〉

（　　　）

2 次の行書で書かれた漢字の部首名を書きなさい。（5点）〈群馬県〉

越

（　　　）

正答率48%

3 次の――線部の漢字の部首名を書きなさい。（5点）〈鹿児島県〉

国民の祝日

（　　　）

HINT 楷書に直すと「ネ」と「ネ」のどちらになるかに注意しよう。

正答率86%

4 次の□の中は、田中さんが因州和紙に行書で書いた漢字の部首です。この部首を含む漢字を、次のア～エから一つ選び、記号で答えなさい。（5点）〈鳥取県〉

ア 積　イ 級　ウ 誇　エ 減

（　　　）

画数・筆順

正答率38%

5 「続」を楷書《かいしょ》で書いた場合の総画数と、次のア～エの行書の漢字を楷書で書いた場合の総画数が同じものを一つ選び、記号で答えなさい。（10点）〈福岡県〉

ア 階　イ 極

ウ 蒸　エ 複

（　　　）

6 「家」を楷書で書いた場合の総画数と、次のア～エの行書の漢字を楷書で書いた場合の総画数が同じものを一つ選び、記号で答えなさい。（10点）〈福岡県〉

ア 紅　イ 河

ウ 格　エ 祝

（　　　）

正答率51%

7 次の行書で書かれた漢字を楷書で書いたとき、総画数が同じになるものはどれとどれですか。次のア～オの中から二つ選び、記号で答えなさい。（完答10点）〈山梨県〉

ア 速　イ 泣　ウ 級
エ 設　オ 茶

(　　)(　　)

8 「希」を楷書で書く場合、三画目に書くのはどの部分ですか。左の「希」の三画目だけを濃くなぞって書きなさい。(5点)〈島根県〉

希

注意

9 次の行書で書かれた漢字を楷書で書いた場合、黒い部分は、何画目になりますか。数字を書きなさい。(5点)〈大分県〉

社

(　　画目)

HINT 部首は「しめすへん」。

書体

10 「夢実現」を次のように行書で書きました。楷書で書いた場合と比べ、このとき見られる点画の特徴として当てはまらないものを、あとのア〜エから一つ選び、記号で答えなさい。(10点)〈大分県〉

夢実現

ア 点画の連続　イ 点画の方向や形の変化
ウ 点画の省略　エ 筆順の変化

(　　)

差がつく

11 漢字を行書で書くとき、楷書と異なる筆順で書くことがあります。次のア〜エの行書で書かれた漢字の中から、楷書と異なる筆順で書かれたものを一つ選び、記号で答えなさい。(10点)〈三重県〉

ア 出　イ 何
ウ 楽　エ 書

(　　)

複合問題

重要

12 次の漢字の部首名を書きなさい。また、楷書で書いた場合の総画数と同じ画数になる漢字を、あとのア〜エから一つ選び、記号で答えなさい。(5点×2=10点)〈群馬県〉

複

部首名(　　)

ア 遠　イ 確　ウ 増　エ 報

(　　)

重要

13 「提」の部首と組み合わせることで正しい常用漢字になる漢字を、次のア〜エから一つ選び、記号で答えなさい。(10点)〈茨城県〉

ア 兆　イ 天
ウ 走　エ 羊

(　　)

二字熟語の組み立ての型、四字熟語の意味を問う問題が頻出！

重要度★★★

熟語の知識

学習日　月　日

ポイント整理

●二字熟語の組み立て

①上下の漢字の意味が似ている　例 思考（思う≒考える）・価値（価《あたい》≒値《あたい》）
②上下の漢字の意味が対《つい》になる　例 伸縮（伸びる⇔縮む）・公私（公⇔私）
③上下の漢字が主語と述語の関係になる　例 腹痛（腹が痛い）・日照（日が照る）
④上の漢字が動詞、下の漢字が目的や対象になる　例 着席（席に着く）
⑤上の漢字が下の漢字を修飾する　例 青空（青い空）・急増（急に増える）
⑥その他　例 不足（接頭語）・強化（接尾語）、我々（重ね字）、国連（「国際連合」の略）

●三字熟語の組み立て

①三字が対等な関係にある　例 衣食住・松竹梅《しょうちくばい》・雪月花《せつげっか》・上中下
②一字＋二字熟語　例 高気圧・初勝利・超能力・桜並木
＊接頭語（不・非・無・未）　例 不自然・非常識・無関心・未完成
③二字熟語＋一字　例 商店街・指導者・運動会・満足感
＊接尾語（性・的・化）　例 必然性・積極的・温暖化

●四字熟語の組み立て

①四字が対等な関係にある　例 東西南北・春夏秋冬・花鳥風月《かちょうふうげつ》
②二字熟語＋二字熟語　例 夏期講習・交通機関・読書週間

大切

二字熟語の組み立ての見分け方

上下の漢字を訓読みにしてつながり方を調べる。

⇩**上下の意味が似ている…①**
例 詳細（詳しい・細かい）　森林（森・林）
⇩**上下の意味が対になる…②**
例 高低（高い・低い）　縦横（縦・横）
⇩**下から上につながる…④**
例 就職（職に就く）
⇩**上から下につながる…③（主・述）か⑤（修飾・被修飾）**
例 ③日没（日が没する）　⑤曲線（曲がった線）

大切

三字熟語の組み立ての見分け方

二字熟語が含まれていないか調べる。

例 総選挙→総＋選挙…②一字＋二字
案内板→案内＋板…③二字＋一字
心技体→二字熟語はなし…①対等な三字

入試によく出る四字熟語

●慣用的な四字熟語がよく出題される

一期一会《いちごいちえ》…一生に一度しかない出会い。
自縄自縛《じじょうじばく》…自分の言動に縛られること。
泰然自若《たいぜんじじゃく》…物事に動じないこと。
粉骨砕身《ふんこつさいしん》…力の限り努力すること。
順風満帆《じゅんぷうまんぱん》…物事が調子よく運ぶこと。
喜色満面《きしょくまんめん》…喜びが顔中に表れていること。
馬耳東風《ばじとうふう》…他人の意見を聞かないこと。
心機一転《しんきいってん》…何かをきっかけに心を変えること。
単刀直入《たんとうちょくにゅう》…すぐに本題に入ること。

基本問題

→別冊解答 p.4

1 二字熟語 **次の各語と熟語の組み立てが同じものを、あとのア～エから一つずつ選び、記号で答えなさい。**

①繁栄
ア 公立　イ 豊富
ウ 握手　エ 多忙　（　　）

②雨音
ア 伸縮　イ 花園
ウ 思考　エ 登山　（　　）

③遠近
ア 雅俗　イ 人造
ウ 遷都　エ 歓喜　（　　）

2 三字熟語 **「防寒着」と熟語の組み立てが同じものを、次のア～エから一つ選び、記号で答えなさい。**

ア 新製品　イ 洗面器
ウ 雪月花　エ 無理解　（　　）

3 三字熟語 **「不可能」は、語の構成の仕方から「不」と「可能」に分けられます。「不可能」と構成が異なる熟語を、次のア～エから一つ選び、記号で答えなさい。**

ア 未確認　イ 初舞台
ウ 再利用　エ 無人島　（　　）

4 四字熟語 **「出会いを一生に一度のこととして大切にする」という考え方を表した言葉として最も適切なものを、次のア～エから一つ選び、記号で答えなさい。**

ア 一期一会　イ 千載一遇《せんざいいちぐう》
ウ 無我夢中　エ 空前絶後　（　　）

5 四字熟語 **次の文の□に入る最も適切な語を、あとのア～エから一つ選び、記号で答えなさい。**

・壇上であがってしまい、スピーチが□になった。

ア 興味津々《しんしん》　イ 支離滅裂
ウ 半信半疑　エ 異口同音《いくどうおん》　（　　）

6 四字熟語 **次の各文の□に、それぞれの読みの漢字一字を入れ、四字熟語を完成させなさい。**

①難題を、一□《とう》両□《だん》に解決する。
②心□《き》一□《てん》して、科学者を目指す。

① □・□
② □・□

HINT 1 ①「繁栄」の「繁」は、「多い・さかんだ・しげる」という意味。「栄」は、「しげる・さかえる」という意味。

HINT 2 「防寒着」は、防寒のための着物だから、「防寒」＋「着」。

暗記 4・5 慣用的な四字熟語は、意味を覚えておこう。
- **千載一遇**…千年に一度しかないくらいめったにないよい機会。
- **無我夢中**…物事に心を奪われて、我を忘れていること。
- **空前絶後**…過去になく、未来にもありえないこと。とても珍しいこと。
- **支離滅裂**…ばらばらで、まとまりのないこと。
- **半信半疑**…半分は信じられそうだが、半分は疑わしい状態。
- **異口同音**…多くの人の意見が一致していること。

トレーニングテスト

→別冊解答 p.4

目標時間 30分　目標点数 80点

／100点

二字熟語

1 次の各語と熟語の組み立てが同じものを、あとのア〜エから一つずつ選び、記号で答えなさい。（5点×5＝25点）

①柔軟　ア 決意　イ 伸縮　ウ 最高　エ 映写　（　）〈石川県〉

正答率38%

②書道　ア 登山　イ 省略　ウ 日照　エ 急流　（　）〈鳥取県〉

③身体　ア 風雲　イ 起伏　ウ 永久　エ 握手　（　）〈新潟県・改〉

④注意　ア 急行　イ 膨張　ウ 縦横　エ 兼職　（　）〈岐阜県〉

⑤迷路　ア 温暖　イ 秀才　ウ 非常　エ 船出　（　）〈沖縄県〉

HINT　「迷路」は「路（みち）に迷うこと」ではなく「迷いやすい路」。

正答率37%

2 次の文の——線部と同じ構成（成り立ち）になっている熟語を、あとのア〜エから一つ選び、記号で答えなさい。（5点）〈埼玉県〉

・人命を救助する。

ア 抑揚　イ 植樹　ウ 会議　エ 運送　（　）

差がつく

3 次の文の——線部「立てた」と同じ意味で使われている「立」を含む熟語を、あとのア〜エから一つ選び、記号で答えなさい。（5点）〈和歌山県〉

・企画を立てた。

ア 立腹　イ 自立　ウ 立法　エ 起立　（　）

HINT　「立」が「〜を作る」という意味を表す熟語を選ぶ。

三字熟語

4 次の各語と熟語の組み立てが同じものを、あとのア〜エから一つずつ選び、記号で答えなさい。（5点×3＝15点）

①長距離　ア 好条件　イ 国際的　ウ 松竹梅　エ 自由化　（　）〈三重県〉

②統一体　ア 無責任　イ 衣食住　ウ 社会人　エ 半透明　（　）〈山形県〉

③真善美　ア 急上昇　イ 幼稚園　ウ 半永久　エ 心技体　（　）〈栃木県・改〉

四字熟語

正答率 90%

5 次の文の――線部の様子を表すのに、最も適切なものを、あとのア～エから一つ選び、記号で答えなさい。（5点）〈栃木県〉

・彼は芸術祭に向け、わき目もふらずに作品制作に取り組んでいる。

ア 才色兼備　イ 表裏一体
ウ 一心不乱　エ 変幻自在　（　　）

6 次の文の□に入る最も適切な語を、あとのア～エから一つ選び、記号で答えなさい。（5点）〈青森県・改〉

・口先だけの善言を表す人は、□といわれる。

ア 言行一致　イ 悪口雑言《あっこうぞうごん》
ウ 不言実行　エ 巧言令色　（　　）

注意

7 「猛烈な勢いで活動すること」という意味を持つ四字熟語を、次のア～エから一つ選び、記号で答えなさい。（5点）〈沖縄県〉

ア 獅子奮迅《ししふんじん》　イ 孤軍奮闘
ウ 言語道断　エ 単刀直入　（　　）

8 次のア～オの四字熟語のうち、「悪戦苦闘」のように、意味の似た二字熟語を重ねたものをすべて選び、記号で答えなさい。（5点）〈鳥取県〉

ア 公明正大　イ 自画自賛　ウ 起承転結
エ 意気消沈　オ 唯一無二　（　　）

9 「当意即妙」と意味的に関係の深い語句として最も適切なものを、次のア～エから一つ選び、記号で答えなさい。（10点）〈東京 青山高〉

ア 従順　イ 機転　ウ 敏感　エ 慎重　（　　）

10 次の会話文の□に入る四字熟語として最も適切なものを、あとのア～エから一つずつ選び、記号で答えなさい。（10点×2＝20点）

正答率 73%

① 聞き手「監督を一文字で表すとしたら？」
中田君「『静』ですね。怒るときに『ちゃんとやれよっ！』みたいな言い方をされないんですよ。『さっきのゲームどう思う？』のような怒り方をされるので。□しないというか。」〈鳥取県・改〉

ア 一喜一憂　イ 朝三暮四
ウ 七転八倒　エ 海千山千　（　　）

HINT 中田君は、監督はいつも冷静で、熱くならないと言っている。

正答率 54%

② Aさん「私は、『手紙の返事を□の思いで待っている。』という短文を作りました。」
Bさん「なるほど、それは、身体の一部を表す語が入った慣用句を使って、『手紙の返事を首を長くして待っている。』とも言えますね。」〈埼玉県・改〉

ア 一進一退　イ 一朝一夕《いっちょういっせき》
ウ 一日千秋《いちじつせんしゅう》　エ 十人十色《じゅうにんといろ》　（　　）

HINT 手紙の返事を待ち望む気持ちが強いことを表す言葉が入る。

語句の意味

重要度★★★

文中での語句の意味を問う問題が頻出！ よく出る対義語も覚えておこう。

ポイント整理

◉類義語
似た意味を持つ語。

◉対義語
反対の意味を持つ語。

例
原因 ⇔（対義語） 結果
原因 ≒（類義語） 理由
結果 ≒（類義語） 帰結
理由 ⇔（対義語） 帰結

入試では対義語がよく出るよ。

◉多義語
一つの語で多くの意味を持つ語。

例 生きる
①人は生きるために働く。
（＝生活を送る）
②過去の経験が生きる。
（＝効果を発揮する）

類義語の種類
①共通する漢字が使われているもの
例 意外≒案外　永久≒永遠　関連≒関係
②共通する漢字が使われていないもの
例 向上≒進歩　使命≒任務　残念≒遺憾

入試によく出る対義語
①一字が反対になる
例 主観⇔客観　偶然⇔必然　直接⇔間接
肯定⇔否定　積極⇔消極
②それぞれの字が反対になる
例 利益⇔損失　延長⇔短縮　拡大⇔縮小
③全体として反対になる
例 安全⇔危険　形式⇔内容　生産⇔消費
具体⇔抽象　単純⇔複雑　困難⇔容易

多義語の意味
●前後の文脈から読み取る
例
ほとんど同時だった。→およそ・だいたい。
ほとんど知らない。→全くといってよいほど。
例
交渉に当たる。→取り組む。
辞書に当たる。→調べる。
答えが当たる。→的中する。
部下につらく当たる。→意地悪く接する。

大切 熟語における漢字の意味
故障・事故→特別なことがら。
例
故意　→わざとすること。
故事・故郷→古い物事。
故人　→人が死ぬこと。
例
会長・議長→地位が一番上の人。
体長・長期→物の長さ・時間が長いこと。
延長・助長→長くのばすこと。
長所・特長→すぐれた所。

熟語の意味から考えるといいよ。

注意すべき語句
●意味を間違えやすい語句
・姑息《こそく》…その場しのぎ。
・ぞっとしない…あまり感心できない。
・失笑…笑いをこらえきれず、吹き出すこと。
・役不足…実力に比べて役が軽いこと。
・やおら…ゆっくりと。（類義語「おもむろに」）
●意味の難しい熟語
①漢字を訓読みにして類推する。
・背反→背く＋反する…あいいれない。
・閉口→閉じる＋口を…どうしようもなく困る。
②それぞれの漢字を使った熟語を考える。
・興趣→興味＋趣味…味わいの深いおもしろみ。

学習日　月　日

基本問題

→別冊解答 p.5

1 類義語 **次の各語の類義語を、あとのア〜エから一つずつ選び、記号で答えなさい。**

①節約

ア 公約　イ 要約　ウ 倹約　エ 規約　（　　）

②方法

ア 原因　イ 目的　ウ 意志　エ 手段　（　　）

2 対義語 **次の各語の対義語を、漢字で書きなさい。**

①客体　（　　）

②増加　（　　）

3 多義語 **次の文の――線部と同じ意味で「長」が使われている熟語を、あとのア〜エから一つ選び、記号で答えなさい。**

・開店時間を、一時間延長した。

ア 成長　イ 市長　ウ 身長　エ 長所　（　　）

4 多義語 **次の文の――線部の意味として最も適切なものを、あとのア〜エから一つ選び、記号で答えなさい。**

・我が家では猫がいちばん大きな顔をしている。

ア 表情　イ 影響　ウ 面目　エ 態度　（　　）

5 注意すべき語句 **次の各語の意味として最も適切なものを、あとのア〜エから一つずつ選び、記号で答えなさい。**

①後ろめたい

ア 腹立たしい　イ やましい　ウ 悲しい　エ たまらない　（　　）

②呆気《あっけ》に取られる

ア あきれて嫌気がさす

イ 驚いて言葉を失う

ウ 事の意外さに落胆する

エ 期待はずれで困惑する　（　　）

6 注意すべき語句 **次の文の――線部の意味として最も適切なものを、あとのア〜エから一つ選び、記号で答えなさい。**

・母のいそがしい様子を見かねて、手伝った。

ア 見逃していた

イ 見ていられなかった

ウ 見守っていた

エ 見て見ぬふりをした　（　　）

HINT 2
①は上の一字だけが反対になり、②はそれぞれの字が反対になる。

HINT 3
「延長」の「長」は「のびる・のばす」という意味。

暗記 4
「顔」を用いた慣用句
次のような意味で「顔」という言葉が用いられる。
・**面目**＝顔を立てる・顔をつぶす・顔にどろをぬる・合わす顔がない
・**知名度**＝顔が広い・顔を売る
・**表情**＝顔に書いてある・顔に出る・顔をくもらせる・何食わぬ顔

↓別冊解答 p.5

目標時間 30分　目標点数 80点

／100点

対義語

1 次の各語の対義語を、漢字で書きなさい。（5点×2＝10点）

差がつく

① 「相対《そうたい》」〈千葉県〉（　　）

② 「能動性」〈山口県・改〉（　　）

2 「客観」―「主観」と同じ関係にある語句の組み合わせを、次のア〜エから一つ選び、記号で答えなさい。（5点）〈岡山県・改〉

ア 「長所」―「美点」　イ 「容易」―「簡単」

ウ 「納得」―「了解」　エ 「原因」―「結果」

（　　）

多義語

3 「野趣」の「野」は、「人の手が加わっていない」の意味で使われていますが、漢字の「野」には、そのほかに「a広々とした土地」「b荒っぽい」「c範囲」「d大それた」などの意味があります。次のア〜エの熟語から、「c範囲」の意味で使われている「野」を含むものを一つ選び、記号で答えなさい。（5点）〈愛媛県〉

ア 粗野　イ 視野　ウ 野草　エ 野望　（　　）

HINT 物事の範囲を表している言葉はどれか考えよう。

4 「自白」という言葉の「白」と同じ意味の「白」を含む語には、「告白」があります。「自白」と「告白」の、「白」に共通する意味を書きなさい。（5点）〈静岡県〉

（　　）

注意すべき語句

5 次の各文の――線部の意味として最も適切なものを、あとのア〜エから一つずつ選び、記号で答えなさい。（5点×12＝60点）

① 人々の生活習慣は、風土に由来を持つ。〈大阪府・改〉

ア へだたり　イ わきまえ

ウ いわれ　エ たしなみ　（　　）

② そんな取り越し苦労をしてもよいことはない。〈兵庫県・改〉

ア 必要のない心配　イ 余計なお世話

ウ 無駄な配慮　エ 見せかけの苦悩　（　　）

③ 講演の話の内容がよくのみこめない。〈愛知県・改〉

ア 我慢できない　イ 説明できない

ウ 共感できない　エ 理解できない　（　　）

④ 対外試合で、ぶざまな敗北をした。〈富山県・改〉

ア さめた　イ たよりない

ウ なげやりな　エ みっともない　（　　）

正答率54%

⑤旅行中に雨が降ったのは、いささか残念だった。〈大阪府・改〉

ア すこし　イ かなり

ウ もちろん　エ とにかく　（　）

正答率73%

⑥どうしてもうまくできないことをもどかしげに語った。〈新潟県・改〉

ア はがゆい様子で　イ 落ち着いた様子で

ウ 不思議な様子で　エ 冷ややかな様子で　（　）

⑦花見に行って、満開の桜を堪能《たんのう》した。〈大阪府・改〉

ア 十分に満足した　イ 逃してしまった

ウ 待ち望んでいた　エ 見きわめられた　（　）

⑧仲間に後押しされて、選挙に立候補した。〈愛媛県・改〉

ア 援助されて　イ 対応されて

ウ 期待されて　エ 確認されて　（　）

⑨来るはずの友人がいないのをいぶかしんだ。〈石川県・改〉

ア 残念に思った　イ おそろしく思った

ウ 不審に思った　エ じれったく思った　（　）

注意

⑩彼女の意見には同意せざるをえない。〈新潟県〉

ア 同意するはずである　イ 同意しないかもしれない

ウ 同意したくてもできない　エ 同意しないわけにはいかない　（　）

⑪困難な現実にたじろぐことなく、向き合うべきだ。〈東京 青山高・改〉

ア 希望を失うことなく　イ 目を背けることなく

ウ ひるむことなく　エ 負けることなく　（　）

⑫ミスした選手を監督がすぐ交代させたのは示唆的だ。〈佐賀県・改〉

ア 比喩によって分かりやすく伝える働きがあること

イ それとなく気づかせるような効果があること

ウ 相手をだましてその気にさせようとすること

エ 印象深い表現によって注目を集めようとすること　（　）

6 次の各文の――線部と同じ意味で言葉が使われているものを、あとのア～エから一つずつ選び、記号で答えなさい。（5点×3＝15点）

①山里の風景はなんとも美しい。〈東京 日比谷高・改〉

ア この犬はなんとも落ち着きがない。

イ 転んだが体はなんともなかった。

ウ この程度の寒さはなんとも思わない。

エ あれ以来なんとも言ってこない。　（　）

HINT 問題文の「なんとも」は、「まことに・ほんとうに」という意味。

②彼の意見は、真理を衝《つ》くものである。〈東京 戸山高・改〉

ア 王の位につく。　イ やっと一息つく。

ウ 人の意表をつく。　エ 非難の言葉が口をつく。　（　）

差がつく

③あいつは憎んでもなお余りあるやつだ。〈東京 西高・改〉

ア こちらの方がなおよかったと思う。

イ 過ぎたるはなお及ばざるがごとし。

ウ 締め切りまではなお二週間もある。

エ それならばなおのこと都合が良い。　（　）

HINT 問題文の「なお」は、さらに付け加える余地があることを表す。

慣用句・ことわざ・故事成語

重要度★★★

文中での慣用句の意味を問う問題が頻出！ おもなことわざの意味も覚えておこう。

学習日　月　日

ポイント整理

慣用句

二つ以上の単語がいつも決まった形で使われて、もとの意味とは違った意味を表す言葉。

例　手を焼く・胸がすく

ことわざ

昔から言いならわされてきた、批評や風刺、教訓、生活の知恵などを含んだ短い言葉。

例　急がば回れ

故事成語

昔からの言い伝えや歴史的な事実（故事）をもとにしてできた言葉。中国の古典によるものが多い。

例　矛盾・四面楚歌《しめんそか》

入試によく出る慣用句

●体などに関する言葉を用いたもの

目に余る…見ていられないほどひどい。

鼻にかける…自慢する。

手を焼く…もてあます。

腕が立つ…技能がすぐれている。

胸がすく…心がすっとする。

腹を割る…本心を打ち明ける。

足を引っ張る…人のじゃまをする。

気がとがめる…やましい。

●動物などに関する言葉を用いたもの

月とすっぽん…二者のへだたりが大きいこと。

泣きっ面《つら》に蜂…不幸の上に不幸が重なること。

●それ以外のもの

途方に暮れる…手段がつきて、困り果てる。

一矢《いっし》を報いる…敵にわずかでも反撃する。

水に流す…過去のことをなかったことにする。

お茶を濁す…いい加減にその場をごまかす。

油を売る…むだ話をしたりして仕事を怠ける。

入試によく出ることわざ

●意味の似ているものどうしや、反対のものどうしをまとめて覚えよう

猿も木から落ちる≒弘法《こうぼう》も筆の誤り≒河童《かっぱ》の川流れ…名人でも時には失敗することがある。

急がば回れ≒せいては事を仕損じる…遠回りでも、着実な方法をとるほうがかえって早いものだ。

石橋をたたいて渡る≒転ばぬ先のつえ…よく用心をして物事を行うこと。

立つ鳥跡をにごさず…立ち去る者は、跡をきれいにしていくべきだ。

⇕後は野となれ山となれ…目先のことが片付けば、後のことはどうなってもかまわない。

注意

間違えやすい慣用句・ことわざ

情けは人のためならず…人に親切にしておけば、いずれは自分によいことがある。

気が置けない…気を遣わなくてよい。

的を射る…ものごとの中心をとらえる。

重要な故事成語

矛盾…つじつまが合わないこと。

五十歩百歩…たいした違いがないこと。

漁夫の利…二者が争っているうちに、第三者が利益を横取りすること。

背水の陣…決死の覚悟で敵に向かうこと。

四面楚歌…四方を敵に囲まれた状態。

基本問題

→別冊解答 p.6

1 慣用句 **「気をもむ」の意味として最も適切なものを、次のア～エから一つ選び、記号で答えなさい。**

ア いろいろ心配する　イ ますますあきれはてる

ウ あれこれ考える　エ だんだん不愉快になる　（　　）

2 慣用句 **「肩を落とした」が表している様子として最も適切なものを、次のア～エから一つ選び、記号で答えなさい。**

ア 冷静さを失う様子　イ がっかりする様子

ウ 困ってしまう様子　エ やる気を失う様子　（　　）

3 慣用句 **次の各文の――線部の意味として最も適切なものを、あとのア～エから一つずつ選び、記号で答えなさい。**

① 学生としての分を守る。

ア 尊厳を維持する　イ 身の程を知る

ウ 報酬を獲得する　エ 権利を主張する　（　　）

② 彼女は気心の知れた友人だ。

ア 好意を抱いていた　イ 敬意を払っていた

ウ よく分かり合った　エ 固い絆《きずな》で結ばれた　（　　）

③ 自分のことを棚に上げて話す。

ア 見つからない場所に片付けて

イ 問題にせずそのままにして

ウ 他人に押しつけようとして

エ 尊いものとして毎日あがめて　（　　）

4 慣用句・ことわざ **次の意味を表す慣用句・ことわざとして最も適切なものを、あとのア～エから一つずつ選び、記号で答えなさい。**

① ほんのわずかであること

ア 雀《すずめ》の涙　イ 鯉《こい》の滝登り

ウ 猫に小判　エ 鶴の一声　（　　）

② 人の気づかないところで苦労している

ア 灯台もと暗し　イ 氷山の一角

ウ 縁の下の力持ち　エ 青菜に塩　（　　）

5 故事成語 **次の意味を表す故事成語として最も適切なものを、あとのア～エから一つ選び、記号で答えなさい。**

・余計な付け足し

ア 矛盾　イ 蛇足

ウ 背水の陣　エ 四面楚歌　（　　）

HINT 1
「子供が迷子にならないかと気をもむ」などと用いる。

暗記 2
そのほかの「肩」を用いた慣用句
肩で息をする…肩を上下させて、荒い息をする。
肩がこる…緊張してくたびれる。
肩の荷がおりる…責任がなくなり、気が楽になる。
肩で風を切る…肩をいからせて、得意そうに歩く。
肩を並べる…勢いが対等になる。
肩を持つ…味方する。ひいきする。

HINT 3
①この「分」は、「人が置かれている立場や身分」という意味。「本分」と同じ意味。

05 トレーニングテスト

→別冊解答 p.6

目標時間 30分 目標点数 80点

／100点

慣用句

1 次の各語句が表している意味として最も適切なものを、あとのア～エから一つずつ選び、記号で答えなさい。（5点×3＝15点）

① 血が騒ぐ 〈長野県〉

ア 心が通う　イ 心がつながる
ウ 心が晴れる　エ 心がおどる　（　　）

② 意表をつく 〈大阪府・改〉

ア 同じことを繰り返す　イ 思いがけないことをする
ウ 弱点をせめる　エ 言葉の意味を質問する　（　　）

③ 枚挙にいとまがない 〈大阪府・改〉

ア 特別の場合を除いてめったにない
イ 今まで何冊かの書物に記されている
ウ 世間一般にあまり認められていない
エ 数え切れないほどたくさんある　（　　）

2 次の各意味を表している慣用句として最も適切なものを、あとのア～エから一つずつ選び、記号で答えなさい。（5点×2＝10点）

注意

① 相手に恩恵を与えたことをありがたく思わせる。 〈沖縄県・改〉

ア 恩をあだで返す　イ 恩に着る
ウ 恩に着せる　エ 恩を売る　（　　）

② 気遣いする必要がない。 〈山口県・改〉

ア 気が置けない　イ 気が知れない
ウ 気が進まない　エ 気が気でない　（　　）

3 次の文中の――線部に表されている気持ちとして最も適切なものを、あとのア～エから一つ選び、記号で答えなさい。（5点） 〈愛知県・改〉

・三十分待っても来ないので、業《ごう》を煮やして電話をかけた。

ア あきらめ　イ くやしさ
ウ おどろき　エ いらだち　（　　）

4 次の各文の□に入る語句として最も適切なものを、あとのア～エから一つずつ選び、記号で答えなさい。（5点×2＝10点）

① 単調な作業が続いて、嫌気が□。 〈長崎県・改〉

ア 立つ　イ 張る
ウ 差す　エ 引く　（　　）

② 電車に忘れ物をして、息を□ホームに戻った。 〈富山県・改〉

ア のんで　イ 殺して
ウ ひそめて　エ 切らして　（　　）

5 次の各文の□に入る慣用句として最も適切なものを、あとのア～エから一つずつ選び、記号で答えなさい。（5点×4＝20点）

正答率88%
① 先生にしかられて、岸谷君は□。〈青森県・改〉
ア 首をつっこむ　イ 首をすくめる
ウ 目をさらにする　エ 目を肥やす　（　　）

② ぼくが問いかけに答えなかったので、山田君の発言は□ようになった。〈福井県・改〉
ア 水に流した　イ 宙に浮いた
ウ 竹を割った　エ 骨を折った　（　　）

正答率84%
③ 「グローバル社会」や「グローバル化」といった表現は、新鮮で□。〈千葉県・改〉
ア 頭を絞る　イ 目を引く
ウ 鼻に付く　エ 耳に挟む　（　　）

差がつく
④ 自分の言いたいことばかりを言っていると、やがては「なんて自分勝手な人なんだ」と、□だろう。〈石川県・改〉
ア 足をすくわれる　イ 目をかけられる
ウ まゆをひそめられる　エ 鼻を折られる　（　　）

ことわざ

重要
6 「身から出たさび」の意味として最も適切なものを、次のア～エから一つ選び、記号で答えなさい。（10点）〈高知県・改〉
ア 徹頭徹尾　イ 粉骨砕身
ウ 自画自賛　エ 自業自得《じごうじとく》　（　　）

正答率31%
7 次の文のような場合に使われることわざは何ですか。「腹が減っては、…」に続けて、そのことわざを完成させなさい。（10点）〈秋田県〉
・腹ぺこだと勝負できない。
腹が減っては、（　　　　）。

HINT 「勝負」を昔の言葉で何というか。

8 次の①～④のことわざの□に入る漢字を組み合わせてできる四字熟語を書きなさい。なお、□にはそれぞれ異なる漢字が入ります。（10点）〈鳥取県〉

正答率80%
① □度あることは三度ある
② 千里の道も□歩から
③ □橋をたたいて渡る
④ 立つ□あとをにごさず

故事成語

正答率45%
9 文中の――線を付けた故事成語の使い方が適切なものを、次のア～オからすべて選び、記号で答えなさい。（完答10点）〈福島県・改〉
ア 僕と弟は呉越同舟《ごえつどうしゅう》のとても仲の良い兄弟だ。
イ 納得がいくまで推敲《すいこう》を重ねた作文を提出する。
ウ 彼の発言と行動には矛盾《むじゅん》が多い。
エ 現代の科学技術は五十歩百歩《ごじっぽひゃっぽ》で進んでいる。
オ 君が書いた文章の最後の一文は蛇足《だそく》だ。
（　　　　）

ポイントチェック① 01～05

学習日　月　日

基本チェック

01 漢字の読みと書き

1 次の文中の——線部の漢字として最も適切なものを、あとのア～エから一つ選び、記号で答えなさい。

・伝統的な産業のシンコウを図る。

ア 信仰　イ 親交　ウ 振興　エ 進行　（　）

02 漢字の知識

2 「活」の部首と同じ部首をもつ漢字を行書で書いたものを、次のア～エから一つ選び、記号で答えなさい。

ア 補　イ 伯　ウ 演　エ 絡　（　）

3 次の漢字を楷書《かいしょ》で書いたときの総画数は何画ですか。数字を書きなさい。

① 進（　画）　② 葉（　画）

03 熟語の知識

4 次の各熟語と同じ組み立てのものをあとのア～エから一つずつ選び、記号で答えなさい。

①均等

ア 温暖　イ 出没　ウ 浅瀬　エ 加熱　（　）

②多数

ア 意思　イ 就職　ウ 温泉　エ 増減　（　）

5 否定の意味を表す「無」を上につけて三字の熟語になるものを、次のア～エから一つ選び、記号で答えなさい。

ア 安定　イ 公式　ウ 条件　エ 解決　（　）

04 語句の意味

6 「理にかなっている」と同じ意味で「理」が使われている熟語を、次のア～エから一つ選び、記号で答えなさい。

ア 道理　イ 理想　ウ 理性　エ 処理　（　）

7 次の言葉の対義語を書きなさい。

①肯定（　）　②拡大（　）

③結果（　）　④積極的（　）

05 慣用句・ことわざ・故事成語

8 次の慣用句・ことわざの意味に最も関係の深い語句を、あとのア～ウから一つずつ選び、記号で答えなさい。

①目をそらす

ア 許可　イ 逃避　ウ 不注意　（　）

②藪《やぶ》から棒

ア 娯楽　イ 苦難　ウ 突然　（　）

9 「よけいな心配をすること」という意味を表す故事成語を、次のア～エから一つ選び、記号で答えなさい。

ア 助長　イ 守株《しゅしゅ》　ウ 杜撰《ずさん》　エ 杞憂《きゆう》　（　）

答え

1 ウ　**2** ウ　**3** ①十一(画)　②十二(画)　**4** ①ア　②ウ　**5** ウ　**6** ア

7 ①否定　②縮小　③原因　④消極的　**8** ①イ　②ウ　**9** エ

総合チェック

次の文章を読んで、下の各問いに答えなさい。

→別冊解答 p.6

大学のaコウギだって、すぐにスイスイ理解できるコウギなんて、そんなモン、出ても無駄だ。「よくわからないけど、なにか気になる」。そんな不思議な魅力のあるコウギや教師の言葉に触れることは、きっと将来財産になる。

古典もいい。文学でも、映画でも、音楽でも、落語でも、何でもいい。今流行の作品もいいが、人気があるのは、わかりやすいからだ。わかりやすいものは、長く自分のなかに役に立つものを残さない。それに比べて古典は簡単な理解を許さない。だからこそ、長い間、多くを①虜《とりこ》にし続けてきたのだ。そんなものは良いものに決まっている。

どんな古典がいいのか。何でもいい。レンタルショップで気になるタイトルの映画があれば、そのb監督の作品を②全部見ればいい。図書館や本屋で目にして、自分にとってリズムが心地よい文章に出会えれば、その古典の作者とは［　③　］のだ。古典に触れることで、意味とか解釈とかではなく、とにかく自分のリズムを磨く。そんな生きるリズムが苦しいときに自分を支えてくれることになる。

（玄田有史《げんだゆうじ》「わからなくていいのだ」より）

問一　――線a「コウギ」を漢字で書き、――線b「監督」の読みをひらがなで書きなさい。≫01

a（　　　）

b（　　　）

問二　――線①「虜にし」とありますが、「虜にする」の意味として適切なものを、次のア～エから一つ選び、記号で答えなさい。≫04

ア 心を砕く　**イ** 心を許す　**ウ** 心に留める　**エ** 心を奪う　（　　）

問三　――線②「部」と同じ部首をもつ漢字を、次の**ア～エ**から一つ選び、記号で答えなさい。≫02

ア 院　**イ** 剖　**ウ** 倍　**エ** 郵　（　　）

問四　［　③　］には、「しっくりとゆく」という意味の、動物を用いた慣用句が入ります。次の［　　］に入る語句を書きなさい。≫05

・［　　］が合う　（　　　）

06 文の組み立て

重要度★★★

修飾・被修飾の関係にある文節を問う問題が頻出!

学習日　　月　　日

ポイント整理

文節

意味がわかる範囲で、文をできるだけ短く区切ったまとまり。「ネ」「ヨ」を入れて、不自然にならないところ。

例 今日はネ／日曜ですヨ。

例 空をネ／見てネ／いるヨ。

単語

文節をさらに細かく分けて、意味や働きの上で最小になるまで区切った単位。

例 今日／は／日曜／です。

例 空／を／見／て／いる。

文の成分

●**主語と述語が文の基本になる。**

①**主語**……「何が（は）・誰が（は）」に当たる文節。「は・が・も・さえ・こそ・しか」などが付く。

②**述語**……「どうする・どんなだ・何だ」に当たる文節。文の最後にくることが多い。

③**修飾語**…ほかの文節の内容をくわしく説明する文節。「いつ・どこで・何を・どのように」など。

④**接続語**…前の文や文節の内容をあとに続ける文節。

⑤**独立語**…ほかの文節からは独立した文節。呼びかけ（ねえ）・感動（ああ）・応答（はい）などを表す。

連文節からなる文の成分

●**連文節**…二つ以上の連続した文節が結びついて、一つのまとまりとして働くもの。連文節が文の成分となる場合は、「～部」という。

例 あの 建物が、 新しい 図書館だ。（主部：あの 建物が、　述部：新しい 図書館だ。）

例 投手が、 速い 球を 投げる。（主語：投手が、　修飾部：速い 球を　述語：投げる。）

文節どうしの関係

①**主・述の関係**…「何がどうする」など、文の基本となる関係。

例 私も あなたの 意見に 賛成です。（主語：私も　述語：賛成です。）

②**修飾・被修飾の関係**…あとの語に意味がかかる。

例 父は 上手に 車を 運転する。

③**並立の関係**…対等な関係になっている。

例 オムライスと サラダを 注文した。

④**補助の関係**…下の動詞が意味を補っている。

例 テレビを 見て いる。 空が 晴れて くる。

大切

主語・修飾される語の見つけ方

①**主語の見つけ方**…先に述語を探してから主語を探す。

例 兄は、もう家に帰ろうと言った。
誰が「言った」のか

②**修飾される語の見つけ方**…修飾する語と組み合わせて意味が通るかを確かめながら探す。

例 いっせいに湖の白鳥が飛び立った。
「いっせいに」→白鳥が（×）
「いっせいに」→飛び立った（○）

基本問題

→別冊解答 p.7

1 文節 **次の各文を、(例)にならって文節に分けなさい。**

(例) 自転車に／乗る。

① 温めるとおいしく食べられる。
② 朝からずっと雨が降っている。
③ 姉は料理を作るのが得意だ。

2 単語 **次の各文を、(例)にならって単語に分けなさい。**

(例) 図書館／に／行き／まし／た。

① ロンドンはイギリスの首都だ。
② 春の来るのが待ち遠しい。
③ 夏休みに自由研究をした。

3 文の成分 **次の各文のあとの【 】に示された文の成分を、文中からそれぞれ一文節で抜き出しなさい。**

① すると、前にいたユミがぼくをふり返ってから、急に早足で歩きだした。【主語】 (　　)
② 今書いている小説は、おそらく私の最後の作品になるだろう。【述語】 (　　)
③ 太陽が、ぎらぎらと照りつけている。【修飾語】 (　　)

4 文節どうしの関係 **次の各文の――線部と＝＝線部の文節どうしの関係を、あとのア～エから一つずつ選び、記号で答えなさい。**

① 丘の上の大きな家まで ゆっくり 歩く。 (　　)
② 本を 読んで いる。 (　　)
③ この車は十分に満足できる バランスと 完成度を 持っている。 (　　)
④ 早起きしたので、私は、犬を連れて公園まで散歩した。 (　　)

ア 主・述の関係
イ 修飾・被修飾の関係
ウ 並立の関係
エ 補助の関係

5 連文節 **次の各文中で、連文節になっている部分を抜き出しなさい。**

① 美しい花がひっそりと咲いた。 (　　)
② これはとてもおもしろい本だ。 (　　)
③ 汽車は小さな駅に止まった。 (　　)

注意 **2**
③「夏休み」は「夏＋休み」、「自由研究」は「自由＋研究」のように、二つの単語が合わさってできた複合語。複合語は一単語になる。

HINT **3**
① 述語は、「ふり返ってから」と「歩きだした」。
② 主語は「小説は」。
③ 主語と述語でないものを探す。

HINT **5**
① は主部、② は述部、③ は修飾部が連文節になっている。

→別冊解答 p.7

目標時間 30分　目標点数 80点

／100点

文節・単語

正答率70%

1 次の文を、（例）にならって文節に分けなさい。（5点）〈北海道・改〉

（例）自転車に／乗る。

・全く予想もしなかったことを感じる。

2 次の各文の――線部を単語に区切った場合、正しいものを、あとのア～エから一つずつ選び、記号で答えなさい。（5点×3＝15点）

正答率46%

①私はリレーの選手に選ばれました。〈栃木県〉

ア 選ばれ／まし／た　イ 選ばれ／ま／し／た

ウ 選ば／れ／ました　エ 選ば／れ／まし／た　（　　）

注意

②選手を木陰に入れて、体を冷やさせ、休憩した。〈長崎県・改〉

ア 冷／やさせ　イ 冷や／させ

ウ 冷や／さ／せ　エ 冷やさ／せ　（　　）

③さまざまな仕事をもった人が住んでいる。〈大分県・改〉

ア さまざまな／仕事／を／もっ／た／人／が／住ん／で／いる。

イ さまざまな／仕事／を／もっ／た／人／が／住んで／いる。

ウ さまざま／な／仕事／を／もっ／た／人／が／住ん／で／いる。

エ さまざま／な／仕事／を／もっ／た／人／が／住んで／いる。　（　　）

文の成分

正答率44%

3 次の文の――線部の主語を、一文節で抜き出しなさい。（5点）〈滋賀県・改〉

・木の下に咲いている花も、花びらを夕日の色に染め、真っ赤にかがやいている。

（　　）

4 次の文の――線部の主部として最も適切なものを、あとのア～エから一つ選び、記号で答えなさい。（5点）〈京都府・改〉

・近代の小説が探究する内容が自我であることは、外からの力で文明開化が進んだという事情とも関係している。

ア 近代の小説が探究する内容が

イ 近代の小説が探究する内容が自我であることは

ウ 外からの力で

エ 外からの力で文明開化が進んだという事情とも　（　　）

5 次の文の――線部の主語は、＝＝線ア～エのうちどれですか。最も適切なものを一つ選び、記号で答えなさい。（5点）〈京都府・改〉

・移ろうア自然は、四季を通じて、イ日本人の心の中に、ウ美は幽玄なものであり、それ故にいっそう大切なものだというエ感覚を育て上げた。

（　　）

文節どうしの関係

正答率 75%

6 次の——線部の文節どうしの関係と同じ関係のものを、あとのア～エから一つずつ選び、記号で答えなさい。（5点×2＝10点）

① 帯びてくる 〈秋田県・改〉

ア 矛盾に見える　イ 待っている
ウ 魔力がある　エ 興奮や感動　（　）

② タイプの違う兄弟 〈青森県・改〉

ア 赤く見える　イ 花を見る
ウ 花が赤い　エ 赤い花　（　）

正答率 63%

7 次の文の——線部は、どの言葉にかかりますか。最も適切なものを、あとのア～エから一つ選び、記号で答えなさい。（5点）〈滋賀県・改〉

・面白いことに人間は、人工的に着色された食べ物を見て、それをおいしそうだと感じる。

ア 着色された　イ 見て
ウ それを　エ 感じる　（　）

HINT 「面白いことに」は、副詞的な働きをする修飾部。

正答率 74%

8 次の文の——線部と＝線部の関係が適切になるように、＝線部を書き直しなさい。（10点）〈埼玉県〉

・私が勉強をするのは、夢をかなえるのに必要な学力を身につけたい。

（　）

HINT 主部に対応するように述語を書きかえる。

正答率 75%

9 次の文の……線部と修飾・被修飾の関係にあるものを、——線ア～エから一つ選び、記号で答えなさい。（10点）〈栃木県〉

・前からよく僕は、アこんな初夏に、一度、イこの高原の村に来てみたいものだとウ言っていましたが、やっと今度、その宿望がエかなった訳です。

（堀辰《ほりたつ》雄《お》「美しい村」より）　（　）

10 次の各文の——線部が修飾している一文節を、それぞれ抜き出しなさい。（10点×2＝20点）

① そう言われて見ると、たしかに友人の表情は以前と比べて穏やかに見える。〈石川県・改〉

（　）

② メールなどで、すぐに明確な表情をもつ絵文字にたよるようになったのも、私たちの意識の変化によるのかもしれません。〈佐賀県・改〉

（　）

差がつく

11 次の文を、「印象に残っている」のが「店員さん」ではなく、「店員さんの言葉」であることがはっきりと伝わる文になるように書き直しなさい。（10点）〈静岡県〉

・とても印象に残っている店員さんがかけてくれた言葉があります。

（　）

HINT 修飾する言葉と修飾される言葉を直接つなげるようにする。

重要度★★★

品詞の種類・活用がある自立語

品詞の種類を問う問題や、動詞の活用形・活用の種類を問う問題が頻出！

学習日　月　日

ポイント整理

品詞の種類

- 単語
  - 自立語
    - 活用がない
      - 主語になる（体言）― 物事の名称・指示……**名詞**　例 本
      - 修飾語になる
        - おもに**用言を修飾**……**副詞**　例 ふと
        - **体言のみを修飾**……**連体詞**　例 この
      - 接続語になる ― 文や文節を接続……**接続詞**　例 だが
      - 独立語になる ― 感動・呼びかけなど……**感動詞**　例 ああ
    - 活用がある
      - 述語になる（用言）
        - **ウ段**で終わる……**動詞**　例 見る
        - **「い」**で終わる……**形容詞**　例 赤い
        - **「だ（です）」**で終わる……**形容動詞**　例 妙だ
  - 付属語
    - **活用がある**……**助動詞**　例 れる
    - **活用がない**……**助詞**　例 を

品詞の識別

●**自立語か付属語か→活用があるかないかを確かめる。**

例 「この」→自立語→活用がない→体言を修飾（この本）→**連体詞**

例 「美しく」→自立語→活用がある（美しかった）→「い」で終わる（美しい）→**形容詞**

例 「られる」→付属語（食べられる）→活用がある（食べられた）→**助動詞**

＊**自立語**…それだけで文節を作り、意味がわかる語。
付属語…自立語のあとに付く語。

順に確かめよう。

動詞・形容詞・形容動詞の活用

品詞	活用の種類	基本形	語幹	未然形 ない・う(よう)	連用形 ます・た	終止形 (言い切り)	連体形 こと	仮定形 ば	命令形 (命令する)
動詞	五段活用	書く	か	か・こ	き・い	く	く	け	け
	上一段活用	生きる	い	き	き	きる	きる	きれ	きろ・きよ
	下一段活用	受ける	う	け	け	ける	ける	けれ	けろ・けよ
	カ行変格活用	来る	○	こ	き	くる	くる	くれ	こい
	サ行変格活用	する	○	し・せ・さ	し	する	する	すれ	しろ・せよ

五段活用の連用形には、音便《おんびん》の形があるよ。動いた（イ音便）・買った（促音便《そくおんびん》）・読んだ（撥音便《はつおんびん》）

品詞	基本形	語幹	未然形 う	連用形 た・ない・なる	終止形 (言い切り)	連体形 こと	仮定形 ば	命令形 (命令する)
形容詞	美しい	うつくし	かろ	かっ・く	い	い	けれ	○
形容動詞	静かだ	しずか	だろ	だっ・で・に	だ	な	なら	○

大切

動詞の活用の種類の識別

●**「ない」を付けて上に接続する音を確かめる。**

ア段に接続→五段活用　読まない（読む）
イ段に接続→上一段活用　起きない（起きる）
エ段に接続→下一段活用　捨てない（捨てる）

＊カ変は「来る」、サ変は「する」「～する」のみ。

注意

連体詞と形容動詞の識別

●**言い切りの形にできるかどうかを確かめる。**

大きな→「大きだ」とはいえない→**連体詞**
豊かな→「豊かだ」といえる→**形容動詞**

基本問題

→別冊解答 p.8

1 品詞の種類 **「しばしば」の品詞がどのようにして判断できるかを説明した次の文の A ～ C に入る言葉の組み合わせとして最も適切なものを、あとのア～エから一つ選び、記号で答えなさい。**

・「しばしば」は、 A 語で活用がなく、文中で B を修飾するため C と判断できる。

ア A 付属 B 動詞 C 連体詞
イ A 自立 B 動詞 C 副詞
ウ A 付属 B 名詞 C 副詞
エ A 自立 B 名詞 C 連体詞 （　　）

2 品詞の種類 **「張る」と同じ品詞を含むものを、次のア～エから一つ選び、記号で答えなさい。**

ア 選手の反応は素早かった。
イ これが話題の小説です。
ウ 休日の公園はにぎやかだ。
エ 会場は静寂に包まれた。 （　　）

3 品詞の種類 **品詞が他と異なるものを、次のア～エから一つ選び、記号で答えなさい。**

ア こっち　イ それ
ウ ここ　エ その （　　）

4 動詞 **「過ぎる」と同じ活用の種類の動詞を含む文を、次のア～エから一つ選び、記号で答えなさい。**

ア みんながいっせいに起きた。
イ 友だちが朝早く来た。
ウ 兄が短い手紙を書いた。
エ 母がドアを開けた。 （　　）

5 動詞 **動詞の活用形が他と異なるものを、次のア～エから一つ選び、記号で答えなさい。**

ア 母はもうすぐ帰ると思います。
イ 映画を見に行こう。
ウ よくがんばったと言われる。
エ この町はよく知らない。 （　　）

6 形容詞・形容動詞 **次の各文の――線部の語の中から、形容詞と形容動詞を一つずつ選び、記号で答えなさい。**

ア いろんなやり方を試す。
イ 元気な声で返事をする。
ウ ぶらぶらと通りを歩く。
エ 虹が美しくカーブを描く。
オ ほんの少しの間休息を取る。

形容詞（　　）　形容動詞（　　）

HINT 2
「張る」は動詞なので、各文の述語に着目する。
ア 「素早い」→「～い」
イ 「小説です」→「小説＋です」
ウ 「にぎやかだ」→「～だ」
エ 「包まれた」→「包ま＋れ＋た」

HINT 5
活用形は、動詞の活用語尾に着目する。
ア 「思い（ます）」→イ段の音
イ 「行こ（う）」→オ段の音
ウ 「言わ（れる）」→ア段の音
エ 「知ら（ない）」→ア段の音
どの語も五段活用である。

HINT 6
形容詞・形容動詞はどちらも活用する語。まず、活用する語と活用しない語に分ける。
次に、活用する語を終止形に直し、語尾の形で、形容詞（い）か形容動詞（だ）かを判断する。

07 トレーニングテスト

→別冊解答 p.8

目標時間 30分　目標点数 80点

／100点

品詞の種類

1 **次のア～エの文の――線部の語の中で、活用しないものを一つ選び、記号で答えなさい。**（5点）〈島根県・改〉

ア　遠い日の記憶があざやかに浮かんでくる。
イ　居間には大ぶりな椅子が置かれていた。
ウ　鉄棒を握る手にさらに力をこめた。
エ　白い雲が果てしなく続いている。（　　）

2 **次の①・②の各文の――線部の語には、それぞれ一つだけ品詞の異なるものがあります。それをア～エから選び、記号で答えなさい。**（5点×2＝10点）

正答率38%

①〈千葉県・改〉
ア　人は「つまらない」とかんたんに言う。
イ　額の中に絵がきちんとはまっている。
ウ　人生とはいったいどういうものだろうか。
エ　感謝は一言ではとても言いつくせない。（　　）

②〈兵庫県・改〉
ア　後悔がまったくないわけではない。
イ　真理はやはり存在する。
ウ　この計画は決して不可能とは言えない。
エ　彼女の度胸は大したものだ。（　　）

HINT　②は、体言を修飾するか用言を修飾するかで品詞を見分ける。

正答率24%

3 **次の文の――線部の品詞名を書きなさい。**（5点）〈鹿児島県・改〉

・私は小さなノートを取り出した。（　　）

4 **次の各問いに答えなさい。**（5点×2＝10点）〈愛媛県・改〉

①「大いに」の品詞名として適切なものを、次のア～エから一つ選び、記号で答えなさい。
ア　動詞　イ　形容詞　ウ　連体詞　エ　副詞（　　）

②次のア～エの文の――線部の語の中から、「大いに」と品詞が同じものを一つ選び、記号で答えなさい。
ア　若い人々の中には、本を全く読まない人もいる。
イ　その知恵は将来きっと役に立つだろう。
ウ　たとえ自分一人だけになったとしても、あきらめない。
エ　それでは現実から目を閉ざすようなものだ。（　　）

注意

5 **次の文の――線部「情けなく」と品詞が同じ語を、あとのア～エから一つ選び、記号で答えなさい。**（10点）〈和歌山県・改〉

・このときほど自分を情けなく思ったことはありませんでした。
ア　線をまっすぐ引く。　イ　暗い夜道を歩く。
ウ　家の中に入る。　エ　背中に痛みを感じる。（　　）

動詞

正答率89%

6 **次の文の［　　］に当てはまるように、「買う」という動詞を活用させて書きなさい。**（5点）〈北海道〉

・荷物が増えるので、大きなお土産《みやげ》はできるだけ［　　］ないように心がける。

（　　）

7 **次の文の――線部の動詞の活用形を、あとのア～エから一つ選び、記号で答えなさい。**（5点）〈香川県・改〉

・先のことに目を向けよう。

ア　未然形　　イ　連用形

ウ　連体形　　エ　仮定形

（　　）

正答率52%

8 **次のア～オの文の――線部の動詞のうち、五段活用の動詞を一つ選び、記号で答えなさい。**（10点）〈新潟県・改〉

ア　外に出ると、日の光がまぶしく感じられた。

イ　夜空を見ると、空一面に星が輝いていた。

ウ　思い切り走ると、さわやかな気分になった。

エ　皆で演奏すると、力強い音が響いてきた。

オ　兄が来ると、家の中がにぎやかになった。

（　　）

重要

9 **「わからない」の――線部の動詞の活用の種類と活用形の組み合わせとして最も適切なものを、次のア～エから一つ選び、記号で答えなさい。**（10点）〈三重県・改〉

ア　五段活用――未然形　　イ　五段活用――連用形

ウ　上一段活用――未然形　　エ　上一段活用――連用形

（　　）

形容詞・形容動詞

10 **――線部の形容詞の活用形が異なるものを、次のア～エから一つ選び、記号で答えなさい。**（10点）〈愛媛県・改〉

ア　親しい人にわかってほしいと願う。

イ　最初から完璧を求めるのはまずいやり方だ。

ウ　問い詰められて、ようやく重い口を開いた。

エ　はっきりものを言うと、気まずくなることが多い。

（　　）

11 **次の文章から形容詞を抜き出して書きなさい。**（10点）〈新潟県・改〉

・人は生まれるとともに道具に接し、道具の恩恵を受けて成長していく。私たちの身の回りには、さまざまな便利な道具があり、生活を明るく豊かにしてくれている。

（　　）

正答率35%

12 **次の文から形容動詞をそのまま書き抜き、その活用形も書きなさい。**（5点×2＝10点）〈福島県〉

・私はきれいな青空を見るといつも心が明るくなる。

形容動詞（　　）

活用形（　　）

HINT　活用する語を、終止形（言い切りの形）に直してみよう。

付属語

重要度★★★

助動詞「れる」「られる」や助詞「の」の意味・用法を識別する問題は頻出！

学習日　月　日

ポイント整理

助動詞

活用がある付属語。**意味を付け加える。**

意味を見分けられるようにしよう。

おもな助動詞の意味・用法

大切 **れる　られる**	受け身	友人に助け**られる**。	「～される」と言い換えられる。
	可能	一年中着**られる**服。	「～できる」と言い換えられる。
	自発	行く末が案じ**られる**。	「自然と」を入れられる。
	尊敬	先生が来**られる**。	尊敬する相手がある。
大切 **そうだ**	伝聞	すぐできる**そうだ**。	活用語の終止形に付く。
	様態	すぐでき**そうだ**。	活用語の連用形などに付く。
大切 **ようだ**	推定	人気がある**ようだ**。	「～らしい」と言い換えられる。
	たとえ	ここは天国の**ようだ**。	「まるで」を入れられる。
	例示	東京の**ような**大都会。	「たとえば」を入れられる。
た(だ)	過去	昨日雨が降っ**た**。	すでに動作がすんだことを表す。
	完了	授業が終わっ**た**。	ちょうど動作が終わったことを表す。
	存続	机の上に置い**た**本。	その状態が続いていることを表す。
	確認	あなたでし**た**か。	思い出し確認していることを表す。
う　よう	意志	彼にあげ**よう**。	「～つもりだ」と言い換えられる。
	推量	明日には晴れ**よう**。	「～だろう」と言い換えられる。
	勧誘	一緒に食べ**よう**。	「一緒にしよう」と誘う意味を表す。

助詞

活用がない付属語。**格助詞・接続助詞・副助詞・終助詞の四種類がある。**

格助詞は体言に接続、接続助詞は活用語に接続が基本だよ。

おもな助詞の意味・用法

大切 **の**［格助詞］	国語**の**教科書。	あとに体言が付く。連体修飾語を表す。
	車**の**よく通る道。	「が」に置き換えられる。主語を表す。
	泳ぐ**の**がうまい。	「こと」に置き換えられる。体言の代用。
から［格助詞］	祖母**から**手紙が来た。	起点を表す。
	不注意**から**失敗した。	原因・理由を表す。
	豆腐は大豆**から**作る。	原料・材料を表す。
より［格助詞］	肉**より**魚が好きだ。	比較の基準を表す。
	卒業式は十時**より**始まる。	起点を表す。
	歩く**より**ほかない。	あとに打ち消しの語がくる。限定を表す。
と［格助詞］［接続助詞］	母**と**私は買い物に行く。	並立を表す。
	「はい」**と**返事する。	引用を表す。
	君の意見**と**異なる。	比較の基準を表す。
	氷が溶けて水**と**なる。	結果を表す。
	急がない**と**、遅刻だ。	仮定の順接（もし～ば）を表す。
さえ［副助詞］	子どもに**さえ**わかる。	「～すら」と言い換えられる。他を類推。
	読め**さえ**すればよい。	「～だけ」と言い換えられる。限定を表す。
	雨**さえ**降りだした。	「～までも」と言い換えられる。添加を表す。

基本問題

→別冊解答 p.9

1 助動詞 **次の各文の――線部と意味・用法が同じものを、あとのア～エから一つずつ選び、記号で答えなさい。**

① つかまえた獲物に逃げられる。
ア 雄大な山々が真っ赤な夕日に染められる。
イ 私は好き嫌いがなくなんでも食べられる。
ウ 来週に控えた運動会の天気が案じられる。
エ 大学の先生が私の学校に来られる。（　　）

② ドアを開けようとして、手を止めた。
ア 会議が始まるようだ。
イ 早く起きようと思う。
ウ サッカーをしようよ。
エ 容易に理解できよう。（　　）

③ 午後は雨が降りそうだ。
ア ニューヨークの冬はとても寒いそうだ。
イ 次の電車は十分くらい遅れるそうだ。
ウ みんなで合唱するのは楽しそうだ。
エ 明日の決勝は延期になったそうだ。（　　）

④ 新しく出た本は、飛ぶように売れた。
ア サッカーのように激しいスポーツは苦手だ。
イ 父のように人から尊敬される医者になりたい。
ウ 雲行きでは、間もなく雨が降るように見える。
エ 今夜の星は、宝石のように美しい。（　　）

2 助詞 **次の各文の――線部と意味・用法が同じものを、あとのア～エから一つずつ選び、記号で答えなさい。**

① 美術部員の描いたポスターを貼る。
ア 桜の咲く公園に行く。
イ 庭の植木の手入れをする。
ウ 坂道は歩くのに疲れる。
エ 良質の材料を選ぶ。（　　）

② 友人から電話があった。
ア 化学繊維は石油から造られる。
イ 彼は部屋から出ていった。
ウ 水は水素と酸素から成る。
エ テレビの影響から、人気が出た。（　　）

③ 国の内と外から批判された。
ア 私の考えはあなたと違う。
イ 雨が降ると試合は中止だ。
ウ 彼女は小説家となった。
エ 私は桃とメロンが大好きだ。（　　）

④ 規則を守りさえすればよいと思いこむ。
ア 元気でさえいてくれればいい。
イ 初心者でさえたやすくできる。
ウ 風ばかりか雨さえ降りだした。
エ テレビの音さえ気にならない。（　　）

HINT 1

② **ア** 推定の助動詞「ようだ」の一部。
③「そうだ」の前の活用語の活用形を確かめる。
ア「寒い」、**イ**「遅れる」、**エ**「なった」（助動詞）は終止形。**ウ**「楽し」は形容詞「楽しい」の語幹。
④ 問題文の「ように」はたとえの助動詞「ようだ」の連用形。

HINT 2

② **ア**・**ウ**は原料、**イ**は起点、**エ**は原因・理由を表す。
④ それぞれ次のように言い換えられる。
ア→「元気でいてくれれば、それだけでいい」（限定）…「さえ…ば」の形になっている。
イ→「初心者ですらたやすくできる」（他を類推）
ウ→「風ばかりか雨までも降りだした」（添加）
エ→「テレビの音すら気にならない」（他を類推）

08 トレーニングテスト

→別冊解答 p.9

目標時間 30分　目標点数 80点

／100点

助動詞

1 次の各文の――線部と同じ意味・用法のものを、あとのア～エから一つずつ選び、記号で答えなさい。（5点×4＝20点）

① 自らの主張が相手に受け入れられる。〈三重県・改〉

ア よく努力した結果だと、先生にほめられる。

イ 近いうちに社長が出張から帰って来られる。

ウ このバスには五十五人まで客を乗せられる。

エ 朝夕はもうすっかり秋の気配が感じられる。（　　）

注意

② 間違った意見でも、すぐに批判してはいけない。〈福島県・改〉

ア 登校中、変わった形の車を見かけた。

イ 今日は、見たかった映画を見に行く。

ウ 昨夜は、寒かったから重ね着をした。

エ 彼は、誰にでも歌声を聴かせたがる。（　　）

HINT イ・エは、願望の助動詞「たい」「たがる」が用いられている。

③ マラソンで完走して、友人に驚かれる。〈東京 進学指導重点校・改〉

ア 先生は来週中に上京される。

イ 感動的な話に心を打たれる。

ウ 六月には夏休みが待たれる。

エ 一人でも隣町に行かれる。（　　）

差がつく

④ 和歌において遠景と近景を取り合わせて歌うところには、日本的感性に固有の構造があるように思われる。〈東京都 日比谷高・改〉

ア 彼は将来の夢について、次のように情熱を込めて語った。

イ 子どもたちは遠足を楽しみにしているように見えた。

ウ 私は庭の花がきれいに咲くように毎日水をやった。

エ 彼女は明日こそは晴れるようにと一心に祈った。（　　）

HINT ウは目的、エは願望を表す用法。

2 次の文の――線部と意味が異なるものを、あとのア～エから一つ選び、記号で答えなさい。（10点）〈富山県・改〉

・父にとっては、家庭は唯一のくつろぎの場であるようだ。

ア 売り場は、すいているようだ。

イ 展示場は、二階にあるようだ。

ウ 大会は、行われないようだ。

エ 日差しは、まるで夏のようだ。（　　）

助詞

3 次のア～エの――線をつけた「と」のうち、他と意味・用法が異なるものを一つ選び、記号で答えなさい。（10点）〈長野県・改〉

ア 「正義とは何か」と問う。
イ 母は「はい」と答えた。
ウ 人から名人と呼ばれる。
エ よく睡眠をとると、風邪《かぜ》を引かない。 （　　）

4 次の各文の――線部と同じ意味・用法のものを、あとから一つずつ選び、記号で答えなさい。（10点×4＝40点）

重要

① 風の強い日だった。 〈新潟県・改〉

ア 登山に用いる靴は、履き慣れているのがよい。
イ 十一月だというのに、外は春のような陽気だ。
ウ もう少しの努力で、目標の頂上にたどり着く。
エ 君の考えていることは、だいたい想像がつく。 （　　）

正答率 54%

② 長々と議論しているよりも、すぐに行動することが事態を打開するきっかけになる。 〈福島県・改〉

ア 美化委員会を四時より行います。
イ これより先は入ることができない。
ウ 人に聞くより自分で見たほうがよい。
エ 中学時代の恩師より手紙を頂く。
オ 申し出を断るよりほかに仕方がない。 （　　）

③ 専門家でさえ、判断がつかない難題である。 〈青森県・改〉

ア それは小学生にさえ解ける簡単なクイズだ。
イ 夜には雨が降り雷さえ鳴りだした。
ウ 弟も静かにさえしていれば怒られないのに。
エ 彼はひまさえあれば本を眺めている。 （　　）

正答率 74%

④ 春分を過ぎる頃から、暖かくなった。 〈新潟県・改〉

ア 天気がよかったから散歩に出かけました。
イ 先に到着した人から順番に入場できます。
ウ この押花は庭に咲いた花から作りました。
エ 新年から早寝早起きの目標を実行します。 （　　）

HINT イは、動作の開始・順序を表す。

5 次の文中の――線をつけた「の」のうち、同じ働きをするものの組み合わせとして最も適切なものを、あとのア～エから一つ選び、記号で答えなさい。（10点） 〈神奈川県〉

正答率 78%

・雪の①降り積もった広場で、近所の②友だちと時の③たつの④も忘れて雪合戦をした。

ア ①と③
イ ①と④
ウ ②と③
エ ②と④ （　　）

6 次の文を、助詞だけを一語直すことによって、適切な一文にしたい。文中の直すべき助詞を含む一つの文節を、適切な形に直して書きなさい。（10点） 〈静岡県〉

・多くの人が様々な図書などが利用していることが分かりました。

（　　　　　　）

HINT 主・述、修飾・被修飾の対応が正しいかを確かめる。

単語の識別・呼応の副詞

重要度★★★

助動詞「ない」と形容詞「ない」の識別、呼応の副詞の問題は頻出！

学習日　月　日

ポイント整理

単語の識別

入試によく出る識別

まぎらわしい語の見分け方をしっかり覚える。

語	種類	例	見分け方
ない	①助動詞	今は話せ**ない**。	「ぬ」に置き換えられる。○「話せぬ」。
	②形容詞	財布が**ない**。	「ぬ」に置き換えられない。×「財布がぬ」。
	③補助形容詞	今日は寒く**ない**。	「は」を入れられる。○「寒くはない」。
	④形容詞の一部	あどけ**ない**笑顔。	「あどけない」で一語。
だ	①断定の助動詞	兄は高校生**だ**。	体言のあとに付く。
	②形容動詞の活用語尾	公園は静か**だ**。	「な」に置き換えられる。○「静かな」。
	③助動詞「た」の濁音化	もう新聞を読ん**だ**。	音便形「ん」「い」のあとに付く。
	④「そうだ」「ようだ」の一部	明日は晴れそう**だ**。	「そうだ」「ようだ」で一語。
に	①形容動詞の活用語尾	元気**に**歩く。	「な」に置き換えられる。○「元気な」。
	②格助詞	銀行**に**行く。	体言のあとに付く。
	③副詞の一部	すで**に**始まった。	活用できない。×「すでな」「すでだ」。
	④助動詞「ようだ」「そうだ」の一部	鳥のよう**に**飛びたい。	「ようだ」「そうだ」になる。
で	①形容動詞の活用語尾	まじめ**で**誠実な人。	「な」に置き換えられる。○「まじめな」。
	②助動詞「だ」の連用形	これが現実**で**ある。	「だ」に置き換えられる。○「現実だ」。
	③格助詞	車**で**出かける。	体言のあとに付く。
	④接続助詞「て」の濁音化	電車が込ん**で**いる。	音便形「ん」「い」のあとに付く。

上に付く語や活用するかなどに注意して見分けよう。

呼応の副詞

●**副詞のあとに決まった言い方がくる。**

①**全く・決して→「〜ない」**（打ち消し）

例 **決して**あきらめ**ない**。

②**もし→「〜ば・〜たら」**（仮定の順接）

例 **もし**雨が降っ**たら**、延期します。

③**たとえ→「〜ても」**（仮定の逆接）

例 **たとえ**つらく**ても**、がんばる。

④**まるで→「〜のような」**（たとえ）

例 **まるで**綿菓子**のような**雲。

⑤**きっと・おそらく→「〜だろう」**（推量）

例 **きっと**成功する**だろう**。

注意

呼応の副詞とそれ以外の用法の識別

①**なかなか**
- **なかなか**うまくいかない。**（呼応の副詞）**
- **なかなか**ピアノが上手だ。（程度の副詞）

＊程度の副詞…程度がどのくらいかを表す副詞。

②**あるいは**
- **あるいは**そうかもしれない。**（呼応の副詞）**
- 電車**あるいは**バスで行く。（接続詞）
- **あるいは**歌い、**あるいは**踊る。（接続詞）

基本問題

→別冊解答 p.10

1 単語の識別 **次の各文の――線部と意味・用法が同じものを、あとのア〜エから一つずつ選び、記号で答えなさい。**

① 教室では騒がないようにしよう。
ア 会場への行き方がわからない。
イ その本は、ぼくの家にはない。
ウ もうあきらめるなんて情けない。
エ 君の夢が実現する日もそう遠くない。（　　）

② このピアノは、音がきれいだ。
ア よく晴れた日だ。
イ 彼女は表情が豊かだ。
ウ ボールが遠くまで飛んだ。
エ 彼は明日の午後来るそうだ。（　　）

③ 駐車場は、入り口の近くにある。
ア すでに到着した。　イ 学校に行った。
ウ 確かに聞いた。　エ 無事に帰った。（　　）

④ 読んだ詩の文句を心の中でつぶやいた。
ア 子どもたちが公園で遊んでいた。
イ 私の母は看護師で、まじめな性格だ。
ウ 水槽には、真っ黒で不気味な魚が泳いでいた。
エ 近所の図書館で、本を借りた。（　　）

2 呼応の副詞 **次の各文の□に入る副詞を、あとのア〜エから一つずつ選び、記号で答えなさい。**

① □みんなが反対しても、ぼくは意見を曲げないつもりだ。（　　）
② □夢を見ているような、幸せな気持ちだった。（　　）
③ □私たちは二度と彼に会うことはないだろう。（　　）
④ 今回起こった事件は、私とは□関係がない。（　　）

ア 全く　イ たとえ
ウ まるで　エ おそらく

3 呼応の副詞 **次のア〜エの文の――線部「なかなか」のうち、意味・用法が異なるものを一つ選び、記号で答えなさい。**

ア その店員の対応はなかなかそつがない。
イ 様々な意見が出てなかなか結論に至らない。
ウ 世界記録はなかなか達成できるものではない。
エ この鳥は都会ではなかなか目にすることがない。（　　）

HINT 1
②問題文の「だ」は、「きれいだ」という形容動詞の活用語尾。
③問題文の「に」は、「近く」という名詞のあとに付き、場所を示す働きをしているので格助詞。
④問題文の「で」は、場所を表す名詞に付くので、格助詞。
イ「看護師だ」と言い換えられる。
ウ「真っ黒な」と言い換えられる。

HINT 2
呼応の副詞は、あとに決まった言い方がくる。それぞれ、次の語に着目する。
①「〜ても」
②「〜ような」
③「〜だろう」
④「〜ない」

HINT 3
アあとの語句「そつがない」を修飾している。

トレーニングテスト

→別冊解答 p.10

目標時間 30分　目標点数 80点

／100点

単語の識別

1 次の各文の——線部と同じ意味・用法のものを、あとのア〜エから一つずつ選び、記号で答えなさい。（10点×4＝40点）

①遠すぎて見えない。〈滋賀県〉

ア 映画の終わり方が切ない。
イ 今日は、あまり寒くない。
ウ どんなことがあっても笑わない。
エ 高い建物がない。（　　）

②赤染《あかぞめ》衛門《えもん》は、藤原公任《ふじわらのきんとう》の歌を見て、その歌を詠《よ》んだのであろう。〈東京 立川高・改〉

ア 僕の勘だと、こちらの道が正しい。
イ 私たちの高校は、文化祭も体育祭も盛んだ。
ウ のどが渇いたので、水を飲んだ。
エ もうすぐ雪もやみそうだ。（　　）

③先生がプリントを黒板に掲示する。〈栃木県〉

ア 港の市場は、新鮮な魚介類を豊富にそろえている。
イ 陸上競技部員が、ゴールを風のように走り抜ける。
ウ 朝顔のつぼみが大きくなって、今にも咲きそうだ。
エ とんぼが飛んできて、私の麦わら帽子に止まった。（　　）

HINT 助詞の「に」と単語の一部である「に」を識別する。

④この工場の製品は、一般人が使う品物ではない。〈新潟県・改〉

ア 私の兄は高校二年生で、妹は中学一年生です。
イ 顧問の先生のおかげで、県大会に出場できた。
ウ 昔をなつかしんで、祖母は思い出話を始めた。
エ 私は陸上競技場で、走り高跳びの練習をした。（　　）

正答率39%

2 次のア〜エの文の——線部「ない」のうち、品詞が異なるものを一つ選び、記号で答えなさい。（5点）〈滋賀県・改〉

ア あまり先のことを心配してもしかたがない。
イ 自然界には、科学者にもよく分かっていないことがある。
ウ 旅行は、未知の世界を知るきっかけになるかもしれない。
エ わざわざ習慣を変えようという気が起こらない。（　　）

3 次の文の——線部と同じ品詞の言葉を、あとのア〜エから一つ選び、記号で答えなさい。（10点）〈茨城県・改〉

・図書館で静かに本を読みたい。

ア どこに図書館が建てられると便利かを考えます。
イ 特に、電車で通勤している人にとっては、便利です。
ウ 待ち時間を利用して気軽に立ち寄れます。
エ 四つの候補地には、それぞれに長所があります。（　　）

呼応の副詞

正答率 31%

4 呼応の副詞を含む文を、次のア～エから一つ選び、記号で答えなさい。（5点）〈高知県・改〉

ア 駅は図書館よりもっと遠くにある。
イ 牧場で牛がのんびり草を食べる。
ウ 成功するまで決してあきらめない。
エ あなたに会えてとてもうれしい。

（　　）

5 次の文の――線部「まるで」と意味・用法が異なるものを、あとのア～エから一つ選び、記号で答えなさい。（10点）〈京都府・改〉

・枯山水《かれさんすい》の庭は、まるで一枚の絵のように美しい。

ア この油絵に描かれた人物は、まるで生きているみたいだ。
イ ロシア語で書かれた本なので、内容がまるでわからない。
ウ 宿場町では、まるで江戸時代にいるかのような気分になる。
エ まるで自分にまかせろと言わんばかりの気迫が感じられた。

（　　）

正答率 65%

6 次の各文の＝線部の副詞は、どの部分と呼応していますか。最も適切なものを、文中のア～エから一つずつ選び、記号で答えなさい。（5点×2＝10点）

① はたしてあなたは目に映った形を、カメラがア対象をイそのまま映すようにウ見ているかどうか、エ考えてみれば疑問です。〈宮崎県・改〉

（　　）

HINT この「はたして」は、「ほんとうに」という意味。

② 人は、きっと将来へのア希望からイ努力するのだろうし、そうでなければ、ウ努力をする人はエいない。〈福井県・改〉

（　　）

正答率 99%

7 ①の文を、同じ意味になるように②の文に書き直したとき、[A]・[B]に入る語の組み合わせとして最も適切なものを、あとのア～エから一つ選び、記号で答えなさい。（10点）〈神奈川県〉

① 私の説明したこと以外にも理由があるかもしれません。
↓
② [A]私の説明した理由がすべてとは[B]と思います。

ア A 必ずや　B 限る
イ A 必ずしも　B 限らない
ウ A もしや　B 及ぶ
エ A もしも　B 及ばない

（　　）

注意

8 次の文の――線部「あるいは」と同じ意味・用法のものを、あとのア～エから一つ選び、記号で答えなさい。（10点）〈東京 西高・改〉

・あるいはその話は、作り話ということもあろうか。

ア あるいは山にあるいは海に出かける。
イ 本人かあるいは保護者が出席する。
ウ 夕方あるいは雨が降る可能性もある。
エ 英語あるいはフランス語を学習する。

（　　）

HINT 「あるいは」には、副詞と接続詞がある。

敬語

重要度★★★

敬語が正しく使われているかどうかを識別する問題は頻出！ 特に謙譲語に注意。

学習日　月　日

ポイント整理

敬語の種類

「お～になる」は尊敬語、「お～する」は謙譲語だよ。

尊敬語

●動作をする人を高めて言う言葉。

①尊敬語の動詞
例 おっしゃる(言う)

②「お(ご)～になる」
例 お話しになる

③助動詞「れる」「られる」
例 話される

謙譲語

●自分の動作を控えめに言う言葉。

①謙譲語の動詞
例 うかがう（聞く）

②「お(ご)～する」
例 お聞きする

丁寧語

●丁寧な言い方をする言葉。

①助動詞「です」「ます」
例 がんばります

②「ございます」
例 こちらでございます

◀入試によく出る敬語の動詞

動詞	尊敬語	謙譲語
言う	**おっしゃる**	**申す** **申し上げる**
する	**なさる**	**いたす**
食べる 飲む	**召し上がる**	**いただく**
行く 来る	**いらっしゃる**	**うかがう** **参る**
いる	**いらっしゃる**	**おる**
見る	**ご覧になる**	**拝見する**
聞く	（お聞きになる）	**うかがう** **承《うけたまわ》る**
やる 与える	（おやりになる）	**さしあげる**
くれる	**くださる**	―
もらう	―	**いただく** **頂戴《ちょうだい》する**

大切

敬語の使い方

●相手の動作には尊敬語、自分の動作には謙譲語を用いる。

例 先生《相手》がこちらにいらっしゃる《尊敬語》。
私《自分》がそちらに参ります《謙譲語》。

自分と相手との関係や場面を押さえよう。

注意

間違えやすい敬語表現

①自分の身内の動作には謙譲語を使う。
例 父もお礼をおっしゃっています。
↓○申して

②敬語を重ねすぎないようにする。
例 先生がおっしゃられる。
↓○おっしゃる

③「ご～する」は謙譲語なので相手に使わない。
例 ご注意して下さい。↓○ご注意（下さい）

手紙文の書き方

①頭語と結語の組み合わせ
拝啓→敬具　前略→草々

②時候の挨拶《あいさつ》…頭語のあとに季節の気候などに触れ、相手の安否を尋ねる。

基本問題

→別冊解答 p.11

1 敬語 次の各文の――線部の敬語の種類を、あとのア～ウから一つずつ選び、記号で答えなさい。

①師匠が、弟子の稽古をご覧になる。（　　）
②あなたにこの時計をさしあげたい。（　　）
③私の連絡先を申し上げます。（　　）
④これが当社の新製品でございます。（　　）
⑤グラフを見ると、八月の日照時間が少なかったことがおわかりになると思います。（　　）

ア 尊敬語　**イ** 謙譲語　**ウ** 丁寧語

2 敬語 次の各文の――線部と敬語の種類が同じものを、あとのア～エから一つずつ選び、記号で答えなさい。

①お世話になった方にメロンをお送りする。
ア 足元にご注意ください。
イ お客様がお見えになりました。
ウ デザートを召し上がりますか。
エ 総会の日程をお知らせします。（　　）

②お手紙をいただきたいです。
ア おっしゃるとおりにいたします。
イ 新着書籍はこちらにございます。
ウ これからお話をうかがいます。
エ いまどちらにいらっしゃいますか。（　　）

3 敬語 次の各文の――線部を、指定された敬語を使って、敬意を高める表現に書き直しなさい。

①先生は、スポーツをしますか。
【尊敬語】（　　）
②午後三時にお宅に行きます。
【謙譲語】（　　）

4 敬語 次の会話の空欄に入る最も適切な敬語の表現を、あとのア～エから一つ選び、記号で答えなさい。

先生「昨日、保護者会のプリントを配りましたね。」
生徒「私は、学校を休んでいたので、そのプリントを（　　）。」

ア くれますか　**イ** もらえますか
ウ いただけますか　**エ** うけたまわれますか（　　）

5 敬語 次の各文の――線部の敬語の種類を、あとのア～ウから一つずつ選び、記号で答えなさい。

①お体にお気をつけください。（　　）
②拙著をお送りいたします。（　　）
③お菓子はいかがですか。（　　）

ア 尊敬語　**イ** 謙譲語　**ウ** 丁寧語（美化語）

HINT 2
①接頭語の付いた敬語表現
・「お～になる」「ご～になる」→尊敬語
・「お～する」「ご～する」→謙譲語

HINT 4
自分の行為であり、目上の人に依頼する場面なので、謙譲語を使う。

HINT 5
名詞に接頭語・接尾語を付けた敬語表現
・尊敬語…ご来場・御社・お手紙
・謙譲語…私ども・弊社・粗品
・丁寧語（美化語）…ご飯・お風呂
＊美化語は、やわらかく上品に言う言葉。

→別冊解答 p.11

目標時間 30分　目標点数 80点

／100点

敬語

正答率92%

1 次の文の――線部を、（　）内の状況を踏まえて、適切な敬語表現に直しなさい。（10点）〈栃木県〉

・「最後に、校長先生にお話をしてもらいます。」

（生徒総会で生徒が司会をしている場面）

（　　　　）

正答率56%

2 敬語の表現として誤った表現を含む文を、次のア～エから一つ選び、記号で答えなさい。（10点）〈高知県〉

ア 母が先生にお会いしたいと申しております。

イ 私たちの学級新聞ができましたので、先生も拝見してください。

ウ 学習発表会の当日は、お客様が大勢いらっしゃいます。

エ 春休みに、先生のお宅にうかがってもよろしいですか。

（　　）

正答率75%

3 A中学校の小林さんは、自由研究のレポートを書くために博物館を訪れました。次の会話の――線ア～エのうち、敬語の使い方が正しいものを一つ選び、記号で答えなさい。（15点）〈栃木県〉

小林「こんにちは。A中学校の小林です。今日は、郷土の歴史を調べにアうかがいました。よろしくお願いします。」

職員「こんにちは。先日連絡をくれた小林さんですね。今日はゆっくり見学していってください。」

小林「館内では写真をイお撮りになってよろしいですか。」

職員「一般展示しているものなら大丈夫です。」

小林「ありがとうございます。見学後に質問したいことがあるのですが、どなたにウ質問なさるとよろしいですか。」

職員「どのような質問ですか。内容に応じて、専門の者を紹介します。」

小林「江戸時代についてエ存じ上げている方をお願いします。」

職員「私の専門なので、後で声をかけてください。」

（　　）

注意

4 放送委員会のAさんは、学校でのコンサートに訪れたピアニストの佐藤さんに、昼の校内放送番組を制作するため、インタビューをしました。次の文章はその一部です。――線部「聞きます」を、適切な敬語表現に直しなさい。（10点）〈宮城県・改〉

Aさん「佐藤さん、演奏後のお疲れのところ、時間をとっていただいてありがとうございます。今日は、ピアノや演奏への思いについていくつか聞きます。よろしくお願いします。」

（　　　　）

正答率 80%

5 **次の文章中の「地域の皆さん」に対する敬語の使い方について説明したものとして最も適切なものを、あとのア〜エから一つ選び、記号で答えなさい。**（10点）〈神奈川県〉

• 本日の校外清掃にはたくさんの地域の皆さんにご参加していただき、ありがとうございました。私たち生徒もこの地域がもっときれいになるようがんばりますので、これからもご協力ください。

ア 「ご参加していただき」は、敬意が十分でないので、「ご参加されていただき」にするのがよい。

イ 「ご参加していただき」は、敬語表現として適切でないので、「ご参加いただき」にするのがよい。

ウ 「ご協力ください」は、敬意が十分でないので、「協力になってください」にするのがよい。

エ 「ご協力ください」は、敬語表現として適切でないので、「ご協力してください」にするのがよい。

（　　）

HINT 「ご〜する」は謙譲語。

正答率 56%

6 **次の文は、卒業式を前にしたある中学生が、小学校時代の担任の先生に宛てた手紙文の一部です。――線部の言葉を、謙譲語と丁寧語を使って敬意を高める表現に書き換え、手紙文を完成させなさい。**（15点）〈北海道・改〉

• 久しぶりに先生にお会いしたいので、卒業式が終わりましたら、先生を訪ねて、<u>小学校に行きたいと思っている</u>。

（　　）

7 **次の文章は、つつじが丘中学校生徒会長の田中花子さんが、つつじが丘自治会長の佐藤正さんに宛てて書いた依頼文の一部です。これを読んで、あとの問いに答えなさい。**（15点×2＝30点）〈茨城県・改〉

令和〇年５月１日

つつじが丘自治会長

佐藤　正様

つつじが丘中学校生徒会長

田中　花子

拝啓　［　A　］。いかがお過ごしでしょうか？

私はつつじが丘中学校の生徒会長、田中花子と［　B　］ます。先日行われた愛校作業では、地域のみなさまのご協力をいただきまして、ありがとうございました。……

① ［A］には、時候のあいさつが入ります。最も適切なものを、次のア〜エから一つ選び、記号で答えなさい。

ア 木の葉が舞う季節となりました

イ きびしい暑さが続いております

ウ 新緑の美しい季節となりました

エ 梅もほころび春めいてきました

（　　）

② ［B］には、「言う」という言葉の敬語表現が入ります。前後のつながりを考え、正しく直して書きなさい。

（　　）

ポイントチェック② 06～10

学習日　月　日

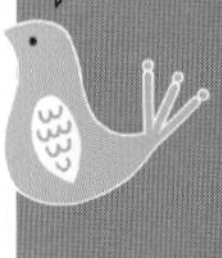

基本チェック

06 文の組み立て

1 次の文を単語に分けたとき、上から六番目の単語の品詞名を、あとのア～エから一つ選び、記号で答えなさい。

・歩く人が多くなればそれが道になるのだ。

ア　動詞　イ　形容詞　ウ　助詞　エ　助動詞　（　　）

07 品詞の種類・活用がある自立語

2 次のア～エの文の――線部の動詞のうち、下一段活用の動詞を一つ選び、記号で答えなさい。

ア　私は、今朝、飛行機を見た。

イ　私は、環境問題について勉強した。

ウ　私は、昨日、午前八時に家を出た。

エ　私は、修学旅行の計画について話した。　（　　）

08 付属語

3 次の文の――線部「の」と意味・用法が同じものを、あとのア～エから一つ選び、記号で答えなさい。

・展示されているのは、美しい油絵だった。　（　　）

ア　雪の降り積もった往来に、老人がたたずんでいる。

イ　時々庭で見かけるのは、どこの飼い猫だろうか。

ウ　お気に入りのコートを着て、買い物に出かける。

エ　校庭に植えたバラの花が、今年もみごとに咲いた。

09 単語の識別・呼応の副詞

4 次の文の――線部「ない」と意味・用法が同じものを、あとのア～エから一つ選び、記号で答えなさい。

・その考えはよくないと思った。

ア　私と彼とはたがいに面識がない。

イ　その絵は居間にふさわしくない。

ウ　文化祭まであと五日間しかない。

エ　君に励まされたことは忘れない。　（　　）

5 次の文中の□に入る言葉として適切なものを、あとのア～エから一つ選び、記号で答えなさい。

・鍛えることで、筋肉は□鎧《よろい》のように硬くなる。

ア　たとえ　イ　決して

ウ　めったに　エ　まるで　（　　）

10 敬語

6 次のア～エの文から、――線部の敬語の使い方が適切でないものを一つ選び、記号で答えなさい。

ア　みなさんも子供の頃を思い出していただきたいです。

イ　その結果をまとめたグラフをご覧ください。

ウ　状況に差があることがおわかりになると思います。

エ　お名前をご記入したうえで、ご提出ください。　（　　）

答え

1 ウ　2 ウ　3 イ　4 イ　5 エ　6 エ

総合チェック

次の文章は、園芸委員の委員長が、生徒総会で前期の活動を提案するためにまとめている資料です。これを読んで、下の各問いに答えなさい。

→別冊解答 p.11

みなさん、園芸委員会の前期の活動目標が決まりました。それは「校舎のグラウンド側を花と緑でいっぱいに①しよう」です。具体的には、校舎のグラウンド側の一階部分にネットを設置し、アサガオのツルを育てます。

この活動を計画した理由は二つあります。一つは、グラウンドからの景観を②美しくしたいと考えたからです。順調に育てば、夏には、花と緑の美しい景観になるでしょう。

もう一つは、暑い夏でも、より良い環境で学習できると考えたからです。一階にある特別教室は、アサガオの葉っぱでできた自然のカーテンによって、強い日差しがさえぎら③れます。

この活動は、全校生徒の参加で行いたいと考えています。最初に、六月の学級活動の時間を使って、全員でアサガオの苗植えをします。校舎沿いに置いたプランターに土を入れ、苗を植えていく作業です。その際、先生方にネットを④設置してもらう予定です。

問一　——線①「よう」と意味・用法が同じものを、次の**ア〜エ**から一つ選び、記号で答えなさい。>>> 08

ア　みんなでサッカーをしよう。
イ　眠いから、もう寝よう。
ウ　彼ならもっとうまくできよう。
エ　あまり元気がないようだね。

（　　）

問二　——線②「美しく」の活用形を、次の**ア〜オ**から一つ選び、記号で答えなさい。>>> 07

ア　未然形　**イ**　連用形　**ウ**　終止形
エ　連体形　**オ**　仮定形

（　　）

問三　——線③「れ」の意味・用法として適切なものを、次の**ア〜エ**から一つ選び、記号で答えなさい。>>> 08

ア　受け身　**イ**　可能
ウ　尊敬　**エ**　自発

（　　）

問四　——線④の「もらう」を、先生方に対する敬意を表す表現に言い換え、——線部を書き直しなさい。>>> 10

（　　）

11 指示語・接続語

重要度★★★

指示語が指し示す内容を問う問題や、文中の空所に入る接続語を問う問題が頻出！

学習日　月　日

ポイント整理

指示語

文中の語句や内容、文全体を直接に指し示す言葉。

例 「これ・それ・あれ・どれ」「この・その・あの・どの」

接続語

語句と語句、文と文、段落と段落をつないで、**それらの関係を示す言葉。おもに接続詞が接続語になる。**

例 「しかし」「だから」

指示語の原則

①指示語の指している内容は、原則として、指示語よりも前にある。

例 ようやく手紙が届いた。**これ**を待っていたのだ。（指示内容：ようやく手紙が届いた／指示語：これ）

②例外として、指示語が後ろの部分を指している場合もある。

例 先生は**こう**言われた。希望を失ってはいけないと。（指示語：こう／指示内容：希望を失ってはいけない）

▼接続語の種類

①順接	前に述べたことからくる順当な結果を述べる。	それで・だから・すると
②逆接	前に述べた内容と対立することを述べる。	しかし・けれども・ところが
③累加《るいか》 並立《へいりつ》	前の内容にあとの内容を加えたり、並べたりする。	それから・しかも・また
④対比 選択	前後の内容を比べたり、選んだりする。	または・あるいは・それとも
⑤説明 補足	前の内容をあとで説明したり、補ったりする。	つまり・たとえば・なぜなら
⑥転換	前とは話題を変える。	ところで・さて・では

大切

指示内容を問う問題の解き方

①指示内容の見当をつけたら、その語句を指示語に当てはめてみて、意味が通るか確認する。

例 駅にいるのなら、今から**そこ**に行こう。（→「駅」）

②指示語の指している部分が指示語の位置にぴったりはまらない場合は、「〜こと」などを補う。

例 毎日、練習を続けた。**それ**が成功の源だ。（→「毎日、練習を続けたこと」）

大切

空所に入る接続語を問う問題の解き方

●空所の前後の文の関係を読み取る。

例 今日は疲れた。［　　］、もう寝よう。（順当な結果 →①順接「だから」などが入る）

例 停留所まで全力で走った。［　　］、バスに間に合わなかった。（対立すること →②逆接「しかし」「ところが」などが入る）

例 一点も取れなかった。［　　］、完敗だ。（説明 →⑤説明「つまり」などが入る）

基本問題

→別冊解答 p.12

1 指示語 **次の文章を読んで、あとの問いに答えなさい。**

昨今は、安ければ偽物《にせもの》でもいい、どうせ本物と見分けがつかないのだから、というわけで偽物も大手を振って罷《まか》り通るようになっている。こうして本物と偽物が堂々と共存するようになり、人々もこだわらなくなった。科学的真実に対する態度にもそれが現れるようになっていると言えば、それは*うがち過ぎだろうか。科学であろうと非科学であろうと、面白ければそれでいいと。

（池内了《いけうちさとる》「科学と人間の不協和音」より）

＊うがち過ぎ…考えすぎて、かえって真相からはずれること。

(1) ――線部が指している内容として最も適切なものを、次の**ア～エ**から一つ選び、記号で答えなさい。

ア 値段が安ければ偽物でもよいという考えを押し通そうとすること。

イ 本物と区別がつかないような巧妙な偽物を作って人をだますこと。

ウ 偽物がまるで本物であるかのように存在していても気にしないこと。

エ 科学であろうと非科学であろうと、面白ければそれでいいと思っていること。

（　　）

2 接続語 **次の文章を読んで、あとの問いに答えなさい。**

最近は、ホタルの養殖とか、ホタルが棲《す》む川づくりが盛んに行われている。こうした生物としての生態を無視した人工河川づくりやホタルの放流、そしてホタルの人工養殖が行われると、おかしな失敗が起こる。

一度はホタルが飛び始めて復活に成功したと思っていると、しばらくして姿を消してしまうのだ。調べてみると、あまりに水や周辺環境をきれいにし過ぎたための失敗だとわかる。川底のゴミや石までなくしたことで、餌になるカワニナの隠れ場所がなくなってしまい、食べ尽くされてしまっていたのである。結果的にホタルには居心地が悪い環境になっていたのだ。

［　　］「川を美しく」し過ぎた結果、ホタルが棲めなくなってしまったのである。

（田中淳夫《たなかあつお》「日本人が知っておきたい森林の新常識」より）

(1) 本文中の［　　］に入る言葉として最も適切なものを、次の**ア～エ**から一つ選び、記号で答えなさい。

ア つまり

イ ところが

ウ ただし

エ しかし

（　　）

HINT 1

指示語「それ」は、原則として前の部分を指す。「科学的真実に対する態度」に、何が現れるようになっていると述べられているかを、前の文章から読み取ろう。

HINT 2

空所の前後で述べられている内容を確認する。

前＝川底のゴミや石までなくした。
↓ホタルの餌になるカワニナの隠れ場所がなくなり、食べ尽くされた。
↓ホタルには居心地が悪い環境になった。

後＝川を美しくし過ぎた結果、ホタルが川に棲めなくなってしまった。

前の文とあとの文の関係を読み取ろう。

参考

「ただし」は、前の内容に説明を補足する接続詞。

11 トレーニングテスト

→別冊解答p.12

目標時間 30分　目標点数 80点

／100点

指示語

1 次の文章を読んで、あとの問いに答えなさい。〈10点×2＝20点〉〈富山県〉

私が日本の偉人たちを調べたかぎりでは、平均睡眠時間の最短記録保持者は何と言っても野口英世《ひでよ》である。彼は、十代前半からすでに短時間睡眠を実践していた。家が貧しかった彼は、読書のための貴重な明かりが確保できることもあって、旅籠《はたご》屋をしていた親友・代吉の家に行っては、片時も本を離さずに勉強をした。夜、読書中に眠気におそわれると、冷水で顔を洗ってまた延々と本を読む。その様子を見ていた代吉がその体を気遣って就寝を勧めると、「ナポレオン・ボナパルトを見い、一日三時間しか寝なかつたつて云《い》ふではないか」と答えたと伝えられている。

（斎藤兆史《さいとうよしふみ》「努力論――決定版」より）

(1) ――線部は、だれのどのような様子を指していますか。次の A ・ B に入る語句を、本文中からそれぞれ四字で抜き出しなさい。

・ A の、 B を削ってまで勉強に励む様子。

A ［　　　　］　B ［　　　　］

HINT 前の文章から、代吉はだれのどのような様子を見ていたかを読み取る。

2 次の文章を読んで、あとの問いに答えなさい。〈20点〉〈秋田県〉

まず「自分が生きる」、そして「他者と生きる」、それがあって初めて、生命を次の世代につなぐことができます。つまり、「生きる」ということには、他者と空間的につながることと、後の世代と時間的につながること、という二つの意味があるのです。

この一〇年で携帯電話、インターネットが急速に盛んになり、個人と個人とがグローバルに、国や文化に関係なく情報交換をする方向に向かっています。これは、人類が個々人すべての智恵《ちえ》を総動員しなければ、もう持続的に生き延びられないと直感的に察知し、種全体として生き延びようとしていることを意味するのではないか。私にはそう思われます。

（毛利衛《もうりまもる》「宇宙から学ぶ」より）

正答率 55%

(1) ――線部の「そう」の内容を次のようにまとめました。［　］に入る語句を十五字以内で書きなさい。

・近年、国や文化に関係なく情報交換が進んでいるのは、［　　　　］としていることの表れである。

HINT 抜き出すのではなく、直前の一文の内容をまとめよう。

接続語

3 次の文章を読んで、あとの問いに答えなさい。（20点）〈大阪府・改〉

作家としては、いつも自分で新しい発想をして、自分の力で創作しているという意識でやっている。□実際には、僕がつくる曲は、僕の過去の経験、知識、今までに出会い聴いてきた音楽、作曲家としてやってくることで手に入った方法、考えたこと、それらの蓄積などが基になって生まれてくるものだ。さまざまなかたちで自分の中に培《つちか》われてきたものがあるからこそ、今のような創作活動ができているわけだ。

（久石譲《ひさいしじょう》「感動をつくれますか？」より）

重要

(1) 本文中の□に入る語として最も適切なものを、次のア～エから一つ選び、記号で答えなさい。

ア しかし　イ そして
ウ すなわち　エ さらに
（　　）

HINT 空所の前後の関係を読み取ろう。

4 次の文章を読んで、あとの問いに答えなさい。（20点）〈静岡県〉

他者の心を読むことは、動物が生存していくうえで必須です。□、ジャングルを歩いて他の動物に出会ったとしましょう。このとき、相手が敵なのか味方なのかを瞬時に判断しなくてはなりません。もし自分が獲物として狙われているなら、即座に逃げなくては捕食されてしまいます。

（池谷裕二《いけがやゆうじ》「パテカトルの万脳薬《ばんのうやく》」より）

(1) 本文中の□に入る語として最も適切なものを、次のア～エから一つ選び、記号で答えなさい。

ア むしろ　イ そのうえ
ウ したがって　エ たとえば
（　　）

HINT ジャングルの話がどんな役割をしているか考えよう。

5 次の文章を読んで、あとの問いに答えなさい。（20点）〈京都府・改〉

一般に、樹木は年齢を加えるにつれてその固有の美を発揮し、風致*的に優れてくる。しかし、ある年齢を越えると樹木も、その集団としての森林も衰退を見せる。たとえば、アカマツは五、六〇年以上で固有の美を示しはじめ、森林状で一五〇年、孤立木で三〇〇年ぐらいまでは美しい。□、風致*の維持のためには、普通の森林ならばその美的頂点をみきわめて更新をはかる必要がある。また、風致的にもっとも優れた状態を維持するためにも、森林に人為を加えることが必要なことも多い。

（只木良也《ただきよしや》「ヒトと森林」より）

＊風致…自然の景色のおもむきやあじわい。

注意

(1) 本文中の□に入る語として最も適切なものを、次のア～エから一つ選び、記号で答えなさい。

ア なぜなら　イ あるいは
ウ つまり　エ したがって
（　　）

HINT 空所の直前は例示なので、さらに前の文章とのつながりを考える。

論説文

12 段落構成・要旨

重要度★★★

形式段落どうしの関係を問う問題や、本文全体の要旨を問う問題がよく出る！

学習日　月　日

ポイント整理

●段落

形式段落…始まりを一字下げて表す段落。

意味段落…内容につながりのある形式段落をいくつかまとめた、大きな段落。

●要旨

筆者が文章の中で述べようとしている中心的な事実や意見。文章の中で最も大切な内容。

＊要点…文章や段落の中の重要なところ。

＊大意…文章のだいたいのあらまし。

段落構成

①**序論・本論・結論**…最も基本となる型。

・序論…導入。文章で扱う話題・問題を示す。

・本論…中心。具体例や理由を述べて説明する。

・結論…まとめ。事実や意見をまとめる。

②**構成の型**

●**頭括型**《とうかつ》　結論→説明―説明

●**尾括型**《びかつ》　説明―説明→結論

●**双括型**《そうかつ》　結論→説明―説明→結論

●**起承転結**《きしょうてんけつ》　起＝発端→承＝展開→転＝転換→結＝結び

段落どうしの関係

●**段落どうしの関係のとらえ方**

①**段落の初めにある接続語に着目する。**

しかし・だが…あとに重要な事柄（意見や結論）を述べることが多い。

第一に・一つは・たとえば…例を挙げる。

したがって・つまり…結論を述べる。

さて・一方…話題を変える。

②**文末表現に着目する。**

〜だろうか。…問題を提示している。序論。

〜だからだ。…理由を述べている。本論。

大切　段落構成のとらえ方の要点

①**形式段落ごとの要点**をとらえる。

⇩

②内容につながりのある**形式段落をまとめ、**意味段落を作る。

⇩

③**意味段落どうしの関係**をとらえる。

1 問題の提示　2 具体例　3 具体例の説明　4 筆者の意見

⇩

1　2・3　4

⇩

1 序論　2・3 本論　4 結論

大切　要旨のとらえ方

①**文中に繰り返し出てくる語**（＝キーワード）に着目する。

＊キーワードは、文章の話題となることが多い。

②論理の中心（結論）となる段落を見つけ、その段落の中にある中心的な一文に着目する。

③意見を述べる文末表現に着目する。

例「〜と思う。」「〜と考える。」「〜だ。」「〜たいものだ。」「〜ではないだろうか。」

基本問題

→別冊解答 p.14

1 段落構成・要旨　**次の文章を読んで、あとの各問いに答えなさい。**

1　現代に残された手づくりの意味とは何であろうか。第一はほかならぬ余暇のなかの手仕事であって、手料理や庭いじりや模型づくりなど、現実的な効用を期待しない作業の楽しみだろう。現実の効用至上の仕事は目的の無限の連鎖のなかにあって、たとえば木を伐《き》るのは板を削るためであり、板を削るのは家具を組み立てるため、家具をつくるのはそれを売って利益を得るためと、際限がない。（中略）その点、趣味の手仕事はものをつくればその先はなく、人に成就《じょうじゅ》の喜びと現在の充実を感じさせる。

2　だがそれ以上に大きな手仕事の意味は、じつは手の働きが知能や認識を刺激するという点にありそうである。かつてコンラート・フィードラー*という芸術学者が言い出したことだが、絵描きは手で描くことによってよりよく対象が見えるという事実が知られている。人間は見たものを描くのではなく、描いたものをはじめて見うるのだというのが彼の言葉だが、考えればこれは一般に思索や考察のすべてにあてはまるように思われる。

3　現にものを考えるのに思いつきを図に描いてみたり、複雑な設計をするのにまず一本の線を引いてみたりするというのは、誰もが黙ってやっている手順ではないだろうか。「イメージを描く」というのは広く知られた比喩であるが、人間は着想を抱くとき、文字通り頭のなかで手で「描いて」いるのではないだろうか。

（山崎正和《やまざきまさかず》「手づくりの意味の変遷」より）

*コンラート・フィードラー…十九世紀のドイツの芸術学者。

(1) 1・2段落の要点を次のようにまとめた。□に入る言葉を、本文中から抜き出しなさい。

1　現代に残された手づくりの意味の一つは、□を楽しむという点である。

（　　　　）

2　それ以上に大きな手仕事の意味は、□という点である。

（　　　　）

(2) 3段落の働きとして最も適切なものを、次の**ア**～**エ**から一つ選び、記号で答えなさい。（　　）

ア　2段落の内容の具体例を挙げて推論している。

イ　2段落の内容とは反対の主張を提示している。

ウ　2段落の内容から導かれる結果を述べている。

エ　2段落の内容とは別の話題を述べている。

HINT 1

(1) 1・2段落ともに、段落の初めに要点を述べている。そのあとは、要点についての具体例の説明になっている。

HINT

(2) 3段落の初めに述べられているのは、次の二点。

- ものを考えるのに思いつきを図に描いてみること
- 複雑な設計をするのにまず一本の線を引いてみること

これらは、2段落で述べている「人間は見たものを描くのではなく、描いたものをはじめて見うるのだ」と、どういう関係にあるのかを考えよう。

最後の文は、文末に「…ではないだろうか」とあり、筆者の考えが述べられている。

→別冊解答 p.14

目標時間 30分
目標点数 80点

／100点

段落構成・要旨

1 次の文章を読んで、あとの各問いに答えなさい。 (20点×2=40点)

〈北海道・改〉

1 ことばを使うことが、人間だけの特技であるかどうかについては疑問がないわけではない。動物学者たちは、トゲウオやカモメ、そしてさらには、人間にひじょうにちかいサルの群れなどを観察して、これら動物の世界で、人間のことばとたいへん似た過程が進行しているという事実を発見している。そして、そのような発見についての報告を読めば読むほど、動物の「ことば」と人間のことばのちがいは程度の差にすぎないのではないか、と考えたくもなる。しかし、かりに程度の差であるとしても、人間の使っていることばと、動物のそれとのあいだには、大きな割れ目があるようだ。A

2 なぜなら、人間同士ことばを使うことによって、お互いに「わかる」ことができるからである。動物の社会にも、ことばに似た現象はあるが、人間がことばによって「わかる」のとおなじような作用は、動物にはない。そこにあるのは、とりわけ下等動物になればなるほど特定の刺激にたいするほとんど本能的な反応のようなものであって、人間同士のあいだにはたらく「理解」作用ではけっしてないのだ。B

3 それではいったい、「わかる」というのはどういうことなのか。C

4 たとえば、お医者さんと患者との関係を考えてみよう。患者は、からだのある部分の痛みを訴えている。かれは医師に、その患部が「痛い」という。その「痛い」ということばをきいたとき、医師の内部ではひとつの過程が発生する。それは、患者が「痛い」ということばによって表現しているからだの状態に似た状態を、みずからの体験に即して想像する過程である。D

5 医師みずからは、べつだんその部分に痛みを感じるわけなのではない。しかしかれは、患者が痛い、ということばによって表現しようとしているからだの状態がどのような性質のものであるかを知っているのである。E

(加藤秀俊《かとうひでとし》「人間関係」より)

正答率37%

(1) 次の一文は本文中から抜いたものです。文中のA～Eのうち、どこに入りますか。A～Eから一つ選び、記号で答えなさい。

・たぶん心理学者のいう共感という考え方が、この問題を考える場合、有力な手がかりのひとつになる。

（　　）

(2) 人間にとって、相手の言うことが「わかる」とはどういうことですか。当てはまる部分を、「…こと。」に続くように、本文中から十五字以内で抜き出しなさい。

□□□□□□□□□□□□□□□ こと。

② 次の文章を読んで、あとの各問いに答えなさい。（20点×3＝60点）

〈岩手県・改〉

［1］ 食事文化研究の第一人者である元国立民族学博物館館長の石毛《いしげ》直道《なおみち》さんによれば、人間とは料理をし、共食＊をする動物だ、ということになります。人間は、ある段階から、食べ物をそのままではなく、手を加えて食べるようになりました。

［2］ たとえば火の利用です。生肉のままでは、腐りやすく危険が伴いますが、火に通すと安全に、しかもおいしく食べられることを知りました。また食べやすい形や大きさにすることも、立派な料理です。食べやすく、しかもよりおいしく食べるための工夫を始めたのです。

［3］ 人間行動の第一の基本は、いうまでもなく食料の獲得にあります。時代を遡れば遡るほど、人々は、食料の獲得に時間を費やしてきました。その効率化を図って、採集・狩猟・＊漁撈《ぎょろう》・牧畜・遊牧・農耕といったシステムを創り上げてきました。

［4］ これらのシステムは、一つの文化をなしています。ところで文化とは何でしょうか？　少しこの問題を考えてみましょう。文化の定義をめぐっては、実にさまざまな議論がありますが、文化人類学的な観点からは、人間が後天的に学習した知識・技術の体系、ということができます。ここでは、後天的に、という部分が重要です。

［5］ 先天的、つまり動物としての本能としてではなく、生まれたのちに人間としての集団生活のなかで、後天的に身に付けていくものが文化なのです。たとえば、眠ること自体は文化ではありませんが、どのように眠るか、が重要です。寝間着《ねまき》を着る、枕を使う、布団《ふとん》に寝る、ベッドで寝る、これらは疑いなく文化なのです。

［6］ 同じように、食べるという行為自体は文化ではありませんが、どのように食物を得るのか、それをどう分けるのか、どう保存するのか、どうやって食べるのか、いつ食べるか、だれと食べるか、どこで食べるか、これらはすべて文化なのです。もちろん料理や調理器具・食事道具も、文化の一部です。人類史的には、食事に一定のスタイルが与えられた段階で、食そのものが文化となったのです。

（原田信男《はらだのぶお》「食べるって何？　食育の原点」より）

＊共食…家族や友人など誰かと共に食事をすること。　＊漁撈…水産物をとること。

(1) 筆者は「文化」をどのように定義していますか。当てはまる部分を本文中から十九字で抜き出し、その初めの五字を書きなさい。

(2) 筆者のいう「文化」に当てはまるものを、次のア～エからすべて選び、記号で答えなさい。

ア 木の実を食べること。　イ 育てた家畜を食べること。
ウ 弓矢で獲物を捕ること。　エ 野外で寝ること。

（　　　）

(3) 本文の段落の構成として最も適切なものを、次のア～エから一つ選び、記号で答えなさい。

ア ［1］→［2］・［3］→［4］・［5］・［6］
イ ［1］・［2］→［3］・［4］・［5］→［6］
ウ ［1］・［2］→［3］・［4］→［5］・［6］
エ ［1］・［2］・［3］→［4］→［5］・［6］

（　　　）

場面・情景

重要度★★★

文中で場面が変化するところを問う問題や、情景描写に表されている心情を問う問題が出る！

学習日　月　日

ポイント整理

○場面

小説文の「場面」は、「時」「場所」「登場人物」を押さえる。

時…場面が描かれている「時」はいつか。
→時代（明治・昭和など）・年号・季節（春夏秋冬）・月日・時刻など。

場所…場面が描かれている「場所」はどこか。
→都市や町（地名）・建物・家の中など。

登場人物…場面に登場する「人物」は誰か。
→主人公・人物と人物の関係（親子・兄弟・友人など）・人の名前など。

○情景

情景が登場人物の心情を表すことがある（「情景描写」という）。**自然の風景や天候**などが表すイメージをとらえて、人物の心情を読み取る。

例　躍動的で活発なイメージ（日差しなど）→明るい気持ち
　　暗く陰気なイメージ（雲・雨など）→憂うつな気持ち

或《ある》日《ひ》の暮方《くれがた》の事である。一人の下人《げにん》が、羅生門《らしょうもん》の下で雨やみを待っていた。
（「羅生門」芥川龍之介《あくたがわりゅうのすけ》）

●「時」を表す間接的な表現にも着目する。
・うだるように暑い。→夏
・星がきれいだった。→夜

肉体の疲労回復とともに、わずかながら希望が生まれた。…斜陽は赤い光を、木々の葉に投じ、葉も枝も燃えるばかりに輝いている。
（「走れメロス」太宰治《だざいおさむ》）

大切

場面の変化のとらえ方

①「時」「場所」「人物」に着目して、場面をとらえる。
⇩
②**「時」「場所」や「人物」の心情が大きく変わっているところ**を見つける。

注意

特殊な場面の変化

小説文などの文学的文章では、**回想が挿入される部分**で、「時」が変化することがある。

例　**現在**を表す場面
⇩
過去を表す場面＝**回想**の挿入
⇩
現在を表す場面

大切

リード文（前書き）をしっかり読もう

場面・情景をとらえるには、物語の**時代背景・社会背景**や人物の**年齢**や**人間関係**、**置かれている状況**の読み取りも必要。
→本文の前にある「リード文」（前書き）に基本的な情報が書かれている。

基本問題

→別冊解答 p.16

1 場面 次の文章を読んで、あとの問いに答えなさい。

〔高校一年生の「私」は学校のマラソン大会に出た。〕

校門をくぐると、すでに備品の後片づけをしている生徒や先生が目に入る。私のすぐ横を伴走していた自転車がそこでようやく止まる。

「ファイトファイト！　もう一息だ！」

［A］うなずいてみせる。足がもう前に出ない。まだこれからグラウンドを一周しなければならないなんてつらすぎる。自転車置き場の横を過ぎ、体育館の裏手を通り、［B］グラウンドが見えてくる。ジャージの生徒たちが散らばっている。その明るい場所へ、私は［C］近づいていかないような気がする。走っているのか歩いているのか自分でもわからない。足は上がっているのか、地を這《は》っているだけなのか。

（宮下奈都《みやしたなつ》「よろこびの歌」より）

(1) ［A］～［C］に入る語の組み合わせとして最も適切なものを、次のア～エから一つ選び、記号で答えなさい。（　　）

ア　A まったく　B かろうじて　C やっと
イ　A やっと　B いっこうに　C まったく
ウ　A かろうじて　B やっと　C いっこうに
エ　A いっこうに　B まったく　C かろうじて

2 情景 次の文章を読んで、あとの問いに答えなさい。

〔夏休みのある日、小学一年生の博士《ひろし》が遊んでいると、五年生がやってきて、川の始まりを見つけに行くと言った。〕

最初は何のことを言っているのだろうと思った。川というのは博士にとって、家の近くの数百メートル分でしかなかったし、それ以外は頭の中の地図になかったのだから。「あのな、川には水が流れとるやろ。どこかにその始まりがあるはずや。大人に聞いても、誰もしらへん。なら、わしらが調べたろ。*ハカセはまだ小さいからこういうの分からへんやろけどな」

話を聞いているうちに、博士の頭の中にあった見えない壁がすーっと取り払われ、川の向こうの里山の姿が迫るように目に入ってきた。これまではそれはただの風景だった。でも、今はのし掛かるみたいに大きく見えて、それにもまして魅力的な未知の世界に思えた。

（川端裕人《かわばたひろと》「今ここにいるぼくらは」より）

*ハカセ…博士のあだ名。

(1) やってきた五年生の言葉を聞いて、博士の「頭の中の地図」に浮かんだのは何の風景でしたか。本文中から十字で抜き出しなさい。

HINT 1
場所を表す言葉に着目すると、「私」が、「校門」→「自転車置き場の横」→「体育館の裏手」→「グラウンド」と進んでいることがわかる。

注意
C空所のあとに、「近づいていかない」という打ち消しの語があることに着目する。

HINT 2
「頭の中の地図」とは、博士が頭の中に描いている世界をたとえた言葉。
- **これまで**＝「家の近くの数百メートル分」の範囲でしかなかった。
↓
- **五年生の話を聞いたあと**＝「頭の中にあった見えない壁」が取り払われた。
↓
地図の外の風景が頭に浮かんだ。

13 トレーニングテスト

→別冊解答 p.16

目標時間 30分　目標点数 70点

／100点

場面

1 次の文章を読んで、あとの問いに答えなさい。（30点）〈秋田県・改〉

「くろ、そっちに行ったら駄目だって」

庭を駆け回る犬を、二三《ふみ》が呼び止めた。走っていた犬が立ち止まり、二三に振り返った。

くろは二三の誕生に先駆けて、父親の亮助《りょうすけ》が浜の漁師からもらった犬だ。

「犬は安産のお守りだからよう」

二三誕生の数日前にもらってきた子犬は、二三の誕生までは名なしだった。が、鼻が真っ黒で黒目の大きい子犬を見た亮太《りょうた》とみさきは、勝手にくろと呼んでいた。

丈夫な二三が誕生したあと、子犬はくろと命名された。

二三と同い年の四歳だが、くろはもはや成犬である。それでも犬なりに、二三とは格別の間柄であることをわきまえているらしい。

まだこどもの二三には、ことのほか従順だった。

「柏《かしわ》の葉っぱを踏んだら、おかあちゃんに叱られるでしょ」

大きな犬が、子犬のようにクウンと鼻声で鳴いた。

「ほんとうに分かったのかなあ」

二三は首をかしげながら、くろのあたまを撫《な》でた。


（山本一力《やまもといちりき》「菜種晴れ」より）

正答率14%

(1) ——線部「走っていた犬が立ち止まり、二三に振り返った」と時間的に連続している文を本文中から見つけ、初めの五字を抜き出しなさい。ただし、句読点や記号も一字に数えます。

情景

2 次の文章を読んで、あとの問いに答えなさい。（20点）〈青森県・改〉

〔高校二年生の「俺」は、同じ高校のテニス部のライバルである貴之《たかゆき》にけがをさせ、テニスができなくさせてしまった。貴之は、テニスをやめようと考える「俺」に、大学で車椅子テニス選手を目指すと言って立ち去っていく。〕

俺の視線を感じたのだろう、貴之は左手を上げて大きく振った。振り返らないまま。

かつてはサービスボールを高々と掲げた手。

その手に今は希望を、もう一方にはラケットの代わりに杖《つえ》を携えて、それでも貴之はまっすぐ前を向いて歩いているのだった。

シャツの袖口で鼻をぬぐった。我ながら小学生みたいだと思った。

貴之の言うとおりだ。俺って、かなり、かっこわるい。

貴之の姿が見えなくなるまで見送ってから、*きびすを返した。

公園を囲む銀杏《いちょう》並木を抜けていけば、テニスコート場まで半キロくらいだ。身体を温めるのにちょうどいい距離だなと思ったとき、一陣の風が吹きわたった。

銀杏の葉がいっせいにきらめいた。

（朽木祥《くつきしょう》「オン・ザ・ライン」より）

＊きびすを返した…後戻りをした。

(1) ――線部「銀杏の葉がいっせいにきらめいた」に表されている「俺」の気持ちとして最も適切なものを、次のア～エから一つ選び、記号で答えなさい。

ア　先が見えず、どうしてよいかわからなくなっている。

イ　今の自分が情けなく、投げやりな気持ちになっている。

ウ　頼る者がいなくて、孤独な気持ちになっている。

エ　わだかまりが消えて、前向きな気持ちになっている。

（　　）

場面・情景

3 次の文章を読んで、あとの各問いに答えなさい。

（(1)30点、(2)20点、計50点）〈北海道・改〉

〔東京で女学校に通う「私」は、旅行先の北海道で、鰊《にしん》の大群が沿岸に押し寄せる「群来《くき》」の際に行われる漁の様子を初めて見た。〕

突然、＊番屋のなかが騒がしくなったかと思うと、外で「群来だぁ。群来だぁ」と叫ぶ声がしました。それは騒然とした気配とでもいうほかありません。外はまっ暗な闇夜でした。波の音だけがごうごう夜の底で鳴りつづけておりました。ただ浜に集まった人々が口々に何か叫び、それが単調に繰り返す律動的な波の轟《とどろ》きを、冷静な、物に動じぬ、不変の真理のように思わせるほど、異様な、物狂わしい騒ぎへと高まってゆくのがわかりました。

もちろん何も知らない私は、＊雪江《ゆきえ》さんが沖の赤い篝火《かがりび》を指して、あれが起こし船、あれが枠船、と説明するのを聞いて、このまっ暗な波の下で、無数の魚群がひしめいているのだと想像するほかありませんでした。しかしそう思うだけで、何か激しい力のぶつかり合いを見るような、わくわくした興奮が身体のなかに湧きあがってくるのでした。

翌朝、私たちが外に出てみますと、あたりは潮の香りとは別の、生臭い、ぬるぬるした、鉄錆《てつさび》に似たにおいに満たされていました。「鰊のにおいだわ。鰊のにおいだわ」雪江さんはそう叫んで駆け出しました。

（辻邦生《つじくにお》「樹の声　海の声」より）

＊番屋…漁師が主に漁の時期に寝泊まりする家屋。

＊雪江さん…「私」の友人。

正答率44%

(1) ――線部「わくわくした興奮が身体のなかに湧きあがってくる」とありますが、「私」がこのように感じたのは、どのような情景を想像したからですか。二十五字以内で書きなさい。

(2) 本文中で、場面が変わる文の初めの五字を抜き出しなさい。ただし、句読点も一字に数えます。

重要度★★★ 心情・表現

登場人物の心情を問う問題や、文章の表現の特徴を問う問題は必ず出る！

学習日　月　日

ポイント整理

心情

人物の心情は、本文の記述・表現をもとにして考える。

①心情が直接表されている表現

例 「〜と思う・感じる」「〜な気持ち」「うれしい」「悲しい」「楽しい」

②心情が間接的に表されている表現

例 何も言わずに立ち去った。（行動・態度）

明るい太陽が昇ってきた。（情景描写）

③会話や心の中の思いが表されている表現

↓「　」のある会話文や、心の中の思いが直接表されている部分に着目。

表現

文学的文章で特徴となる表現を押さえよう。

①**語り手・視点**…誰の視点から語られているか。

- 一人称…登場人物である「私」の視点。
- 三人称…第三者の客観的な視点。

②**文末表現**…文章全体の印象を作り出す。

- 敬体（です・ます調）と常体（である調）。
- 現在形と過去形…現在形の文末を続けることで、臨場感をかもし出す。
- 話し言葉や方言…読者の関心を引く。

そしたらそこへどういうわけか、その、白象がやって来た。…どういうわけで来たかって？　そいつは象のことだから、たぶんぶらっと森を出て、ただなにとなく来たのだろう。

（「オツベルと象」宮沢賢治《みやざわけんじ》）

大切 **複雑な心情のとらえ方**

①笑う…うれしさや楽しさにも程度の幅があり、喜んでいるわけではないこともある。

例 「笑みがこぼれた」…少しうれしい。

「苦笑した」…とまどいや不快感の表れ。

②泣く…悲しいわけではないこともある。

例 「あまりの感動に涙がこぼれた」

＊**人物の置かれている状況を押さえた**うえで、心情を考えることが大切。

大切 **心情の変化のとらえ方**

●人物の心情は、場面を追って変化するので、変化をとらえることが大切になる。

例 部活がうまくいかず、悩んでいた。

⇩ 出来事・人との会話・状況の変化

希望を持ち、元気を取り戻した。

③**文の長さ**…短い文はリズムを生み出す。

④**漢語**…硬く、重厚な印象を与える。

⑤**表現技法**…比喩《ひゆ》（直喩・擬人法《ぎじんほう》）・倒置《とうち》・対句《ついく》・反復・擬態語・擬声語・体言止めなどがよく用いられる。

（→p.84）

基本問題

→別冊解答 p.18

1 心情・表現 **次の文章を読んで、あとの各問いに答えなさい。**

〔小学六年生の「ぼく」は、友だちの悟《さとる》、ユリカと、悟の父親が運転するトラックに乗って北海道を旅した。〕

いったん国道は陸のほうへ向かい、海から離れた。再び道が海沿いへと戻ってくると、悟とユリカはまたもや「海だ！」をくり返した。ふたりともよっぽど海がうれしいのかと思ったけれど、そうやってはしゃぐのが楽しいのかもしれない。

【右側の笹《ささ》の山が途切れて、牧草地が広がった。黒い牛が数頭見える。

「牛だ！」

思わず叫んだ。すると、隣のユリカがぼくの顔を見てから、大きな笑みを浮かべて叫んだ。

「牛だ！」

「牛だ！」

悟も続く。それからぼくたちは三人そろって笑った。なにがおかしいのかうまく説明できない。でも、おかしくてしょうがなかった。

やがていくつかのトンネルをくぐり、留萌《るもい》という街を通った。けっこう大きな街で、電車が走っていた。その街も過ぎて、今度は国道の二三二号線をひたすら北へと走る。苫前《とままえ》、羽幌《はぼろ》、初山別《しょさんべつ》といった街を通った。景色はまったく変わらない。左は海で、右は緑の山だ。けれども眺めていてまったく飽きない。見知らぬ国を探検するようなわくわく感で、なにもかも輝いて見えた。】

（関口尚《せきぐちひさし》「はとの神様」より）

(1) 北海道を旅している「ぼく」、悟、ユリカに共通する心情を端的にまとめている言葉を、本文中から十五字以上二十字以内で抜き出しなさい。

(2) 【　】内の文章の表現上の特色について述べたものはどれですか。最も適切なものを、次の**ア～エ**から一つ選び、記号で答えなさい。

ア　擬声語や対句を用いて、自然の中で心を開いていく「ぼく」の様子を表している。

イ　方言や修飾語を用いて、見知らぬ土地に不安を感じる「ぼく」の様子を表している。

ウ　短文や反復を用いて、旅に心を弾ませる「ぼく」の様子を表している。

エ　体言止めや比喩を用いて、海沿いの景色に感動する「ぼく」の様子を表している。（　　）

HINT **1**

(1) 「ぼく」、悟、ユリカの三人は、「海だ！」「牛だ！」と、同じ言葉を繰り返して笑っている。北海道をみなで旅することが楽しく、はしゃいでいることがわかる。そのような心情を、「端的に」（要領よく・簡潔に）まとめている言葉を探す。

HINT

(2) 次のような文の特色を考える。
- 「思わず叫んだ」「悟も続く」「景色はまったく変わらない」「左は海で、右は緑の山だ」
- 「牛だ！」という会話表現の繰り返し

→別冊解答 p.18

目標時間 30分
目標点数 70点

／100点

心情・表現

1 次の文章を読んで、あとの各問いに答えなさい。

（(1)30点、(2)20点、計50点）〈岐阜県〉

〔小学五年生の「僕（カズヤ）」の親友トオルがもうすぐ転校することになった。お互いに相手に渡したい本があり、二人同時に渡すことにした。〕

ガッツポーズと同じように、いっせーのっせっ、というかけ声なしに、僕たちは手に持った本を出した。

①『トム・ソーヤーの冒険』と、『ハックルベリー・フィンの冒険』が向き合った。

僕たちはあ然として、呆然《ぼうぜん》として、しばらくそのまま黙り込んだ。先にプッと噴き出したのはトオルで、「なんだよーっ」と声をあげたのは僕だった。

「……もともとカズヤの本なんだから、返してやるだけだよ」

トオルはムスッとした顔と声で言った。言いたかったせりふを先に言われた僕も「こっちもだよ」と口元をもぞもぞさせて言った。

「だから、べつに、プレゼントなんかじゃないし……」

「わかってるよ、そんなの」

「オレだってわかってるよ」

「オレ、いらないから、カズヤが二冊とも持ってろよ」

「オレだっていらないよ、おまえが両方持ってろよ」

「いらないって」

「オレもいらないって言ってるだろ」

僕たちはまた黙り込む。今度は、先に「まいっちゃったなあ……」と苦笑交じりに首をかしげたのは僕で、トオルは「信じられねーよ……」とため息をついた。

結局、二冊は交換することになった。僕は『トム・ソーヤー』を受け取り、トオルは『ハックルベリー・フィン』を新しい町に持って行く。トムとハックがトオルの本棚の中で並ぶ夢は消えた。トオルが思い浮かべていた、僕の本棚の中でトムとハックが並ぶ夢も、一緒に消えてしまった。でも、②それも、まあ……いいか。

（重松清《しげまつきよし》「僕たちのミシシッピ・リバー」より）

正答率37%

(1) ――線①「『トム・ソーヤーの冒険』と…向き合った」からは、カズヤとトオルがお互い同じことを考えていたことがわかります。それはどういうことですか。「トムとハック」「本棚」という言葉を使って、十五字以上二十字以内で書きなさい。

正答率95%

(2) ――線②「それも、まあ……いいか」とありますが、このときのカズヤの気持ちとして最も適切なものを、次の**ア**～**エ**から一つ選び、記号で答えなさい。

ア　二冊とも自分が持っていたいと思ったが、一冊だけ持つことで我慢しようとしている。

イ　トオルのせっかちな性格を考えれば、結局はトオルが二冊とも持って行くだろうと思っている。

ウ　思いはかなわなかったが、持って来た本を取りかえて、お互いに一冊ずつ持つのも悪くないと感じている。

エ　これ以上意地を張り合っていてもしかたがないから、持って来た本を取りかえるのをやめようと考えている。（　　）

2　**次の文章を読んで、あとの問いに答えなさい。**（25点×2＝50点）〈岩手県〉

〔「私」は、自分の両親と一緒に、娘の小学生最後のサッカーの試合を見に来た。試合が終わり、娘がこちらに駆け寄ってきた。〕

「ほんとにカッコよかったよ」

母親はそう言って「今日はお祝いよ」と笑った。

「負けたのにお祝い？」

「一生懸命頑張ったお祝いよ。みんなで美味《おい》しいものを食べましょう」

「よーし、ジジはなんでも買ってやるぞ。頑張ったお祝いのご褒美《ほうび》だ」

「ほんと？」

「あんまり高いものは困るけどな」

父親が笑うと、娘はしばらく考え、答えたのだ。

「じゃあ、スパイク」

「えっ？」

思わず娘の顔をのぞき込んだ。

「このスパイク、もうキツいんだよね」

指さすその先には、傷だらけになったオレンジ色のスパイクがあった。ずっと聞きたかったことが私の口からするりと出る。

「中学校でサッカーやるのか？」

「やるよ。サッカー続けるから」

それは私にとってまるで青空に浮かんだシャボン玉のように思える言葉だった。手で触れたらパチンとはじけてしまいそうで、それ以上、なにも聞けなかった。

（杉江《すぎえ》由次《よしつぐ》「サッカーデイズ」より）

差がつく

(1)　——線部「シャボン玉のように思える言葉」とありますが、娘の言葉をこのようにたとえたのは、作者が「私」のどのような気持ちを表そうとしたからですか。それを次のように説明するとき、a・bに入る言葉をそれぞれ十五字以上二十字以内で書きなさい。

・シャボン玉を「青空に浮かんだ」と明るいイメージで表現することで a 気持ちを表そうとする一方、「パチンとはじけてしまいそう」と表現することで b 気持ちを表そうとしたから。

a

b

筆者の思い

重要度★★★

筆者がどのように思っているのかを問う問題がよく出る！

学習日　月　日

ポイント整理

随筆文の要素

「事実」と「印象・感想」を読み分けよう。

①**筆者が体験・見聞した出来事＝事実**

例・身の回りの自然の移り変わり
・日常生活での家族や友人との交流
・趣味・仕事や世の中の動き

②**筆者が思ったこと＝印象・感想**

・出来事に対して筆者はどう思ったのか。
・出来事の何が筆者の心を動かしたのか。

＊筆者の体験・見聞した事実と、それに対して抱いた筆者の印象・感想を読み分けることが大切。

話題　筆者の思い

> 机というのは、ふしぎな家具だとおもう。誰でもが、やたらと何でも乗せてしまう。買物《かいもの》をしてくれば、材料だろうと、キャンデーだろうと、おまけにおつりまで置いていく。…放っておけば、物置台《ものおきだい》になってしまう。だからいつも片付け、いつかまた物が乗っている。
> （「季節のかたみ」幸《こう》田《だ》文《あや》）

主題

筆者の思いを「主題」という。

①**主題（テーマ）**…小説文・随筆文などの文学的文章や詩などで、筆者が最も伝えたい**中心的な思想**。随筆文では、**筆者の思い（印象や感想）**に当たる。

②**話題**…何についてこれから述べようとしているか。文章の初めで示されるので、しっかり押さえる。繰り返し出てくる**キーワード**にも着目する。

大切

筆者の思いのとらえ方

①**心情を表す表現**に着目する。

例「〜と思う・感じる」
「〜という気持ちになる」
「〜ではないか」「〜なのだろう」
「驚いた」「目を見張った」

②出来事に対して、**肯定的なのか否定的なのか**を押さえる。

…ほめる言葉があれば肯定的、批判する言葉があれば否定的。

・肯定的　例「喜ばしい」「なごやかな気持ちになった」
・否定的　例「嘆かわしい」「〜はいかがなものだろうか」

＊筆者の気持ちに揺れがあり、単純にどちらとも言えない場合もある。

③**文章の始まりと終わり**に着目する。

…筆者の思いは、最初か最後に書かれることが多い。（→p.54頭括《とうかつ》型・尾括《びかつ》型と同じ）

＊随筆文は、論説文ほどかっちりとした段落構成にはなっていないので注意する。

④**特徴的・個性的な表現**に着目する。

…筆者の思いを伝えたいところでは、読者の関心を引くように工夫した表現をしている。

→別冊解答 p.20

1 筆者の思い **次の文章を読んで、あとの各問いに答えなさい。**

スイカを思い浮かべていただきたい。夏の日に付き物のお八《や》つだった。それがいつの間にか主役の座から下り、アイスクリームなどに取って代わられた。確かにお菓子類だと買うのは簡単で、始末も手軽だ。スイカはそうはいかない。冷やして切り分けなくては口に入らない。切り分けてあればそれでよいかというとそうでもない。スーパーなどで切り売りしてあるものからは既に涼味が失《う》せている。

冷やした丸ごとのスイカを目の前に置く。なんとなくその頭を叩《たた》き、それから包丁の刃を差し込む。途中までいったらそこで割るように分ける。そのときパカッと音が立つ。そうして中から冷気が逃げてくる。それが顔をかすめるとき、瞬く間だが夏の昼下がりから①刺々《とげとげ》しさが消える。冷やし、切り分ける、という手間はかかるが、それだけの価値がある。

何でも手に入る世の中になった。だから私たちは贅《ぜい》沢《たく》になり我儘《わがまま》になった。心も体も動かさず、依頼ばかりするのに慣れきった己を戒め、たまには手の届くものでやりくりしてみては如何《いかが》だろう。工夫することによって得られる満足感は、流通に乗って手元に届けられるものとは②一味違う。そう私は思っている。

（千宗室《せんそうしつ》「工夫してみる」より）

(1) ――線①「刺々しさが消える」とは、どういうことですか。それを説明した次の文の□に入る言葉を、あとの**ア～エ**から一つ選び、記号で答えなさい。

・冷やした丸ごとのスイカを切ったときの、中から逃げてくる冷気に触れることによって、□で涼しさを感じている。

ア 目　**イ** 耳　**ウ** 鼻　**エ** 肌　（　　）

(2) ――線②「一味違う」とありますが、そう思うようになったのは、筆者がどのようなことを反省しているからですか。最も適切なものを、次の**ア～エ**から一つ選び、記号で答えなさい。

ア 天然の産物を食べないで、人工的な製品を好んで食べるようになってしまったこと。

イ 都会の生活に慣れ、日本の伝統的な風習をすっかり忘れてしまったこと。

ウ 世の中が便利になり、他への依頼に慣れきって、怠慢になってしまったこと。

エ 情報化が進み、世の中の新しい流行を追いかけるようになってしまったこと。　（　　）

HINT **1**

(1) 直前の「夏の昼下がり」という言葉から、筆者が夏の暑さをしのごうと工夫していることを読み取る。「それ（＝冷気）が顔をかすめるとき」という言葉から、どこで涼しさを感じているのかを考える。

HINT

(2) 筆者は、今の私たちについて、
・「何でも手に入る世の中になった」
・「贅沢になり我儘になった」
・「心も体も動かさず、依頼ばかりするのに慣れきった」
ととらえている。
その例が、夏のお八つとしてアイスクリームなどを食べるという習慣である。
「一味違う」とは、「冷やし、切り分ける、という手間」をかけるスイカは、アイスクリームとは違う「涼味」を得られるということ。

→別冊解答 p.20

目標時間 30分
目標点数 80点
／100点

筆者の思い

1 次の文章を読んで、あとの各問いに答えなさい。

（(1)(3)10点×2、(2)20点、計40点）〈福岡県・改〉

〔筆者がバスに乗っていると、隣の席に小学二年生くらいの男の子が座った。男の子は鞄《かばん》からお絵かき帖《ちょう》を取り出し、クレヨンで絵を描き始めた。〕

窓の外をながめながらも、カーブで身体が揺れるたびにちらりと眼下のお絵かき帖が目に入り、そのたびに私は心のなかで、ごめん、と謝る。しかし、何度かそれを繰り返すうち、見えてしまったものについて、どうしてもあれこれ感想を述べたくなってきた。画伯の茶色いクレヨンは、不安定な膝小僧などものともせず、着実になにかを描き出す。停留所ふたつにひとつの割合で絵が増えていく。

上手だなあ。とうとう我慢できずに、私は画伯に声をかけた。これは、牛乳パックだよね。うん。箱についている牛のマークがいいねえ。それからこの眼鏡をかけたおばさんは、学校の先生かな？　そう。これは算数のノート？　そう。これが犬で、隅にあるのはロウソク？　うん。じゃあ、これは、なに？　ニンジンと納豆のセット。そいつはすごい組み合わせだ、と私は唸《うな》って、＊玉座のお母さんに目を移すと、彼女は疲労困憊《ひろうこんぱい》の体で、バッグを抱えたまま静かに舟を漕《こ》いでいた。

好きなものがいっぱいあるんだね。画伯に小声で言うと、彼は即座に、ちがう、と応えた。ちがうよ、これ、みんな嫌いなもの。一瞬、言葉に詰まった。嫌いなものばかり、しかも楽しそうに描いて、どうするつもりなのだろう。こういうときは、素直に質問してみるのが得策だ。消すの、と彼は即答した。好きでないもの、苦手なものを描いて、おまじないをしながら、ばつ印を打つ。するとこの世からなくなる。友だちにそう吹き込まれたらしい。

（堀江《ほりえ》敏幸《としゆき》「象が踏んでも　回送電車Ⅳ」より）

＊玉座…国王の座る席。ここではバス最後部の長い座席の真ん中の席のこと。

(1) 筆者は、男の子のことを何と呼んでいますか。本文中から二字で抜き出しなさい。

差がつく

(2) ――線部「一瞬、言葉に詰まった」のはなぜですか。その理由を、「逆」という言葉を使って、二十字以上二十五字以内で書きなさい。

20

(3) 男の子は、描いた絵に何をするつもりだったのですか。簡潔に書きなさい。

（　　　　）

2 次の文章を読んで、あとの問いに答えなさい。（20点×3＝60点）

〈愛媛県・改〉

〔小説家である筆者は、アニメーションのアフレコ（先に撮影された画面に合わせて、あとから音声を録音すること）の現場に参加した。〕

スタジオの防音ガラスのこちら側には、音響スタッフ、アニメ監督、脚本家、プロデューサー*陣がいる。他方にはヘッドホンをし、脚本を手に、出番を待つ役者たちがずらりと並ぶ。

場合によるらしいが、私が知るのは緊張の現場ばかりだ。音響監督は、作品の「音」に責任を持つ。だから「声」にも恐ろしく真剣だ。特にMさんは声音*の根本にある「意味」について容赦せず、監督にも遠慮なく聞く。

「絵で見ると近いよね。『それ』ってセリフじゃ言ってるけど、『これ』だよね」

というのは決して重箱の隅をつついているわけではない。

「『それ』だと距離があるから自然に声をはっちゃう。すぐそばにいるのに、相手と離れた芝居になるけど、いい？」

このように指示語一つで会話全体のニュアンスががらりと変わることがあるからだ。複数の登場人物がいるとき、必ず複数の声優陣がいる。彼らが互いの感情の距離感を読み違えれば、芝居がちぐはぐになる。

その原因が、ときに文字数にして、たった二文字か三文字のセリフであったりする場合もある。

小説家としても身が引き締まるし、肝が冷える。甘いセリフなど、問答無用でたたかれる。

「この、『ああ。』の返事の意味は？　相手の感情に気づいたの？　相手に共感を示したいの？　それともこれ、単に会話をつなげたいだけ？」

という具合だ。

（冲方丁《うぶかたとう》「もらい泣き」より）

＊プロデューサー…制作責任者。
＊声音…声の様子・感じ。

(1) ——線部「小説家としても身が引き締まるし、肝が冷える」とありますが、文章を書く者として、「私」が、身が引き締まり、肝が冷えると感じるのは、どのようなことがあるからですか。それを説明した次の二つの文の□に入る言葉を、指定された字数で本文中から抜き出しなさい。

・たった一つの指示語が違うだけで、［A（十八字）］ことがあるから。

・［B（十一字）］が原因で、声優たちが互いの感情の距離感を読み違えてしまい、［C（十字）］ことがあるから。

A

B

C

ポイントチェック③ 11～15

基本チェック

学習日　月　日

13 場面・情景

1 ——線部「寂しげに」とありますが、何と何によってそう感じたのですか。本文中から六字以内で二つ答えなさい。

時計の針が夕刻六時四十五分をさすと、決まって耳に忍びこんでくる音色がある。近所の家で、だれかがバイオリンの稽古をはじめるのだ。毎日繰り返し聴いているのに、曲の題名はわからない。東欧あたりの民謡かしら。ひとつずつ音符を拾いながらたしかめるように奏《かな》でる短調の調べが、初心者の拙さとあいまって寂しげに届く。

（平松洋子《ひらまつようこ》「なつかしいひと」より）

（　　　）（　　　）

14 心情・表現

2 ——線部で、なぜ芳男《よしお》は驚いて顔を向けたのですか。その理由として最も適切なものを、あとのア～エから一つ選びなさい。

靴、貸してくんない？　広げた新聞の向こうからぼそりと上がった声に、芳男は驚いて顔を向けた。ついこの前、声変わりがはじまったと思ったら、いつの間にか男っぽい声に変わっている弘樹《ひろき》の成長が、息子ながら奇妙に感じる。

（石川結貴《いしかわゆうき》「小さな花が咲いた日」より）

ア　息子が、よそよそしく大人びた様子で話しかけてきたから。

イ　息子が、気付かないうちに男っぽい声に変わっていたから。

ウ　息子が、父親を頼るようなそぶりで話しかけてきたから。

エ　息子が、以前のように素直な態度で声をかけてきたから。

（　　）

15 筆者の思い

3 ——線部に用いられている表現の工夫について説明したものとして最も適切なものを、あとのア～エから一つ選びなさい。

日本の風景は美しいと思う。世界中の国がそれぞれにその国独特の美しい風景を持っているが、日本の風景は、日本の風土と結びついたもので、世界のどの国も持たない、しかも、なかなか上等な美しさを持っているものだと思う。言うまでもなく、それは春夏秋冬の狂いない回帰と結び付いたものである。四季はそれぞれの出番と持《もち》時間を持って、毎年毎年几帳面《きちょうめん》にやって来る。

（井上靖《いのうえやすし》「日本紀行」より）

ア　多くの人が春の桜、秋の紅葉に感動することを、自然の偉大さがもたらす恩恵のように表現している。

イ　春、夏、秋、冬が確実にひとまわりして巡ってくることを、きちんとした人の行為のように表現している。

ウ　四季それぞれの区切りが明確に決められていることを、人が目盛りを刻む行為のように表現している。

エ　季節が正しく移行することを、年齢を重ねながら変化していく人生のように表現している。

（　　）

答え

1 短調の調べ（五字）・初心者の拙さ（六字）（順不同）

2 イ

3 イ

総合チェック

次の文章を読んで、下の各問いに答えなさい。

→別冊解答p.21

〔たいていの文化では、赤は注意や警戒感を与え、青はその反対に沈静をもたらす。〕

その点、ネズミ色は①あまりいい意味をもたされていない。なにしろ世界中どこでも害獣と見なされているネズミの色なのだし、これを灰色と言い換えても、否定的な意味に結びつく。ネズミ色の服を着た人が、煤《すす》けたような壁に囲まれて、灰色の茶碗《ちゃわん》を手にしているとしたら、ずいぶん地味で面白みのない世界を想像するのがふつうだろう。「灰色の世界」と聞けば、明るく楽しい世界の反対がイメージされるし、「グレーゾーン」と言えば、曖昧でどっちつかずと怪しまれる。

［　　］身のまわりに目を向けると、②わたしたちが生きる世界には意外に灰色が多い。舗装された道路、コンクリートの建物、さまざまな配管、電柱に電線……都市生活をとりまく環境の大部分はこの色で占められている。公共空間だけでなく、オフィスや自宅でも多くの製品にグレーが使われる。特別な意味をもたず、特別な感情にも結びつく必要がない場所では、グレーのほうがよい。

（港千《みなとち》尋《ひろ》「芸術回帰論」より）

問一 ――線①「あまりいい意味をもたされていない」を筆者が別の言い方で表現している部分を、本文中から十一字で抜き出しなさい。 >>>12

問二 本文中の［　　］に入る語を、次の**ア**〜**エ**から一つ選び、記号で答えなさい。 >>>11

ア さらに　**イ** だが

ウ たとえば　**エ** つまり

（　　）

問三 ――線②「わたしたちが生きる世界には意外に灰色が多い」とありますが、なぜですか。その理由を、次の書き出しに続けて書きなさい。 >>>12

・わたしたちが生きる世界の大部分は、

（　　）

古文の知識

重要度★★★

歴史的仮名づかいを現代仮名づかいに直す問題は必出！ 古文特有の語の意味も覚えておこう。

学習日　月　日

ポイント整理

歴史的仮名づかい

① 語頭と助詞以外の「は・ひ・ふ・へ・ほ」→「わ・い・う・え・お」

例 「にはかに」→「にわかに」　「かへす（返す）」→「かえす」

① が特に大切だよ！

② **「ゐ・ゑ・を」→「い・え・お」**（助詞の「を」は直さない）

例 「ゐる（居る）」→「いる」　「こゑ」→「こえ」　「をとこ」→「おとこ」

③ **「ぢ・づ」→「じ・ず」**

例 「なんぢ」→「なんじ」　「めづらし」→「めずらし」

④ **「くわ・ぐわ」→「か・が」**

例 「くわし（菓子）」→「かし」　「ぐわん（願）」→「がん」

注意 ⑤「てふ」は「ちょう」、「にふだう」は「にゅうどう」になる。

⑤ **「あう・いう・えう」→「おう・ゆう・よう」**（ア行以外も同様）

例 「あうぎ（奥義）」→「おうぎ」　「いうげん（幽玄）」→「ゆうげん」

「うつくしう」→「うつくしゅう」　「けふ（今日）」→「きょう」

＊「いふ（言ふ）」は「いう」。「ゆう」にはしない。

古文特有の語

① **現代とは意味の異なる古語**

あはれなり…しみじみした趣がある。

をかし…趣がある。風情《ふぜい》がある。

ありがたし…めったにない。

ののしる…大声で騒ぐ。

うつくし…かわいらしい。

あやし…不思議だ。身分が低い。

いたづらなり…むだだ。ひまだ。

なかなか…かえって。なまじ。

現代語の意味と間違えないように！

② **現代では使われない古語**

いみじ…はなはだしい。

げに…本当に。なるほど。

わろし…よくない。

いらふ…答える。

つとめて…早朝。

つれづれなり…所在ない。

ゆかし…見たい。聞きたい。知りたい。

大切

係り結び

●係助詞《けいじょし》「ぞ・なむ・や・か・こそ」が用いられると、文末の形が変わる。

係助詞	意味	例 男ありけり。
ぞ なむ	強調	例 男ぞありける。 例 男なむありける。
や か	疑問 反語	例 男やありける。 例 男かありける。
こそ	強調	例 男こそありけれ。

大切

古文では助詞が省略されることが多い。

例 世の中になき花の木ども（が）立てり。　←主語を表す

例 色々の玉の橋（を）渡せり。　←動作の対象を表す

＊前後の文脈から、主語か対象かを読み取る。

基本問題

→別冊解答 p.22

1 歴史的仮名づかい **次の各文の――線部を現代仮名づかいに直し、すべてひらがなで書きなさい。**

①おほきに驚かせ給ひて（　　）
②あへなくおぼえて（　　）
③笑ひあはれけり（　　）
④おまへにまゐる（　　）
⑤妻のいふやう、「わらはが伐《き》らせぬるなり」。（　　）
⑥七歳にならばをとこになして（　　）
⑦よろづの事を言ひ笑ひ（　　）

2 古文特有の語・係り結び **次の古文を読んで、あとの各問いに答えなさい。**

水なしの池、①あやしう、などてつけるならむ（どうしてこのような名がついているのだろうか）と問ひしかば、「五月など、すべて（一帯に）雨いたく降らむ（ひどく降ろう）とする年は、この池に水といふ物なくなむある。また、日《ひ》の②いみじく照る年は、春のはじめに③水なむおほく出《い》づる」と言ひしなり。「④げになべて（いつも）かわきてあらばこそさも（そのようにも）つけめ（つけるだろうが）、出づるをりもあるなるを（あるそうであるのを）、⑤一すぢに（一様に）つけけるかな」といらへまほしかりし（言い返したかった）。

（「枕草子《まくらのそうし》」より）

(1) ――線①「あやしう」、――線②「いみじく」、――線④「げに」の本文中での意味として最も適切なものを、次の**ア～エ**から一つずつ選び、記号で答えなさい。

① **ア** 風流で　**イ** 気の毒で　**ウ** 明らかで　**エ** 不思議で（　　）
② **ア** 強く　**イ** 短く　**ウ** 暖かく　**エ** 高く（　　）
④ **ア** ところが　**イ** または　**ウ** なるほど　**エ** つまり（　　）

(2) ――線③「水なむおほく出づる」の部分に用いられている古文特有の表現を何といいますか。（　　）

(3) ――線⑤「一すぢに」を現代仮名づかいに直し、すべてひらがなで書きなさい。（　　）

HINT 1
⑤「あう」→「おう」と同様、「やう」→「よう」となる。

HINT 2
(1)①「あやし」は、現代語の「怪しい」とは意味が異なる。②「いみじ」は、「程度がはなはだしいさま」を表す。悪い意味でもよい意味でも用いられる。④あとの部分は、「(池が)いつもかわいているならば、そのようにも(=名を「水なしの池」と)つけるだろうが」と続いている。

HINT
(2)「なむ」は直前の「水」を強調している。文末が「出づ」→「出づる」に変化している。

16 トレーニングテスト

→別冊解答 p.22

目標時間 30分　目標点数 80点　　／100点

歴史的仮名づかい・古文特有の語・係り結び

1 次の古文を読んで、あとの各問いに答えなさい。

（(1)～(3)5点×5、(4)(5)10点×2、計45点）〈富山県・改〉

武州《ぶしう》に（武蔵国に）西王《さいわう》の阿闍梨《あじやり》と云《い》ふ①僧有りけり。（僧□いた）「御年《おんとし》は、（お年は）いくらにならせたまひ②さふらふぞ」（いくつにおなりですか）と、人の③問ひければ、（人が尋ねたところ）「六十に余りさふらふ」（六十には余ります）と云ふに、七十に余りて見えければ、不審に覚《おぼ》えて、（疑わしく思えて）「六十には、いくら程余りたまへる」（どれほど余っておいでか）と問へば、（尋ねると）「十四余りてさふらふ」と云ひける。遥《はる》かの余りなりけり。（余りすぎであった）七十と云へるよりも、六十と④云へば、少し若き心地して、⑤かく云ひける。（こう答えたのだった）人の常の心なり。（心の常である）色代《しきだい》にも、（お世辞でも）「御年よりも、遥かに若く見えたまふ」と云ふは嬉《うれ》しく、「⑥ことのほかに老いてこそ見えたまへ」と云へば、心細く本意《ほい》なきは、（残念なのは）人ごとの心なり。（だれしも同じである）

（「沙石集《しゃせきしゅう》」より）

(1) ──線①「僧有りけり」とありますが、「僧」と「有りけり」の間に省略されている助詞は何ですか。適切なものを、次のア～エから一つ選び、記号で答えなさい。

ア と　**イ** も　**ウ** が　**エ** で　（　　）

(2) ──線②「さふらふぞ」、──線③「問ひければ」、──線④「云へば」を現代仮名づかいに直し、すべてひらがなで書きなさい。

② （　　）　③ （　　）

④ （　　）

(3) ──線⑤「かく」の指示する部分を、本文中から抜き出しなさい。

（　　）

(4) 「西王の阿闍梨」は何歳ですか。

（　　歳）

(5) ──線⑥「ことのほかに老いてこそ見えたまへ」で使われている係助詞「こそ」はどのような働きをしていますか。適切なものを、次のア～エから一つ選び、記号で答えなさい。

ア 疑問　**イ** 否定　**ウ** 反語　**エ** 強調　（　　）

HINT ウ「反語」は、「～だろうか、いや～ではない」という意味を表す。

2 次の古文を読んで、あとの各問いに答えなさい。

（(1)〜(3)5点×7、(4)(5)10点×2、計55点）〈宮崎県・改〉

この世に、いかで①かかることありけむと（どうしてこんなこと□あったのだろうと）、②めでたくおぼゆることは、文《ふみ》こそはべれな（手紙ですよ）。「枕草子《まくらのさうし》」に返す返す申してはべるめれば（繰り返し述べているようですので）、こと新しく申すに及ばねど（申すまでもないが）、③なほ（やはり）、④いとめでたきものなり。はるかなる（はるか遠くの）世界にかき離れて（土地に離れ住んで）、幾年《いくとせ》あひ見ぬ人なれど、文といふものだに見つれば（さえ見ると）、⑤ただ今さしむかひたる心地《ここち》して、⑥なかなか、うちむかひては思ふほども続けやらぬ心の色（思っているほどのことも言い続けられない心のうち）もあらはし、言はまほしきことをも（言いたいことも）、こまごまと書き尽くしたるを見る心地は、⑦めづらしく、うれしく、⑧あひむかひたるに⑨劣りてやはある（決して劣ってはいない）。

（「無名草子《むみょうぞうし》」より）

(1) ——線①「かかることありけむ」の「かかること」と「ありけむ」の間に省略されている助詞は何ですか。適切なものを、次のア〜エから一つ選び、記号で答えなさい。

ア が　イ を　ウ へ　エ に　（　　）

(2) ——線②「めでたく」、——線④「いと」、——線⑥「なかなか」の本文中での意味として最も適切なものを、次のア〜エから一つずつ選び、記号で答えなさい。

重要 ② ア うれしく　イ すばらしく　ウ おめでたく　エ 美しく　（　　）

重要 ④ ア まったく　イ ますます　ウ ほんとうに　エ たいそう　（　　）

注意 ⑥ ア もっと　イ かえって　ウ とても　エ おそらく　（　　）

(3) ——線③「なほ」、——線⑦「めづらしく」、——線⑧「あひむかひたる」を現代仮名づかいに直し、すべてひらがなで書きなさい。

③（　　）　⑦（　　）
⑧（　　）

(4) ——線⑤「ただ今さしむかひたる心地して」とありますが、筆者は誰と会っている気持ちがしたのですか。古文中から七字で抜き出しなさい。

正答率 66%

(5) ——線⑨「劣りてやはある」とありますが、何が何に比べ、劣っていないというのですか。最も適切なものを、次のア〜エから一つ選び、記号で答えなさい。　（　　）

ア 手紙を読むことが、手紙を書くことに比べ、劣っていない。
イ 手紙を書くことが、手紙を読むことに比べ、劣っていない。
ウ 手紙を読むことが、直接会って話すことに比べ、劣っていない。
エ 直接会って話すことが、手紙を読むことに比べ、劣っていない。

HINT 「文」による伝達と「あひむかひたる」ことを比べている。

17 古文の読解

重要度★★★

動作の主語や会話部分を答える問題が頻出！

学習日　月　日

ポイント整理

主語のとらえ方

①**助詞の「の」に着目する。→「が」に置き換えられる。**

例 紫だちたる《紫がかった》雲の《が》ほそくたなびきたる。

②**助詞の省略に注意する。**

例 三寸ばかりなる人《が》、いとうつくしうてゐたり《かわいらしい様子で座っていた》。

③**省略されている主語は、前後の文脈からとらえる。**

例 今は昔、竹取の翁《おきな》といふものありけり。野山にまじりて竹を取りつつ、よろづの《さまざまな》ことに使ひけり。

④**尊敬や謙譲を表す古語に着目する。**

例 帝《みかど》、聞こしめして《お聞きになって》、内侍《ないし》中臣《なかとみ》のふさ子にのたまふ《おっしゃる》。

注意

④尊敬語「聞こしめす」「のたまふ」が使われているので、身分の高い人が主語。

会話文のとらえ方

①「言ふやう」「いはく」（言うことには）→このあとから会話が始まる。

②「と」「とて」（と言って）→この前にある会話を受けている。

③**「言ふ」「申す」「のたまふ」などの動詞が使われている。**

例 翁言ふやう、「我朝ごと夕ごとに見る竹の中におはするにて知りぬ。子になりたまふべき人なめり《おなりになる運命の人のようだ》」とて手にうち入れて、家へ持ちて来ぬ。

大切

古文の要旨のとらえ方は現代文と同じ。

随筆や説話では、事実と意見を区別する。

- **前半**＝筆者の体験や見聞、エピソード
- **後半**＝筆者の感想・意見・教訓

というパターンが多い。要旨は後半から読み取る。

注意

尊敬語は身分の高い人の行為に用いられる。

	動詞	意味
尊敬語	**のたまふ**	おっしゃる
	聞こしめす	お聞きになる
	給《たま》ふ	お与えになる
謙譲語	**申す**	申し上げる
	仕うまつる 侍《はべ》り・候《さふら》ふ	お仕えする

和歌の表現技法

①**枕詞《まくらことば》**…特定の語を導き、調子を整える語。

例 **あしひきの→山　ひさかたの→光・天・空**

②**掛詞《かけことば》**…一つの語に二つの意味を重ねること。

例 **まつ（松・待つ）　ながめ（眺め・長雨）**

基本問題

→別冊解答 p.23

1 古文 **次の古文を読んで、あとの各問いに答えなさい。**

唐の太宗《たいそう》（太宗皇帝）、即位の後、古殿（古い御殿）にすみたまへり。①破損せる間、湿気あがり、風露すさまじうして（冷え冷えとして）、玉体侵されつべし（皇帝のお体が害されそうだった）。群臣造作すべき由《よし》を奏しければ（新築したほうがよいと申し上げると）、②太宗のいはく、時、農節（農作業に忙しい時期）なり。民、定めて愁《うれへ》あるべし。③秋を待ちて造るべし。湿気に侵されば（害されてしまうのは）、地に受けられず、風雨に侵されば、天にかなはざるなり（天と調和がとれないからだ）。天地に背かば、身（生存）あるべからず（できるはずもない）。民を煩《わずら》はさずんば（民に苦労をかけなければ）、自《おのづか》ら、天地にかなふべし。天地にかなはば、身を侵すべからず（害されることはない）といひて、古殿にすみたまへり。

（「正法眼蔵随聞記《しょうぼうげんぞうずいもんき》」より）

(1) ――線①「破損せる」の主語に当てはまる言葉を、古文中から抜き出しなさい。

（　　　）

(2) ――線②「太宗のいはく」について、

Ⅰ 誰に対して言ったのですか。当てはまる言葉を、古文中から抜き出しなさい。

（　　　）

Ⅱ 言った言葉の最後の五字を、古文中から抜き出しなさい。

□□□□□

(3) ――線③「秋を待ちて造るべし」とありますが、秋になってから何を造ったほうがよいのですか。考えて現代語で書きなさい。

（　　　）

(4) 太宗の考えをまとめた次の文の A ～ C に入る言葉を、A・B は古文中からそれぞれ二字で抜き出し、C は現代語で書きなさい。

・自分が古い御殿に住み続ければ、民の A を避けることができ、民に余計な苦労をかけずに済む。その結果、B とも調和がとれるため、C ことはないはずだ。

A □□　B □□

C（　　　）

HINT 1

(1)「破損せる」は、「いたんでしまった」という意味。

HINT

(2) Ⅱ会話部分は、「と」「とて」という助詞で受けることが多い。「言ふ」「申す」という言葉が「と」「とて」のあとに続くこともある。

HINT

(4)「太宗のいはく」からあとの、太宗が言った言葉から読み取る。

太宗の考えの要旨は、次の二点。

・民についての気遣い
「時、農節なり。民、定めて愁あるべし」

・天と地との調和
「天地に背かば、身あるべからず」

目標時間 30分　目標点数 80点

／100点

古文の読解

1 次の古文を読んで、あとの各問いに答えなさい。

〈(1)(2)10点×3、(3)15点、計45点〉〈兵庫県・改〉

孝道入道《かうだうにふだう》、仁和寺《にんなじ》の家にて或《ある》人と双六《すごろく》をうちけるを、隣にある越《ゑち》前房《ぜんばう》といふ僧きたりて、見所《けんじょ》すとて、様々のさかしらをしけるを、にくしにくしと思ひけれども、物もいはでうちゐたりけるに、この僧さかしらしさして立ちぬ。①かへりぬと思ひて、亭主、「この越前房は②よき程の者かな。」といひたりけるに、かの僧いまだ帰らで、亭主のうしろに立ちたりけり。かたき、また物いはせじとて、亭主のひざをつきたりければ、うしろへ見むきて③見れば、この僧いまだありけり。この時とりもあへず、「越前房は高くもなし。低くもなし。よき程の者な。」といひなほしたりける、心はやさ、④いとをかしかりけり。

（橘《たちばなの》 成季《なりすえ》「古今著聞集《ここんちょもんじゅう》」より）

家　自分の家で
隣にある　隣に住んでいる
見所す　勝ち負けの判定をする
さかしら　余計な口出し
物もいはで　何も言わずに
さかしらしさして　するのを途中でやめて
物いはせじ　言わせまい
とりもあへず　即座に

注意

(1) ——線①「かへりぬ」、——線③「見れば」の主語として適切なものを、次のア～ウから一つずつ選び、記号で答えなさい。

ア 孝道入道　**イ** 或人　**ウ** 越前房

①（　　）③（　　）

正答率47%

(2) ——線②「よき程の者かな」の意味として最も適切なものを、次の**ア～エ**から一つ選び、記号で答えなさい。

ア いい加減な人だなあ。　**イ** 頭の良い人だなあ。

ウ 気配りのできる人だなあ。　**エ** 頑固な人だなあ。

（　　）

正答率38%

(3) ——線④「いとをかしかりけり」は、何について述べたものですか。最も適切なものを、次の**ア～エ**から一つ選び、記号で答えなさい。

ア 皮肉を言われたことに対して、同じ言葉を使ってうまく言い返し、相手をやり込めた機転。

イ 悪口を本人に聞かれてしまったので、同じ言葉を使ってはぐらかし、その場を切り抜けた機転。

ウ 自分の言葉が誤解されていると気づき、同じ言葉を効果的に用いて全員を納得させてしまった機転。

エ 相手の言葉が嫌味であることに気づき、その言葉を褒《ほ》め言葉として受け止めて場を丸く収めた機転。

（　　）

2 次の古文を読んで、あとの各問いに答えなさい。

（(1)～(4)10点×4、(5)15点、計55点）〈福井県・改〉

水戸《みと》中納言《ちゅうなごん》光圀《みつくに》殿、狩りに出《い》でたまひしに、あやし（身分の低い）の男、年老いたる女を負ひて（背負って）、道の辺りに休みゐたる（休んでいたが）を、「いかなる者ぞ。」と問はせたまへば（お尋ねになると）、知れる者（知っている者が）有りて、「彼は人に知られたる孝行の者にて、母を負ひて御狩りの体を拝しさぶらふなり（（光圀殿が）狩りをなさるお姿を拝見しているのです）。」と言ふ①。中納言殿大いに感じたまひ（感動なさって）、米銭なむあまたたまはりける（（男は）たくさんいただいた）。その後またある所にて、同じ様なる者に行き会ひて問はせたまへば、母を負ひてもの（どこ）へ行く由《よし》を申す（そこへ行くことを）。従者ども（家来たちが）「彼は先のこと②を聞きうらやみ、それに似せて物たまはらんとするめり（物をいただこうとするようだ）。」とささやきければ③、光圀殿④うち笑ひて、狂人（愚か者）をまねるは狂人のたぐひ（仲間）、孝子（親孝行な子）をまねるは孝子のたぐひなり。よきことのまねをする奴《やつ》かな。それぞれ物取らせよ（物を与えよ）とて、先にかはらず米銭をたまひける⑤（お与えになった）。

（「落栗物語《おちぐりものがたり》」より）

---

(1) ――線①「言ふ」の主語は誰ですか。当てはまる言葉を、本文中から抜き出しなさい。

（　　　　）

(2) ――線②「先のこと」とは、どのようなことですか。古文中から十五字以内で抜き出しなさい。

(3) ――線③「ささやきければ」とありますが、このときの従者の気持ちとして最も適切なものを、次のア～エから一つ選び、記号で答えなさい。

ア　不安な気持ち　　イ　非難する気持ち
ウ　うらやましい気持ち　　エ　感心する気持ち

（　　）

重要

(4) ――線④「光圀殿」がこのあとに話した言葉はどこからどこまでですか。初めと終わりの五字を抜き出しなさい。

～

差がつく

(5) ――線⑤「先にかはらず米銭をたまひける」とありますが、「米銭」を与えたのは、光圀殿がどのように考えたからですか。三十字以内で書きなさい。

重要度★★★

漢文の知識・読解

返り点を付ける問題や書き下し文を書く問題が頻出！

学習日　月　日

ポイント整理

訓読文　漢文に返り点や送り仮名を付けて、訓読できるようにした文。

①**返り点**…漢字の左下に付けて読む順番を示す。
レ点…下から上に一字返って読む。
一・二点…一から二に返って読む。
②**送り仮名**…漢字の右下に、歴史的仮名づかい・カタカナで付ける。
例　百聞ハ不《ず》レ如《し》カ二一見一ニ。

読む順番

レ点……1　3レ　2

一・二点…3二　1　2一

書き下し文　漢文を漢字仮名交じりで書き改めた文。

①返り点に従って、漢字を読む順番に並べ替える。
②送り仮名のカタカナはひらがなに直す。
③助動詞（「不《ず》」「也《なり》」「使《しむ》」など）・助詞（「之《の》」など）はひらがなに直す。

例　歳月ハ不レ待タレ人ヲ。
↓①　歳月ハ人ヲ待タ不。
↓②　歳月は人を待た不。
↓③　歳月は人を待たず。

漢詩の形式

詩の種類	句数	一句の字数	分類
絶句《ぜっく》	四句	五字	五言《ごごん》絶句
		七字	七言《しちごん》絶句
律詩《りっし》	八句	五字	五言律詩
		七字	七言律詩

四句（絶句）

春暁《しゅんぎょう》　孟浩然《もうこうねん》

起　春眠不《ず》レ覚エレ暁ヲ
承　処処聞ク二啼《てい》鳥《てう》ヲ一
転　夜来風雨ノ声
結　花落ツルコト知ル多少

五字（五言）

漢文特有の表現

①**～いはく、＝「～が言うことには、」**
例　子曰《い》はく、（先生が言うことには、）
②**～ずや＝「なんと～ではないか」**
例　亦《また》楽しからずや（なんと楽しいことではないか）
③**～あたはず＝「～することができない」**
例　応《こた》ふることあたはず（答えることができない）
④**～なかれ＝「～してはならない」**
例　人に施《ほどこ》すことなかれ（人に施してはならない）

大切　書き下し文・現代語訳をしっかり読もう
与えられた**書き下し文**や**現代語訳**は、設問を解く上で手がかりになる。それらを漢文とよく読み比べて、解くようにしよう。

大切　漢文・漢詩によく用いられる表現技法
対句《ついく》…組み立てや意味が対応する二つの句を並べる。律詩に用いる決まりがある。
例　感ジテハレ時ニ花ニモ濺《そそ》ギレ涙ヲ
恨《うら》ンデハレ別レヲ鳥ニモ驚カスレ心ヲ（春望《しゅんぼう》　杜甫《とほ》）
【現代語訳】時世に（悲しみを）感じては、花を見ても涙を流し、（家族との）別れを恨んでは、鳥の声を聞いても心を痛める。

基本問題

→別冊解答 p.24

1 書き下し文 **次の漢文を書き下し文に直しなさい。**

①将《まさ》ニ欲レス行カント。
（　　　　　　　　）

②為《な》リテ二士師ト一、
（　　　　　　　　）

③不《ず》二必ズシモ有レラ仁一ニ。
（　　　　　　　　）

2 漢文 **次の漢文を読んで、あとの各問いに答えなさい。**

①務レメテ言ヲ而緩レクスレバ行ヒヲ、雖《いへど》レモ弁ズト必ズ不《ず》レ聴カレ。多力ニシテ而伐《ほこ》レレバ功ニ、雖レモ労スト必ズ不レ図ラレ。慧《けい》者《しゃ》ハ心ニ弁ジテ而不二繁説一セ、多力ニシテ而②不伐ラ功ニ、此《これ》ヲ以《もつ》テ名誉ハ揚二ガル天下一ニ。

（「墨子《ぼくし》」より）

言を務めて行ひを緩くすれば、弁ずと雖も必ず聴かれず。多力にして功に伐れば、労すと雖も必ず図られず。慧者は心に弁じて繁説せず、多力にして功に伐らず、此を以て名誉は天下に揚がる。

＊雖～…～としても。　＊弁…多く語る。　＊多力…才能がある。
＊伐…誇る。　＊功…功績。　＊不図…とりあげられない。
＊慧者…賢い人。　＊繁説…口うるさく説く。

(1) ――線①「務レメテ言ヲ而緩レクスレバ行ヒヲ、」の意味として最も適切なものを、次の**ア～エ**から一つ選び、記号で答えなさい。

ア 発言に行動が伴っていないと、
イ 何度言われても行動を改めないと、
ウ 発言の意味を理解して行動しないと、
エ 言われた通りにしか行動できないと、（　　）

(2) ――線②「不伐ラ功ニ、」に、書き下し文の読み方になるように、返り点を付けなさい。

不伐ラ功ニ、

(3) 本文の内容に合っているものを、次の**ア～エ**から一つ選び、記号で答えなさい。

ア 優れた人物は、発言どおりに行動し、才能を発揮して実績を上げるものである。
イ 優れた人物は、わかりやすい言葉で人々を動かし、功績は他人に譲るものである。
ウ 優れた人物は、心の中では思っていても多くを語らず、功績を他人に誇らないものである。
エ 優れた人物は、他人に指示するだけでなく、自ら率先して行動し、不満を言わないものである。
（　　）

HINT 1

③返り点の付いていない字を先に読むので、まず「必」を読み、次に「仁」を読む。
「有レ」の読み方は、
・まず、レ点に従って下の「仁」から一字返って読む。
・次に、一点に従って二点の「不」に返って読む。
という順番になる。

HINT 2

(1)直後の「弁ずと雖も必ず聴かれず」は、「多くを語っても、人はきっと聴いてくれないだろう」という意味。
(3)選択肢にある「優れた人物」は、漢文中の「慧者」に当たる。最後の一文の意味を読み取る。

→別冊解答 p.24

目標時間 30分
目標点数 80点
／100点

漢文の知識・読解

1 次の漢文と書き下し文、解説文を読んで、あとの各問いに答えなさい。（(1)(2)(4)10点×3、(3)5点×2、計40点）
〈兵庫県・改〉

人主之《の》患《ハ》、在《リ》レ莫《キニ》二之《ニ》応《ズルモノ》一。故《ニ》曰《ハク》、「①一手独《リ》拍《ツハ》、雖《モ》レ疾《シト》無《シト》レ声。」人臣之憂《ヒハ》、②在《リ》不《ざルニ》得一《ヲ》。故《ニ》曰《ハク》、「右手《ニ》画《キ》レ円《ヲ》、左手《ニ》画《クハ》レ方《ヲ》、不《ずト》レ能《ハ》二③両《ツナガラハ》成《ス》一。」

（韓非《かんぴ》「韓非子《かんぴし》」より）

【書き下し文】
人主の患は、之《これ》に応ずるもの莫《な》きに在り。故に曰《い》はく、「一手独り拍《う》つは、疾《と》しと雖《いへど》も声無し。」と。人臣《じんしん》の憂《うれ》ひは、一《いつ》を得《え》ざるに在り。故に曰はく、「右手に円を画《ゑが》き、左手に方を画くは、両《ふた》つながらは成《な》す能《あた》はず。」と。

【解説文】
君主が心配していることは、何かをやりかけても臣下がだれも応じてこないことである。だから「片手だけで拍手しようとすれば、どれだけ手を強く振っても音など出ない。」と言われている。一方、臣下が心配していることは、君主が臣下に心を一致させてくれないことである。だから「右手で円を描き、同時に左手で四角形を描けば、両方を完成することはできない。」と言われている。

正答率 40%
(1) ——線①「一　手」は何をたとえたものですか。漢文中から二字で抜き出しなさい。

□□

正答率 47%
(2) ——線②「在《リ》不《ざルニ》得一《ヲ》。」を、書き下し文の読み方になるように、返り点を付けなさい。

在《リ》不《ざルニ》得一《ヲ》。

正答率 72%
(3) ——線③「両」は何と何を指していますか。漢文中から抜き出して、それぞれ一字で書きなさい。

□・□

正答率 76%
(4) 本文で表そうとしている内容として最も適切なものを、次のア～エから一つ選び、記号で答えなさい。（　）

ア　国がうまく治まるためには、君主は臣下の心をつかもうとし、臣下は君主に心を合わせようとすることが必要である。

イ　国がうまく治まるためには、君主は臣下に全てを任せ、臣下は自分たちの考えに合うように君主の考えを変えさせる必要がある。

ウ　国がうまく治まるためには、君主は信頼する臣下の意見だけを聞き、臣下は君主に気に入られるようにふるまうことが必要である。

エ　国がうまく治まるためには、君主は自分の考えを貫き通し、臣下は君主の考えが自分たちと合わない場合は反対する必要がある。

2 次の漢文と書き下し文を読んで、あとの各問いに答えなさい。

（10点×3＝30点）〈群馬県・改〉

怠惰之《の》冬日ハ、何ゾ其《そ》ノ長キ也《や》。勉強之夏日ハ、何ゾ其ノ短キ也。長短ハ在リテレ我ニ、不《ず》レ在ラレ日ニ。有ルレ待ツ之一年ハ、何ゾ其ノ久シキ也。不《ざ》ルレ待タ之一年ハ、何ゾ其ノ速ヤカナル也。久速ハ在リテレ心ニ、不レ在ラレ□ニ。

（「言志耋録《げんしてつろく》」より）

【書き下し文】

怠惰の冬日は、何ぞ其の長きや。勉強の夏日は、何ぞ其の短きや。［　　　　］、日に在らず。待つ有るの一年は、何ぞ其の久しきや。待たざるの一年は、何ぞ其の速やかなるや。久速は心に在りて、□に在らず。

(1) ［　　　　］に入る書き下し文を書きなさい。

（　　　　）

(2) □に当てはまる語を、漢文中から一字で抜き出しなさい。

□

(3) 本文の内容を説明した文として最も適切なものを、次のア～エから一つ選び、記号で答えなさい。（　　）

ア　自分の心のもちようで、時間は長くも短くも感じられるものだ。
イ　時間には限りがあるので、思ったことはすぐ行動に移すべきだ。
ウ　同じ時間は二度と巡ってこないので、今を大切に過ごすべきだ。
エ　気持ちをしっかり保っていると、どんなときでも慌てないものだ。

---

3 次の漢詩を読んで、あとの各問いに答えなさい。

（(1)(3)10点×2、(2)5点×2、計30点）〈山口県・改〉

京師《けいし》にて家書《かしょ》を得たり　袁凱《えんがい》

江水三千里
家書十五行
行 行《ぎやうぎやう》別語無く
只《ただ》道《い》ふ早く郷に帰れと

京師ニテ得タリ家書ヲ

江水三千里
家書十五行
行行無別語
只道早帰郷

＊袁凱…明代《みんだい》の詩人。　＊京師…都。このときの都は応天府（現在の南京《なんきん》）。
＊家書…家族からの手紙。　＊江水…長江。　＊別語…他の言葉。
＊道ふ…「言ふ」と同じ。

(1) 書き下し文を参考にして、――線部に返り点を付けなさい。

京師ニテ得タリ家書ヲ

(2) 右の漢詩についての解説文の［Ⅰ］・［Ⅱ］に入る表現を、右の書き下し文中から抜き出しなさい。

この漢詩では、一句目と二句目で、故郷へ続く長江の「三千里」という長さと対比することで、家族から届いた手紙の「［Ⅰ］」という短さが強調されています。家族からの手紙には、「［Ⅱ］」という内容だけが切々と書かれていますから、むしろ袁凱に対する家族の思いの強さが表れています。

Ⅰ（　　　　）　Ⅱ（　　　　）

(3) この漢詩の形式として適切なものを、次のア～エから一つ選び、記号で答えなさい。

ア　五言絶句　イ　五言律詩　ウ　七言絶句　エ　七言律詩　（　　）

詩・短歌・俳句の知識・読解

重要度★★★

詩・短歌・俳句の表現技法を問う問題は頻出！

学習日　月　日

ポイント整理

表現技法

詩・短歌・俳句に共通する表現技法を覚えよう。

①**比喩《ひゆ》**…別のものにたとえて表し、印象を鮮明にする。
- **直喩**…「～のように」などの語句を用いてたとえる。
  例 彼女は妖精のように美しかった。
- **隠喩**…「～のように」などの語句を用いずにたとえる。
  例 彼女は氷の上の妖精だ。
- **擬人法《ぎじんほう》**…人でないものを、人にたとえて表す。
  例 冬の海は、一日中泣いている。

②**体言止め**…末尾を体言（名詞）で終えて、余韻を残す。
例 きょうはさびしい曇り空。

③**倒置《とうち》**…普通とは語順を逆にして、意味を強める。
例 何だろう、この胸の痛みは。

④**対句《ついく》**…組み立てや意味が対応する語句を並べる。
例 山よりも高く、海よりも深い。

⑤**反復**…同じ語句を繰り返して、リズムを生みだす。
例 そこに一つのブランコだ／見えるともないブランコだ

⑥**擬声語**…音声をそれらしく表す。例 雷がごろごろと鳴る。
擬態語…動きや様子をそれらしく表す。例 雪がしんしんと降る。

おもな詩の種類

●入試に出るのは、ほとんどが口語自由詩。

①用語
- **文語詩**…文語（昔の書き言葉）で書かれた詩。
- **口語詩**…口語（現代の話し言葉）で書かれた詩。

②形式
- **定型詩**…音数に一定の決まりがある詩。
- **自由詩**…音数に一定の決まりがない詩。

短歌の表現形式

●五・七・五・七・七の三十一音から成る。

①句切れ…意味が切れること。**初句切れ・二句切れ・句切れなし**など。
②**字余り・字足らず**…音数が定型の五字や七字より多い（少ない）こと。

俳句の表現形式

●五・七・五の十七音から成る。

①切れ字…句の切れ目に使う言葉。「や・かな・けり・ぞ」など。作者の感動の中心を示す。
②**季語**……季節を表す言葉。旧暦に基づいているため、現代の季節感よりも一か月ほど早い。赤字の季語に注意。

新年		元旦・初春・若菜・門松・初夢
春	旧暦一～三月 新暦二～四月	鶯《うぐいす》・蛙《かわず》・蝶《ちょう》・梅・桜・残雪・山笑う
夏	旧暦四～六月 新暦五～七月	時鳥《ほととぎす》・蛍・新緑・紫陽花《あじさい》・五月雨《さみだれ》
秋	旧暦七～九月 新暦八～十月	蜻蛉《とんぼ》・紅葉《もみじ》・天の川・七夕・名月・野分《のわき》
冬	旧暦十～十二月 新暦十一～一月	落葉《おちば》・枯木《かれき》・蜜柑《みかん》・大根・時雨《しぐれ》・小春

基本問題

→別冊解答 p.25

1 詩 **次の詩を読んで、あとの各問いに答えなさい。**

まんさくの花*　丸山《まるやま》　薫《かおる》

まんさくの花が咲いた　と
子供達《たち》が手折《たお》つて持つてくる
まんさくの花は淡黄色《たんこうしょく》の粒々した
眼にも見分けがたい花だけれど

まんさくの花が咲いた　と
子供達が手折つて　持つてくる
まんさくの花は点々と滴《したた》りに似た
花としもない*花だけれど

山の風が鳴る疎林*の奥から
寒々とした日暮《ひぐれ》の雪をふんで
まんさくの花が咲いた　と
子供達が手折つて　持つてくる

＊まんさく…山地に自生する低木。
＊花としもない…花ともいえないほどの。
＊疎林…木がまばらで、葉を落とした林。

(1) この詩に使われている表現技法を、次の**ア〜エ**から一つ選び、記号で答えなさい。

ア 直喩　**イ** 倒置
ウ 反復　**エ** 擬人法

（　　）

(2) 「子供達」にとって「まんさくの花」はどのような意味をもつ花ですか。それを説明した次の文の□に入る言葉を、考えて書きなさい。

・□を知らせてくれる花。

（　　）

2 短歌 **次の各短歌は何句切れですか。**

①朝あけて船より鳴れる太笛《ふとぶえ》のこだまはながし竝*《な》みよろふ山　斎藤《さいとう》　茂吉《もきち》

＊竝みよろふ…連なる。

（　　）

②ふるさとの尾*《を》鈴《すず》の山のかなしさよ秋もかすみのたなびきて居《を》り　若山《わかやま》　牧水《ぼくすい》

＊尾鈴の山…宮崎県の山。

（　　）

3 俳句 **次の各俳句に詠《よ》まれている季節を、それぞれ「春・夏・秋・冬」で答えなさい。**

①名月や池をめぐりて夜もすがら　松尾《まつお》　芭蕉《ばしょう》

（　　）

②涼風《すずかぜ》の曲《まが》りくねつて来たりけり　小林《こばやし》　一茶《いっさ》

（　　）

HINT 1
(1)行を空けて区切られたひとまとまりを「連」という。この詩は、三つの連から成る。
→どの連にも出てくる語句があることに着目する。
(2)「寒々とした日暮の雪」から、季節は冬であったことがわかる。

HINT 2
①作者が長崎に赴任した日の翌朝に、初めて船の太い汽笛の音を聞いたときの感動を詠んでいる。
②「尾鈴の山」は、作者の故郷にある。父が危篤になり、故郷に帰って山を見たときの気持ちを詠んでいる。

HINT 3
①仲秋の名月を眺めながら池の周りを歩いていたら夜が明けた。
②自分の住む長屋の奥には、涼しい風も、曲がりくねってようやく届いた。

→別冊解答p.25

目標時間 30分　目標点数 80点

／100点

詩

1 次の詩と鑑賞文を読んで、あとの各問いに答えなさい。（(1)(2)10点×2、(3)5点、計25点）〈大阪府・改〉

鉄棒　村野《むらの》　四郎《しろう》

僕は地平線に飛びつく
僅かに指さきが引つかかつた
僕は世界にぶら下《さが》つた
筋肉だけが僕の頼みだ
僕は赤くなる　僕は収縮する
足が上《あが》つてゆく
おお　僕は何処《どこ》へ行く
大きく世界が一回転して
僕が上になる
高くからの俯瞰《ふかん》
ああ　両肩に柔軟な雲

【鑑賞文】

この詩に描かれているのは鉄棒の逆上がり運動の様子です。ここではまず、鉄棒を［A］と表現しています。さらに、顔を真っ赤にして体を引き上げ、鉄棒の上に静止するまでの様子を〈大きく世界が一回転して〉ということばを使って表現しています。そして、この詩全体からは、空間的な広がりと［B］とがよく伝わってきます。

正答率73%

(1) ［A］に入る言葉を、詩の中から抜き出しなさい。（　　）

正答率50%

(2) ［B］に入れるのに最も適切な言葉を、次のア～エから一つ選び、記号で答えなさい。

ア 逆上がりの運動の難しさ　イ 「僕」の動きの力強さ
ウ 大空の雲のやわらかさ　エ 「世界」全体の複雑さ

（　　）

注意

(3) この詩の形式を、次のア～エから一つ選び、記号で答えなさい。

ア 文語定型詩　イ 文語自由詩
ウ 口語定型詩　エ 口語自由詩

（　　）

短歌

2 次の短歌についての文章を読んで、あとの各問いに答えなさい。（10点×4＝40点）〈高知県・改〉

いつまでもひとつ悩みが消えなくて　こころに一本補助線引いた
大津市　野々口和仁

解決の糸口が、なかなか見つからないとき、別の視点を持ち込むことによって、「あっ、こんなことだったのか」と思えることがある。その喩《たと》えとしての「補助線」がとても魅力的な一首だ。

せっかくなので、補助線の比喩《ひゆ》が、さらに生きるように、上の句の[A]も工夫してみたい。

いつまでもひとつ悩みが解けなくて　こころに一本補助線引いた

「悩みが解けない」とはあまり言わないが、補助線の比喩があるので、ちょっとひねった表現として成立する。と、同時に、問題がこんがらがっている感じも出せる。ますます補助線の魅力が出てきたので、この語を最大限印象づけるために、[B]にするのも方法だ。

いつまでもひとつ悩みが解けなくて　こころに一本引いた補助線

（俵万智《たわらまち》「短歌のレシピ」より）

(1) この文章の筆者は、「補助線」が何の喩えだと考えていますか。それを表した言葉を、本文中から四字で抜き出しなさい。

□□□□

(2) 本文中の[A]に入る品詞名として適切なものを、漢字で書きなさい。

（　　）

(3) ――線部「ひねった表現」は、どのような意味で使われていますか。その意味として最も適切なものを、次のア〜エから一つ選び、記号で答えなさい。

ア　趣向を凝らした表現　　イ　要点をおさえた表現

ウ　主観に流された表現　　エ　皮肉を効かせた表現　（　　）

(4) 本文中の[B]に入る言葉として適切なものを、次のア〜エから一つ選び、記号で答えなさい。

ア　対句　　イ　反復

ウ　体言止め　　エ　初句切れ　（　　）

俳句

3 次の各俳句を読んで、あとの各問いに答えなさい。（5点×7＝35点）

〈福島県・改〉

A　青天《せいてん》や白き＊五瓣《ごべん》の梨の花　　原《はら》　石鼎《せきてい》

B　玉のごとき小春日和《こはるびより》を授かりし　　松本《まつもと》　たかし

C　コスモスの押しよせてゐる＊厨口《くりやぐち》　　清崎《きよさき》　敏郎《としお》

D　ふだん着《ぎ》でふだんの心桃の花　　細見《ほそみ》　綾子《あやこ》

E　向日葵《ひまわり》の空かがやけり波の群《むれ》　　水原《みずはら》　秋櫻子《しゅうおうし》

＊五瓣…五枚の花びら。　＊厨口…外から台所に通じる出入り口。

(1) B・Dの俳句で詠《よ》まれている季節を、それぞれ「春・夏・秋・冬」で答えなさい。

B（　　）　D（　　）

注意

(2) 切れ字が用いられている俳句を、A〜Eの中から一つ選び、その記号と用いられている切れ字を書きなさい。

記号（　　）・切れ字（　　）

(3) 字余りになっている俳句を、A〜Eの中から一つ選び、記号で答えなさい。（　　）

(4) 次の各鑑賞文に当てはまる俳句を、A〜Eの中から一つずつ選び、記号で答えなさい。

①群れ咲く花の姿に生き生きとした生命力が感じられ、その様子を人間にたとえて表現している。（　　）

②空のすがすがしさを強調し、目の前にくっきりとした花の形を描きながら、晩春の雰囲気を表現している。（　　）

HINT

②「晩春の雰囲気」から、春の季語が用いられている俳句を選ぶ。

ポイントチェック④　16～19

学習日　月　日

基本的な知識を確認しよう。

基本チェック

16 古文の知識

1 次の各文中の――線部を現代仮名づかいに直し、すべてひらがなで書きなさい。

① その後は、とひくる人も侍《はべ》らじ。（　　）

② 川の水はやうして、（　　）

2 次の各文中の――線部の意味として最も適切なものを、あとのア～エから一つずつ選び、記号で答えなさい。

① ありがたきもの。*舅《しうと》にほめらるる婿《むこ》。

＊舅…ここでは妻の父親。

ア うれしい　イ つまらない

ウ めったにない　エ なさけない（　　）

② 中納言のたまふやう、「いとよきことなり」とて、

ア お尋ねになる　イ 申し上げる

ウ ご命令なさる　エ おっしゃる（　　）

17 古文の読解

3 次の古文中には、「　」の付いていない会話が一箇所あります。その部分を抜き出しなさい。

〔くらもちの皇子《みこ》は、〕船より下りて、「この山の名を何とか申す」と問ふ。女、答へていはく、これは、蓬莱《ほうらい》の山なりと答ふ。

（「竹取物語」より）

（　　）

18 漢文の知識・読解

4 次の漢文を書き下し文に直しなさい。

・修メテレ己ヲ以《もつ》テ安ンズ二*百《ひやく》姓《せい》ヲ一。

＊百姓…人民。

（　　）

5 書き下し文「亦《また》過《あやま》ちならずや。」の現代語訳として最も適切なものを、次のア～エから一つ選び、記号で答えなさい。

ア いつも間違いであるとは限らない。

イ それほど大きな間違いではない。

ウ なぜ間違いに気づかないのか。

エ なんと大きな間違いではないか。（　　）

19 詩・短歌・俳句の知識・読解

6 次の短歌・俳句に使われている表現技法として最も適切なものを、あとのア～エから一つずつ選び、記号で答えなさい。

① いと暗き
穴に心を吸はれゆくごとく思ひて
つかれて眠る　石川《いしかわ》 啄木《たくぼく》（　　）

② 雪残る頂《いただき》一つ国境《くにざかい》　正岡《まさおか》 子規《しき》（　　）

③ をりとりてはらりとおもきすすきかな　飯田《いいだ》 蛇笏《だこつ》（　　）

ア 擬態語　イ 直喩　ウ 隠喩　エ 体言止め

答え

1 ① といくる ② はようして
2 ① ウ ② エ
3 これは、蓬莱の山なり
4 己を修めて以て百姓を安んず。
5 エ
6 ① イ ② エ ③ ア

総合チェック

次の古文を読んで、下の各問いに答えなさい。

→別冊解答 p.25

①今は昔、木こりの、山守《やまもり》（山の番人）に斧《よき》（小形の斧（おの））を取られて、侘《わび》し、心憂《こころう》し（困った、情けない）と思ひて②、頬杖《つらづゑ》突きてをりける。山守見て、「さるべき事（気のきいた歌でも詠《よ》むこと）を申せ。取らせん（（そうすれば）返そう）」といひければ、

悪《あ》しきだに（粗悪品でさえ）なきはわりなき（不都合な）世間《よのなか》によき③を取られてわれいかにせん（どうしたらいいだろう）

と詠《よ》みたりければ、山守返しせん（返事の歌を作ろう）と思ひて、「ううう」と呻《うめ》きけれど、えせざりけり（できなかった）。さて斧返し取らせてければ、④嬉《うれ》しと思ひけりとぞ。人はただ歌を構へて（いつも心がけて）詠むべしと見えたり。

（「宇《う》治拾遺《じしゅうい》物語《ものがたり》」より）

問一 ——線①「今は昔」の意味として最も適切なものを、次の**ア〜エ**から一つ選び、記号で答えなさい。≫16

ア 今のことか昔のことか定かでないが
イ 今となってはもう昔のことになるが
ウ 今さら昔のことをいうのは奇妙だが
エ 今も昔も変わらないことではあるが

（　　）

問二 ——線②「思ひて」、——線④「嬉しと思ひけり」の主語は同じ人物です。その人物を、古文中から抜き出しなさい。≫17

（　　）

問三 ——線③「よき」には、「斧《よき》」ともう一つの意味があります。その意味として最も適切なものを、次の**ア〜エ**から一つ選び、記号で答えなさい。≫17

ア 本来の方法　**イ** 秀逸な和歌
ウ 良質なもの　**エ** 正当なわけ

（　　）

問四 筆者の意見が述べられている一文の初めの五字を抜き出しなさい。≫17

作文

重要度★★★

テーマに基づいて書く課題作文、グラフを読み取って書く条件作文が頻出！

学習日　　月　　日

ポイント整理

課題作文

例題1 「本の世界を広げる」というテーマで、図にある語を手がかりに、あなたが思っていることや考えたことを、あとの〈注意〉に従って書きなさい。

図

知識	筆者	情報
選択	人生	比較
活用	読者	検索

〈注意〉

1　題名は不要。

2　字数は二百字以上、二百五十字以内。

3　図にある語を用いなくてもよい。

課題作文を書く手順

①**書く内容を押さえる。**

・**テーマ（課題）**

→「本の世界を広げる」

例　読んでいる本の世界を広げるためにはどうすればよいか。

・思っていることや考えたことを書く。

②**条件を押さえる。**

・図にある語を手がかりにする。

→**作文を書くときのポイントが示されている。**

例　図書館にあるコンピュータを「活用」し、蔵書を「検索」する。

③**構成を考える。**

・二段落くらいに分けて書く。

・最初に考えや思ったこと（結論）とその理由を述べ、次に具体的な体験・見聞を書くとわかりやすい。

解答例

　私は、「本の世界を広げる」には、図書館にあるコンピュータを活用するのが最もよいと思う。コンピュータで蔵書を検索すれば、探している本が見つかるからだ。

考えとその理由

　私は、理科の自由研究で、宇宙の始まりについて調べたことがある。図書館で本を探したが、膨大な本が並んでいて、どれを読めばよいかわからない。困っていたら、司書の方が、蔵書を検索すればよいと教えて下さった。コンピュータに「宇宙　始まり」と入力して検索すると、参考になる本をたくさん見つけることができた。図書館の検索機能は本の世界を広げてくれる。

具体的な体験とまとめ

条件作文

例題2 次の資料は「働く理由」について、県内の高校生を対象に調査し、その結果をまとめたものです。この資料をもとに「働くこと」について、あとの〈注意〉に従って、あなたの考えを書きなさい。

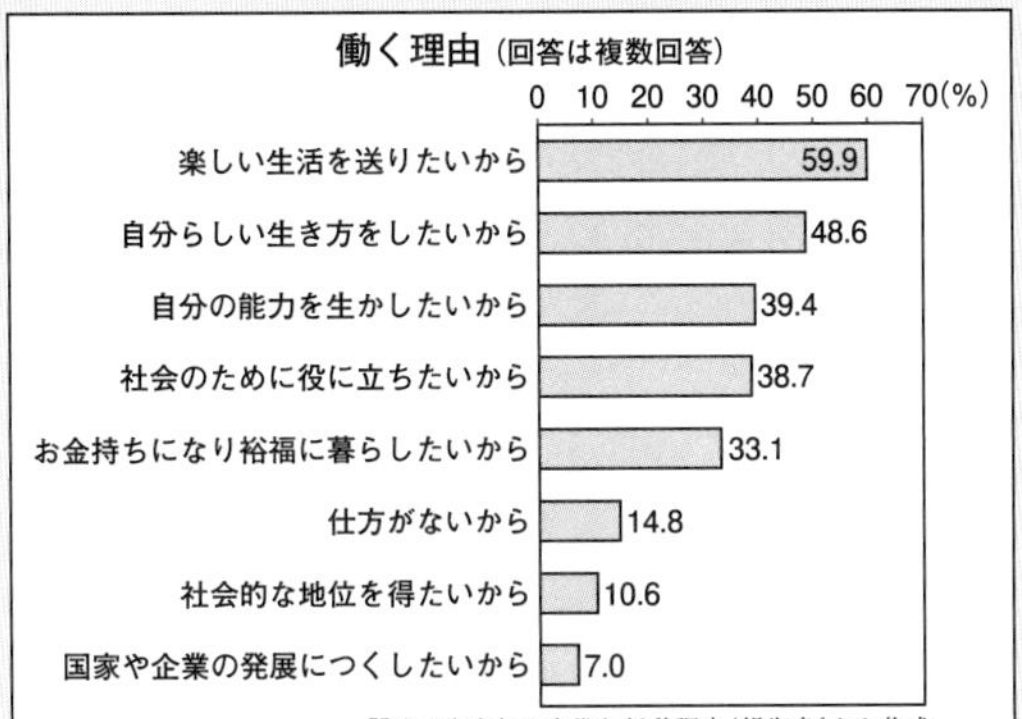

『「埼玉青少年の意識と行動調査」報告書』から作成

〈注意〉
1 自分の体験（見たことや聞いたことなども含む）をふまえて書くこと。
2 文章は三百字以内で書くこと。

条件作文を書く手順

① 書く内容を押さえる。
- **テーマ→「働くこと」**
- 考えを書く。

② 条件を押さえる。
- 資料をもとにして書く。

→グラフに表されている事柄を読み取る。

例 働く理由は、「楽しい生活を送りたいから」が最も多く、「国家や企業の発展につくしたいから」が最も少ない。

③ 構成を考える。
- 二段落くらいに分けて書く。
- 最初にグラフから読み取ったことを述べ、次に読み取ったことについての考えを、自分の体験や見聞をふまえて書くようにする。

例 〈分析〉働く理由として、国や組織よりも、自分を中心に考えているのではないか。

←〈考え〉それではいけないと思う。

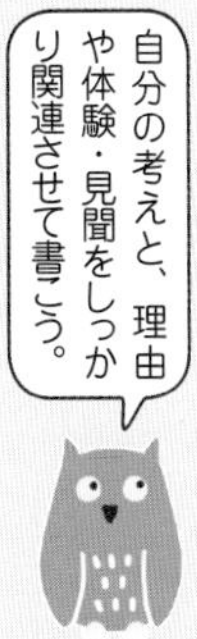

解答例

グラフの読み取りと分析

　グラフの上位は「楽しい生活を送りたいから」「自分らしい生き方をしたいから」で、最下位は「国家や企業の発展につくしたいから」である。これを見ると、「働く理由」として、国や組織のことよりも、自分のことを中心に考えていると思う。

自分の考えと見聞

　たしかに、働くときに自分のやりたいことができればよいだろう。しかし、働くことには、社会の中で一つの役割を担うという側面もあることを忘れてはいけないと思う。iPS細胞の研究でノーベル賞をとった山中教授は、自分の研究が再生医療に役立てばうれしいと述べている。働くことによって、自分が幸福になるだけでなく、社会のために役立つことができればすばらしいと思う。

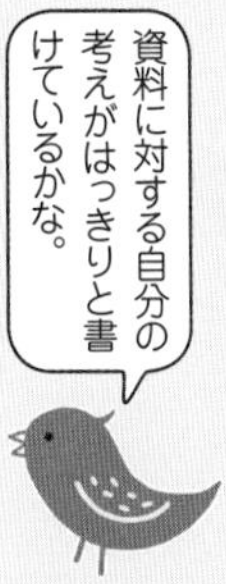

→別冊解答 p.26

1 条件作文 **次のA～Cは、類似する言葉を二語ずつ示したものです。あなたは、①・②について、どのように使い分けますか。A～Cの中から一つ選び、あとの〈条件〉に従って書きなさい。**

A ① 使用する　② 活用する
B ① うれしい　② 楽しい
C ① ごはん　② ライス

〈条件〉
1 二段落構成とする。
2 第一段落は、①の言葉の使い方について、具体的な用例を示しながら書く。
3 第二段落は、②の言葉の使い方について、具体的な用例を示しながら書く。
4 原稿用紙の使い方に従い、百八十字以上、二百二十字以内で書くこと。

180

220

HINT 1

例 **B** ①人にほめられると、うれしい。…受動的
②サッカーをすると、楽しい。……能動的
それぞれの具体的な用例を示し、その違いを対比して説明する。

注意

ひととおり書き終えたら、次のことをチェックしよう。
①原稿用紙の使い方は正しいか。
②誤字・脱字はないか。
③文末表現は統一されているか。（「だ・である」調か「です・ます」調か）
④主語と述語の対応は適切か。
⑤読みやすい文章になっているか。

参考

入試でよく出るテーマ
①外国と日本の関係
例 世界の人々と共に考えたいこと
②本・読書に関するもの
例 高校生になったら読みたい本
③言葉に関するもの
例 日常生活での言葉の使い方
④日常生活に関するもの
例 休みの日にどこで遊ぶか

20 トレーニングテスト

→別冊解答 p.26

目標時間 40分　目標点数 70点

／100点

課題作文

1 外国の人たちに伝えたいと思う「日本のすばらしさ」について、具体例を挙げて、すばらしいと考える理由も含めて、百六十字～二百字で書きなさい。（20点）〈宮城県〉

160

200

2 「包む」という言葉からあなたが思い浮かべることについて、あとの条件に従って書きなさい。（20点）〈大阪府・改〉

条件1　最初に、あなたが「包む」という言葉から思い浮かべることばを一つ書くこと。

条件2　次に、どのようなことからその言葉を思い浮かべたのかを、百八十字以内で書くこと。

（　　　　）

条件作文（文章を読み取って書く問題）

3 次の文章を読んで、あとの問いに答えなさい。（30点）〈石川県〉

プロの棋士の間でも、集まって共同で研究や検討をすることがある。一人で考えるか、それとも何人かの人が集まって知恵を出し合うか、どちらがより有効かは、非常に面白いテーマだ。私は、基本的には一人で考えなくてはいけないと思っている。将棋の場合、対局は一人で考えて答えを見いだしていくのだ。

（羽《は》生《ぶ》善治《よしはる》「決断力」より）

問 「一人で考えるか、……知恵を出し合うか」について、あなたは、どちらがより有効であると考えますか。

「将棋の場合」のように、具体的な場合や場面を設定し、どちらかの立場に立って、あなたの意見とその理由を、二百字程度で書きなさい。

〈注意〉

「～だ。～である。」調で書くこと。

HINT

「二百字程度」の場合、百八十字～二百二十字を目安に書く。

条件作文（グラフを読み取って書く問題）

4 国語の授業で、「親しさの表し方」について、あとのような形で意見文を書くことになりました。次の調査結果を参考に、〈条件〉に従って書きなさい。（30点）〈富山県〉

〈ふだんの生活では決まったあいさつの言葉だけで十分か〉

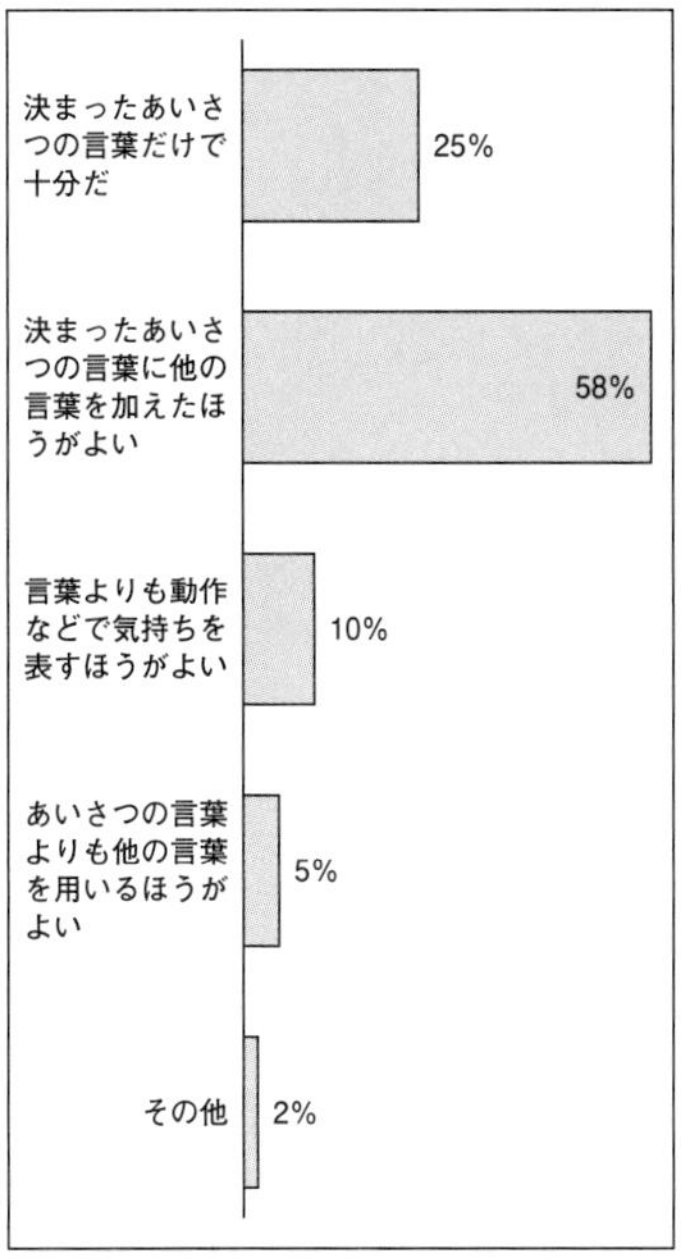

（文化庁平成28年度「国語に関する世論調査」より作成）

友人や先輩に会ったとき、どんな言葉をかけるだろうか。「おはよう」「こんにちは」とあいさつをする人が多いだろう。私もこのような決まったあいさつの言葉をふだんから使っている。

A

B

〈条件〉

① 続きをA、Bの二段落構成とし、各段落の内容は次の②、③のとおりとする。

② 第一段落（A）は、調査結果から気付いたことを書く。ただし、二つ以上の項目を関連付けること。

③ 第二段落（B）は、第一段落を踏まえて、親しさの表し方について、あなたの意見を書く。

④ 原稿用紙の使い方に従い、百八十字以上、二百二十字以内で書く。

⑤ グラフの数値を書く場合は下の例のように書く。　例 50 %

自然・環境

→別冊解答 p.28

学習日　月　日

入試攻略のカギ

「自然・環境」について書かれた論説文では、私たちがふだん自然について持っている知識の誤りを指摘するものがよく出題されます。また、環境問題に対する関心の高まりを受けて、人間はどうすれば自然と「共存・共生」できるのかという問題もよく出されます。筆者が自然のしくみや自然と人間の関係をどのようにとらえているかを読み取りましょう。

● 次の文章を読んで、あとの各問いに答えなさい。〈北海道・改〉

種子は、いったん発芽をはじめれば、あと戻りはできない。また、種子が発芽して、芽生えに成長すれば、生涯、移動することはない。としたら、どんな場所で発芽をはじめるかが、その芽生えの生涯の運命を決めてしまう。だから、①種子は、生きていける場所を慎重に見きわめて、発芽しなければならない。（中略）

種子たちは、どのように、発芽の「時」と「場所」を知るのだろうか。

多くの栽培植物の種子は、発芽の三条件である適切な温度、水、空気（酸素）があれば、発芽する。しかし、自然の中を自分の力で生きる植物の種子は、そんなに簡単に発芽しない。それぞれの植物種の種子は、発芽のタイミングを知る方策を身につけている。

乾燥した地域に生きる植物の種子は、適切な温度と水と空気があっても、発芽してはならない。発芽する際、もっとも気をつけねばならないのは、発芽後にも使える水があるかどうかである。

もし、発芽後に水が不足すれば、芽生えは、たちまち枯死してしまう。それゆえ、種子たちは、発芽するときに必要な水だけでなく、発芽した後に根を張りめぐらすのに使える水が十分あるかを、発芽の際に見きわめなければならない。

種子たちは、どのようにして、「発芽したあとも水がある」ことを知るのだろうか。「種子たちが発芽するとき、そんなことまで考えていないだろう」と思われるかも知れない。「種子がほんとうに考えているかどうか」は別にして、②「発芽したあとも水がある」ことを、種子たちが知るためのしくみは存在する。

乾燥地帯に生きるいくつかの植物は、種皮の中に、発芽を阻害する物質を含んでいる。これらの物質は、水に溶ける性質を持っている。だから、多量の雨が降って、種子が水につかれば、阻害物質は水に溶けて流れ去る。それほど多量の水がまわりにあるときに限り、からだから阻害物質がなくなり、この種子は、発芽する。発芽を阻害する物質が発芽のタイミングをはかる役目をする、わかりやすいしくみである。

また、種皮が堅かったり厚かったりして、発芽に必要な空気（酸素）や水が種皮を透過しないために、発芽しない種子がある。酸素を透過しないオナモミの種子や、水を透過しないクローバーの種子が、その例である。

こんな種子は、堅くて厚い種皮が微生物によって分解されてやわらかくなると、発芽する。もし微生物が堅くて厚い種皮を分解するなら、微生物がまわりに多くいることになる。微生物が多くいるのは、水分が十分にあり、肥沃な土壌であることを意味する。だから、種子にとって、発芽後の成長に都合がいい。種子が堅い種皮を持つことは、適切な場所で発芽する一つのしくみである。

堅い種皮を持つ種子は、土壌中の微生物などによって種皮が分解されないと、発芽しない。それゆえ、同じ年に結実した種子でも、散布された環境により、発芽する時期は大きく異なる。

③「同じ年に、同じ株、同じ花にできた種子であっても、発芽する時期が異なる」というのは、種族の存続に有利に働く。散布された環境によって発芽する時期が違えば、発芽は、何か月、何か年にもわたって、ぼつぼつおこる。

自然の中では、ひどい乾燥や低温などのために、発芽した植物がすべて枯死することもあるだろう。そんなとき、まだ発芽していない種子があれば、その植物の種族を存続させることができる。長い間、存続してきた植物種が身につけている大切な性質だろう。

（田《た》中《なか》修《おさむ》「ふしぎの植物学」より）

正答率57%

問一 ——線①「種子は、生きていける場所を慎重に見きわめて、発芽しなければならない」とありますが、乾燥した地域に生きる植物の種子が枯死しないためにこのようにしなければならないのは、植物が何の存在を見きわめる必要があるからですか。それを説明した次の文の□に入る最も適切な言葉を、本文中から五字以上十字以内で抜き出しなさい。

・□の存在。

正答率16%

問二 ——線②「『発芽したあとも水がある』ことを、種子たちが知るためのしくみ」とありますが、このしくみでは、どのような時に種子は発芽すると筆者は述べていますか。二つ書きなさい。ただし、いずれも「種皮」という語を使い、三十字程度で書くこと。

思考力

問三 ——線③「『同じ年に……有利に働く」とありますが、発芽する時期が異なると、どうして種族の存続に有利になるのですか。その理由を説明した次の文の A ・ B に入る最も適切な言葉を、本文中から指定された字数で抜き出しなさい。

・発芽した植物が A（八字）のためにすべて枯死しても、B（九字）が残るから。

A

B

社会・生活

→別冊解答 p.29

学習日　　月　　日

入試攻略のカギ

「社会・生活」について書かれた論説文では、私たちが社会生活を営むために必要なことや、現代社会のさまざまな新しい動きについて述べたものがよく出題されます。段落構成や論理の展開に気をつけながら、筆者が問題にしている事実とそれに対する筆者の考え・主張を区別して読み取りましょう。

●次の文章を読んで、あとの各問いに答えなさい。〈高知県〉

数年前、インドやパキスタンで洪水が起き、中国でも干ばつがあったのを覚えている人もいるだろう。[A]ニュースはしばらくその災害の映像を流していたが、外国のことだからみんなすぐに忘れてしまった。しかしその後、生地屋さんから困った声で電話がかかってきた。「日本に糸が入ってこない！」と。

これらの国は綿の世界的な産地だ。この被害で収穫が減り、人口の多い自分の国の消費で精いっぱい。輸出を制限してしまい、日本に入る綿が激減して、糸の値段が一時高騰した。あの時僕らが着ているシャツや下着は、綿花の実からとれた農産物であり、ウールやシルクは、羊や蚕を育てて作る畜産物なんだと、あらためて痛感した。[B]デザインされた服はトレンドや美しいイメージで彩《いろど》られ、おしゃれなお店に並んでいるから、ファッションと農業なんて全く関係がないと思ってしまうけれど……。

「食料危機」が危惧されて久しい。二〇五〇年には世界人口は九〇億を突破すると言われている。[C]もし「食」が足りなくなるなら、「衣」もやはり危機だろう。「衣料危機」なんてまだ誰も言っていないが、それは食と同じレベルで人間の問題だ。人は服なしでは、生存できないのだから。

ところで日本の食料自給率は、なんとか六五％（二〇一七年生産額）を保っている。それに対して衣服の自給率をご存知だろうか？　なんと二・八％（二〇一六年）である。[D]つまり九七・二％は外国製なのだ。それはまだ製品の話で、綿や麻やウールなど原材料の自給率は、なんとほぼ〇％である。

つまり日本は「衣食住」という大切な生活の三つの基礎のうち、衣服を自分たちでまかなう力をもはや全く持っていないのである。なぜかメディアもほとんど報道しないが、これは驚くべきことではないだろうか？　最初に書いた「綿が洪水で激減した話」は、一般の人にはほとんど知られていないけれど、①日本の立ち位置の危うさを*如実《にょじつ》に示している。

先日知り合いのクリーニング屋さんからびっくりする話を聞いた。中年の女性が*ファストファッションで買ったダウンジャケットをもって来て、「クリーニング代はいくら？」と聞いてきたそうだ。価格を聞くと「あら、買った時よりも高いじゃないの！　じゃあ、もういいわ、また新しいの買うから」といって去ってしまった。クリーニング屋さんは、呆《ぼう》然《ぜん》としてしまったそうだ。クリーニング代のほうが買値《かいね》よりも高いから、まだ着られる服を捨ててしまうような、②現代の消費型ファッション。しかしこんな異常な時代が長く続くはずはない。近い将来、根本的に見直さなければならない時が来るだろう。

私は時々、古い布を扱う骨董屋《こっとう》さんに遊びにいく。あまった＊絣《かすり》糸から手織りされた＊残糸織《ざんしおり》の布や、継ぎ接《は》ぎのボロを手にとる。かつて人々が貴重な布をどれだけ大切に使ってきたか、じっと見ていると強く胸に迫ってくるものがある。彼らは自分たちで麻を育て、蚕を飼って糸を紡《つむ》いだ。そして自分で織って、縫製したのである。穴が開いてボロボロになっても、布を裂いてよこ糸にして織ったり、雑巾にしたりして、最後まで無駄にすることがなかった。

こんなふうに最後まで大切に使い切る人を昔は「始末がいい」といった。このほめ言葉は、今はほとんど死語になっている。「始末」とは、文字通り「始まり」と「終わり」のことである。それは物の始まりと終わりに、自分が生活の中で責任をもつことだ。

（堀畑裕之《ほりはたひろゆき》「言葉の服　おしゃれと気づきの哲学」より）

＊如実…現実のとおりであること。

＊ファストファッション…流行を取り入れた低価格の衣料品を大量生産し、短いサイクルで販売するブランドやその業態のこと。

＊絣糸…所々かすったような文様を織るために、まだらに染めた糸。

＊残糸織…織物を織る工程から出た残り糸を使って織った織物。

正答率38%

問一　文章中から次の一文を抜いてあります。Ａ～Ｄのうち、どこに入れるのが最も適切ですか。記号で答えなさい。

温暖化による気候変動や石油枯渇がそれに拍車をかける。

（　　）

正答率54%

問二　――線①「日本の立ち位置の危うさ」とありますが、これはどういうことですか。その内容として最も適切なものを、次の**ア**～**エ**から一つ選び、記号で答えなさい。

ア　日本は食料と衣服とを直接的な関係のないものとして扱っているが、実は密接に関係しているものであり、それらを別のものとして考えることはとても危険だということ。

イ　日本は、食料の多くを外国に頼っている上に、衣服やその原材料のほとんどを外国に依存しており、輸入できなくなれば生活が成り立たなくなる危険な立場にあるということ。

ウ　日本は、食料自給率を上げないばかりか、衣服の原材料は自給することもあきらめているのに、これ以上の災害が起きてしまうと、物資を輸入できない状況に陥るということ。

エ　日本は、食料以上に衣服のほぼすべてを外国に依存しているが、その状況を理解せずに大量生産と大量消費を続けていくと、世界の中で孤立する危険性があるということ。

（　　）

正答率9%

問三　――線②「現代の消費型ファッション」とありますが、筆者は、現代のファッションについて、これとは対照的なあり方と対比させて、どういうことを述べていますか。その内容を、「かつて」「現代」の二つの言葉を必ず使い、五十字以上七十字以内で書きなさい。

50

言語・文化

↓別冊解答 p.30

学習日　　月　　日

入試攻略のカギ

「言語・文化」について書かれた論説文では、日本の言語・文化の特徴を述べたものや、外国の文化と日本の文化を比較したものがよく出題されます。具体例や体験を通して筆者が言おうとしていることや、対比の関係に着目し、筆者が日本の言語・文化の特徴をどのようにとらえているかを読み取りましょう。

●次の文章を読んで、あとの各問いに答えなさい。〈青森県〉

通常の文章はたいてい不特定多数の読み手を想定して書く。だから、もちろん、*どんぐり眼で*おちょぼ口をした丸顔のぽちゃぽちゃっとした女の子などと、個別の読み手をイメージするわけにはいかない。とはいえ、読書層はのっぺりとした得体の知れないかたまりとは違う。子供か大人か、男性か女性か、学生か社会人か教員か職人か主婦か、その問題にどの程度の関心や知識のある人びとなのか、可能な範囲で読者対象をしぼりこみたい。どういう人が読むかによって、適切な表現はそれぞれ違ってくる。どのような人間が読むかという点を一切抜きにして、絶対すぐれた文章などというものはありえないからである。

読み手の立場に寄り添って書くようにと説くのは、おそらく*文章作法書というものの常道だろう。そういう当然のことができるのは、書き始める前に読者層のイメージが頭のなかにおおよそ方向づけられているからだ。むろん、世の中には、物知りもいれば、物知らずもいる。関心のありかも人それぞれみな違う。ぴたりと照準を合わせるのは至難の業だ。それでも、書くのは自分で、読むのは他人、その他人は自分とはまるで違う人間であるという当然きわまる事実を、きちんと認識して書く、その第一歩が肝腎なのである。

子供の生まれた家に市長名で「御出産おめでとうございます」という祝いの手紙が来て、よく見ると宛名が赤ん坊になっていた、そんな笑い話みたいな実話があるらしい。「出産」したのは母親であって、子供は夢中で「誕生」したにすぎない。発信人としては、赤ん坊はまだ字を知らないから実際に読むのは母親だと気をまわしすぎて、全体としてつじつまの合わない通信文になったのかもしれない。もし一度でも、宛名の相手の身になって読み返すことがあったら、こういう間違いはきっと避けられたはずなのだ。

この場合はまだ愛嬌《あいきょう》といって済まされそうな例だが、気づかずに相手を傷つけるケースもある。たとえば、東京の人間に「下阪《げはん》」と書かれたら、きっと大阪の人間はいい気持ちがしないことだろう。大阪へ下るなどと、相手を見くだす態度が気に食わないはずだ。

かつて千年以上も都だった京都、その地に生まれ育った人は、長年にわたって「京に上る」と言われてきただけに、東京へ行くという意味の「上京」という語に抵抗が強く、無意識のうちにその使用を避ける傾向がありそうだ。（中略）

以前、「*都下　*小金井市《こがねいし》」と宛てたはがきが舞い込んだことがある。作家の永井龍男《ながいたつお》から届いた一通だったかもしれない。ほのかに文学的かおりが漂うせいか、「都下」という懐《なつ》かしいことばから、*国木田独歩《くにきだどっぽ》や*徳冨《とくとみ》蘆花《ろか》などの時代の*武蔵野《むさしの》のおもかげが目に浮かび、一瞬のんびりとした雰囲気を味わったような記憶がある。だが、これをもし、東京の中心街から遠い土地に住んでいることを気にしている人間が読んだら、ちょっと複雑な気持ちかもしれないとも思った。同じそのことばから、都心に住む人が近郊を「いなか」と見くだすまなざしを感じとらないとも限らない。［A］次第で効果も逆効果もあるから微妙である。

広く読まれる文章では相手も不特定だから、どういう表現で誰が傷つくか、ますます油断がならない。要は他者への配慮であり、やさしさである。基本はそれに尽きるだろう。

（中村明《なかむらあきら》「日本語の作法」より）

*どんぐり眼…丸くて愛らしい目。
*おちょぼ口…小さくかわいらしい口。
*文章作法書…ここでは文章を書く方法を著した書物。
*都下…東京都のうちで、二十三区を除いた市町村。
*小金井市…東京都中部の地名。
*国木田独歩…作家。
*徳冨蘆花…作家。
*武蔵野…ここでは埼玉県川越市から東京都府中市までの間に広がる地域。

正答率94%

問一 ――線部「全体としてつじつまの合わない」とありますが、その理由を次のようにまとめました。［　］に入る最も適切な語句を本文中から十字でそのまま抜き出しなさい。

「御出産おめでとうございます」という祝いの手紙が来て、［　］いたのに、文章が母親に合わせて書かれていたから。

正答率74%

問二 ［A］に入る語として最も適切なものを、次のア～エから一つ選び、記号で答えなさい。

ア 土地
イ 目的
ウ 相手
エ 意味

（　）

正答率71%

問三 この文章について述べたものとして最も適切なものを、次のア～エから一つ選び、記号で答えなさい。

ア 文章作法書の手順に従って全体を構成し、文章の書き方が的確に伝わるように表現している。
イ 最初に疑問を述べ、次に疑問の答えを裏付ける具体例を示し、説得力を増すように表現している。
ウ 複数の具体例とともに、意見を繰り返して示し、筆者の主張が明確に伝わるように表現している。
エ 間違いを積極的に修正する必要性を具体例に必ず含め、主張に客観性をもたせて表現している。

（　）

24 小説文頻出テーマ① 友情

→別冊解答 p.31

学習日　　月　　日

入試攻略のカギ

「友情」をテーマにした小説文としては、小学生や中学生を主人公とし、同じ学校の生徒・友人との活動や交流を描いたものがよく出題されます。まず、それぞれの登場人物がどういう人物であるか、そこがどういう場面であるかをおさえましょう。そして、登場人物の行動や会話から、お互いにどのような心情を抱いているかを読み取りましょう。

●次の文章を読んで、あとの各問いに答えなさい。　〈佐賀県・改〉

〔南小学校から遠く離れたS市の小学校に転校した三上くんのところに、夏休みに遊びに来た小学五年生の少年（トシユキ）。だが、三上くんは新しい学校の友だちとソフトボールの試合をする約束をしてしまっていて、困った末に少年をその試合に誘うことにした。〕

知らない友だちに囲まれている三上くんは、とても楽しそうだった。

「こいつ、トシユキっていって、俺の前の学校の友だち」——少年を紹介すると、友だちは、同じ名前の子を思いだしたのだろう、みんなで顔を見合わせて笑った。この学校でのトシユキは、どうやらクラスで*みそっかす扱いされているようだ。

でも、トシユキがどんな子なのか、誰も教えてくれない。みんな少年を放っておいて、少年の知らない話ばかりして、笑ったり小突き合ったりしている。

「あ、それで……」

三上くんは少年を振り向き、気まずそうに言った。

「いま、俺ら九人いるから……トシ、ピンチヒッターでいい？　途中で、絶対に出番つくってやるから」

①泣きたくなった。来るんじゃなかった、と思った。

「……やっぱり、帰るから」

少年は言った。校門前のバス停から駅行きのバスが出ているのは、さっき確かめておいた。

「えぇーっ？　なんで？」と驚く三上くんに「バイバイ」と言って、最後にがんばって笑って、ダッシュで校門に向かった。

三上くんは追いかけてこなかった。

次のバスは五分後だった。ベンチに座って、ぼんやりと足元を見つめていると、グラウンドのほうから歓声が聞こえてきて、また目に涙がにじみそうになった。

予定よりもずっと早い列車で帰ることになる。まだ明るいうちに家に帰り着けるだろう。急いで出かければ、南小のグラウンドで遊んでいる友だちにも会えるかもしれない。早く帰りたい。みんなと遊びたい。も*う「三上、元気かなあ……」なんて言わない。これからは、ずっと。

そろそろだな、と膝に載せていたリュックサックを背負って立ち上がったら、「トシ！」と校門から三上くんが駆けてきた。

「悪い悪い、ごめんなあ……ほんと、ごめん、守備のときは抜けられないから」

一回表の五組の攻撃が終わると、全力疾走してきたのだという。少しでも時間がとれるよう、ふだんは三番の打順も九番に下げてもらった。

「トシのこと忘れてたわけじゃないんだけど、やっぱり、こっちもこっちでいろいろあるから」

「……わかってるから、いいって」

「バスが来るまで一緒にいるから」

「いいよ、そんなの悪いから」

「でも、せっかく来てくれたんだし」

三上くんはグローブを二つ持ってきていた。ボールもあった。「ちょっとだけでも、キャッチボールしよう」と笑って、自分が使っていたグローブを少年に差し出した。

少年が黙って受け取ると、三上くんは照れくさそうに笑った。少年も目を伏せて笑い返す。

小走りに距離をとった三上くんが、山なりのボールを放った。それを軽くキャッチしたときに、気づいた。

〈南小4年1組フォーエバー！〉

グローブの甲に、サインペンで書いてあった。転校したての頃に書いたのだろう、黒い文字は薄れかかっていた。

へへっ、と少年は笑う。うれしいのか悲しいのかよくわからなかったが、自然と笑みが浮かんだ。

「なに？」とけげんそうに訊《き》く三上くんにはなにも答えず、ボールを投げ返した。

三上くんが「バス、来たぞ」と言った。振り向くと、道路の先のほうにバスの車体が小さく見えた。

「ラスト一球」――さっきより少し強いボールを、少年は右手をグローブに添えて捕った。

②〈南小4年1組フォーエバー！〉の文字の上を右手の親指でなぞると、うっすらと積もっていた砂埃《すなぼこり》が拭い取られて、少しだけ、文字が鮮やかになった。

（重松清《しげまつきよし》「南小、フォーエバー」より）

＊みそっかす…仲間として対等に扱ってもらえない存在。

正答率82%

問一 ――線①「泣きたくなった」とありますが、この時の「少年」の心情として最も適切なものを、次の**ア〜エ**から一つ選び、記号で答えなさい。

ア 三上くんの友だちに笑われたことでつらく感じているのに、ピンチヒッターを自分に押しつけようとする三上くんのわがままな態度に怒りを感じている。

イ 三上くんの頼みで試合に来たのに、仲間と楽しそうな様子の三上くんに対して自分が孤立し、三上くんにもぞんざいに扱われ、みじめな思いになっている。

ウ 転校先の友だちにからかわれている自分を三上くんがかばってくれたことに感謝しつつも、無理矢理に試合に連れてこられたことを恨めしく思っている。

エ 三上くんが新しい友だちに自分を紹介する時に、自分をおとしめるような話ばかりして、仲間の輪から外そうとする意図を敏感に察し、嘆き悲しんでいる。

（　　）

思考力

問二 ――線②「〈南小4年1組フォーエバー！〉の……文字が鮮やかになった」とありますが、これはどのようなことを象徴していますか。その説明として次の文の□にあてはまる言葉を二十字以内で書きなさい。

● 少年の中で切れたと思った□ということ。

↓別冊解答 p.32

学習日　　月　　日

入試攻略のカギ

「家族」をテーマにした小説文としては、学生である主人公と家族とのふれあい・対立が描かれているものがよく出題されます。特に、主人公とその親がお互いに対してどのような心情を抱いているかに着目して、主題を読み取りましょう。

● 次の文章を読んで、あとの各問いに答えなさい。 〈茨城県・改〉

〔部活動の盛んな国分《こくぶ》学園に入学した主人公のジュンペー（＝ぼく）は、全国大会の常連であるバスケットボール部に入部した。二年生と試合をして勝てば、一年生は二年生との練習への参加が認められる。ジュンペーは、夏休みに一日中練習漬けの日々を送った。そして試合の朝になった。〕

「あんた、どうしたの」

「今日、試合なんだよ」

二年生との試合については、両親に説明済みだった。どんなに大きなものが賭けられているかという意味も含めてだ。あら、そうだったっけ、とオフクロが笑った。

「飯、食わせてくれよ」

「はいはい。あんた、顔洗ってきなさい」

ぼくは言われた通り洗面所に行った。鏡にぼくの顔が映った。

いける。いけるぞ。寝不足だけど、調子はいい。

①派手に水を跳ね散らかしながら顔を洗った。タオルで顔を拭いてから、もう一度鏡を見た。いつもの自分の顔じゃない。こんなに気持ちが乗った朝はない、と思った。

ぼくはリビングに戻った。オフクロがハムエッグとレタスのサラダを出してくれた。

「ご飯は自分でよそいなさい」

はいはい。ぼくはめちゃくちゃ大盛りにしたご飯の上に納豆をかけて食べ始めた。

「いただきますぐらい言いなさいよ」

オフクロが苦笑した。親父《おやじ》は何も言わなかった。

ぼくはもりもりとご飯を食べた。自分でも信じられない速さだった。

「お代わり」

はいはい、とオフクロが茶碗《ちゃわん》を受け取った。どうなんだ、ジュンペー、と親父が口を開いた。

「勝てそうなのか」

「運がよければね」

「二年生は強いのか」

「たぶん」

「何だ、たぶんって言うのは」親父が言った。「相手の実力も知らんのか」

「二年生がどこでどんな練習をしているのか、ぼくたちは知らないんだ」

「見たことないのか」

「ない。いや、ちょっとした練習なら見たことはあるよ。でも、本気モー*

ドの練習は見たことがない」

「大丈夫なのか」

「実力を出せればいけると思う」

まあ、頑張ってくれ、と親父が言った。親父はぼくが国分学園に入ってからというもの、だいたいにおいて上機嫌だった。

「はい、ご飯」

オフクロが茶碗を差し出した。ぼくはご飯の上にハムエッグを乗せて、そのまま食べ始めた。汚いわねえ、とオフクロが嫌な顔をした。

その後ぼくはひと言も喋《しゃべ》らず、テーブルの上にあったものを全部食べた。

よし、いけるぞ。ぼくは立ち上がった。どこ行くの、とオフクロが訊《き》いた。

「学校だよ」

「ジュンペー、まだ七時よ」

いいんだ。試合開始は十時の約束だったけど、いいんだ。ぼくのやる気はマックス*だった。とにかく行かねば。早く行かねば。

「行ってこい」

親父が言った。②ぼくはうなずいた。試合だ。今日は試合なのだ。


（五十嵐貴久《いがらしたかひさ》「ぼくたちのアリウープ」より）


*モード…気分。状態。

*マックス…最大。最大限。

表現力
問一 ——線①「派手に水を跳ね散らかしながら顔を洗った。タオルで顔を拭いてから、もう一度鏡を見た」には、ジュンペーのどういう様子が表されていますか。「二年生との試合」という言葉を使って、二十五字以上三十字以内で書きなさい。

問二 ——線②「ぼくはうなずいた」とありますが、この時のジュンペーの気持ちとして最も適切なものを、次の**ア～エ**から一つ選び、記号で答えなさい。

ア 他人事のような父の態度を見て試合に勝って見返してやろうと決心した。
イ 父からの励ましの言葉に対し、うなずくことしかできないほど焦《あせ》っていた。
ウ 見送ってくれる父の言葉に後押しされて、試合への意気込みを新たにした。
エ 父の優しい言葉によって、それまで勝負にこだわっていた気持ちが和んだ。

（　　）

判断力
問三 この文章の表現や心情の説明として最も適切なものを、次の**ア～エ**から一つ選び、記号で答えなさい。

ア 短い文を多く用いることで、試合を目の前に控えて混乱する主人公の気持ちを表現している。
イ 家族の会話を中心に描くことで、二年生に対して不満を持つ主人公の気持ちを表現している。
ウ 食事をする様子を具体的に描くことで、両親に強く反発する主人公の気持ちを表現している。
エ 繰り返しの表現を何度も用いることで、試合に向けて高まる主人公の気持ちを表現している。

（　　）

悩み・葛藤

→別冊解答 p.33

学習日　月　日

入試攻略のカギ

「悩み・葛藤」をテーマにした小説文としては、小学生や中学生がふだんの生活でかかえている悩みや、学校生活・部活動を通じての友人との葛藤を描いたものがよく出題されます。登場人物の置かれている状況をおさえて、その心情を読み取りましょう。

●次の文章を読んで、あとの各問いに答えなさい。〈群馬県・改〉

「プロを目ざすのは、もうやめにしなさい。」

祐也《ゆうや》より頭ひとつ大きな父が言った。

「二週間後の研修会を最後にして、少し将棋を休むといい。いまのままだと、きみは取り返しのつかないことになる。わかったね？」

「はい。」

そう答えた祐也の目から涙が流れた。足が止まり、あふれた涙が頬をつたって、地面にぼとぼと落ちていく。胸がわななき、祐也はしゃくりあげた。こんなふうに泣くのは、保育園の年少組以来だ。身も世もなく泣きじゃくるうちに、ずっと頭をおおっていたモヤが晴れていくのがわかった。

「将棋をやめろと言っているんじゃない。将棋は、一生をかけて、指していけばいい。しかし、おととしの十月に研修会に入ってから、きみはあきらかにおかしかった。おとうさんも、おかあさんも、気づいてはいたんだが、将棋については素人《しろうと》同然だから、どうやってとめていいか、わからなかった。二年と二ヵ月、よくがんばった。今日まで、ひとりで苦しませて、申しわけなかった。」

①父が頭をさげた。

「そんなことはない。」

祐也は首を横にふった。

「たぶん、きみは、*秀也《しゅうや》が国立大学の医学部に現役合格したことで、相当なプレッシャーを感じていたんだろう。」

父はそれから、ひとの成長のペースは千差万別なのだから、あわてる必要はないという意味の話をした。

千駄ヶ谷《せんだがや》駅で総武線に乗ってからも、父は、世間の誰もが感心したり、褒めそやしたりする能力だけが人間の可能性ではないのだということをわかりやすく話してくれた。

「すぐには気持ちを切り換えられないだろうが、まだ中学一年生の十二月なんだから、いくらでも挽回《ばんかい》はきく。高校は、偏差値よりも、将棋部があるかどうかで選ぶといい。そして、自分なりの将棋の楽しみかたを見つけるんだ。」

ありがたい話だと思ったが、祐也はしだいに眠たくなってきた。錦糸《きんし》町《ちょう》駅で乗り換えた東京メトロ半蔵門線のシートにすわるなり、祐也は眠りに落ちた。

午後六時すぎに家に着くと、玄関で母がむかえてくれた。

「祐ちゃん、お帰りなさい。お風呂《ふろ》が沸いているから、そのまま入ったら。」

いつもどおり、張り切った声で話す母に、②祐也は顔がほころんだ。

浴槽につかっているあいだも、夕飯のあいだも、祐也は何度も眠りかけた。二年と二ヵ月、研修会で戦ってきた緊張がとけて、ただただ眠たかった。

悲しみにおそわれたのは、ベッドに入ってからだ。

「もう、棋士にはなれないんだ。」

祐也の目から涙があふれた。a布団《ふとん》をかぶって泣いているうちに眠ってしまい、ふと目をさますと夜中の一時すぎだった。父と母も眠っているらしく、家のなかは物音ひとつしなかった。

常夜灯がついた部屋で、ベッドのうえに正座をすると、祐也は将棋をおぼえてからの日々を思い返した。米村《よねむら》君はどうしているだろう。中学受験をして都内の私立に進んでしまったが、いまでも将棋を指しているだろうか。いつか野崎君と、どんな気持ちで研修会に通っていたのかを話してみたい。

祐也は、頭のなかで今日の四局を並べ直した。どれもひどい将棋だと思っていたが、一局目と二局目はミスをしたところで正しく指していれば、優勢に持ち込めたことがわかった。

「おれは将棋が好きだ。プロにはなれなかったけど、それでも将棋が好きだ。」

うそ偽りのない思いにからだをふるわせながら、b祐也はベッドに横になり、深い眠りに落ちていった。

（佐川光晴《さがわみつはる》「駒音高く」より）

＊秀也…祐也の兄。

判断力

問一 ——線①「父が頭をさげた」とありますが、「祐也」に対して「父」が頭をさげたのはどうしてですか。最も適切なものを、次の**ア〜エ**から一つ選び、記号で答えなさい。

ア 祐也が将棋を続けるという道を閉ざすことになったため。
イ 祐也の状況を見ていながら何もしてあげられなかったため。
ウ 祐也の気持ちを考慮せずに勉強を強要することになったため。
エ 祐也の夢の実現よりも兄の秀也のことを第一に考えていたため。

（　）

問二 ——線②「祐也は顔がほころんだ」とありますが、このときの「祐也」の気持ちとして、最も適切なものを、次の**ア〜エ**から一つ選び、記号で答えなさい。

ア 明るく振る舞う母の様子を見て心が和らぐ気持ち。
イ 無理をして自分を励まそうとする母に同情する気持ち。
ウ 自分の心情を察してくれない母に対してあきれる気持ち。
エ 自分を子供扱いする母の態度に照れくささを感じる気持ち。

（　）

思考力

問三 ……線a「布団をかぶって泣いているうちに眠ってしまい、ふと目をさますと夜中の一時すぎだった」、……線b「祐也はベッドに横になり、深い眠りに落ちていった」とありますが、bで眠りに落ちていったときの「祐也」の心情はどのようなものであったと考えられますか。次の文の A ・ B に入る言葉を書きなさい。

● aで眠ってしまったときには、 A が、bで眠りに落ちていったときには、 B 、前向きな気持ちになっていた。

A（　）

B（　）

27 随筆文頻出テーマ① 社会・人生

→別冊解答 p.34

学習日　月　日

入試攻略のカギ

「社会・人生」をテーマにした随筆文としては、筆者が今の社会の中で問題だと思うことや、自らの人生を振り返って思い出されることをつづったものがよく出題されます。比喩や筆者特有の表現に着目して、筆者の思いを読み取りましょう。

●次の文章を読んで、あとの各問いに答えなさい。　〈愛知県・改〉

〔筆者は、会社に勤めていた十五年間の思い出として、工場で軽四輪乗用車を試作したときの光景が最も忘れがたいという。〕

1　ある日、ついにその台車が完成した。試作のために派手な催しはできないが、それでもひっそりとした始走式が行われる運びとなった。工場の幹部と関連職場の者が見守る中で、ピット*の上にのせられていた台車にエンジンがかけられ、車は白い煙を吐きはじめる。ピットの両側につけられた鉄の台の上を車はゆるゆると動き出し、やがて傾斜を滑り降りるとそのまま曇り空の工場の外へよたよたと進み出た。走った、走った、と声をあげ、その場にいた作業服の人々が一斉に車の後を追って駆け出した。リヤカーとも大型の乳母車ともつかぬ、義理にも格好が良いなどとはいえぬ台車であったのだが、エンジンの甲高い音を放って懸命に塗装工場の前を走って行くそれを見ると、なんともいえぬ気持ちに襲われた。と同時に、車を追って思わずどっと駆け出した人々の動きが、まるで自分の血のように身体の中に脈打っているのを感じてもいた。それまでに経験したことのない、なにか大きな分厚いものに背後から押し包まれるのに似た感動をぼくは味わっていた。

2　流れの生産にはいる前の実験用の台車であり、新しい技術的な試みを積んだうまく走るか走らぬかわからぬような一台だけのあの車は、試作に携わったすべての人々にとっての自分の作品であったのかもしれない。そして振り返ってみると、ぼくが感動をさそわれたのは、あのぶざまでかれんな車の走る姿であるというより、むしろそれを追って一斉に駆け出した人々の大きな動きの方ではなかったか、と思われるのである。あるいは、車を追って駆け出す人々と、ぼくが①その動きを共有することができたための感動であったのかもしれない。

3　後になってから始走式の思い出話を職場でしていると、戦争中造船所で働いていたという中年のエンジニアが、船の進水式*というのはなぜかむしょうに涙が出て仕方がないものだ、と照れたように笑いながら話してくれた。彼にしても、もしたった一人で進水式をやったのだとしたらそれほど涙は流れなかったのではあるまいか。船という巨大なものを製造するのに参加した多くの人々と肩を並べて、おもむろに動き出す船体を見つめるからこそ、涙はぼうだ*と下ったのではなかったか。そこには一つの仕事に結ばれた人々の共感が重く渦巻いていたのに違いない。

4　多数の人々が集ってなにか一つのことを成し遂げた時、そこに感動の生まれるのはよくあることだ。優勝したスポーツチームの選手が泣くのは珍しくないし、力を合わせて準備した催し物が成功した時に胸が熱くなったりする経験は誰にも多少はあるだろう。けれど、労働の場における始走式や進水式の感動には、なにか②それ以上の重みがあるように思えてならない。進水式には参加した体験がないのでそちらの方はわからないが、少なくとも試作車の始走式などでは、よく映画やテレビドラマにでも出てきそうな場面、喜びの涙にくれて肩を抱き合ったり、固い握手を交わしたりする光景は見られない。ぼくの知る始走式では、人々はただ、走った、走った、と声をあげて試作台車を追っただけであり、あとは構内を遠ざかって行くその車の後ろ姿を腕を組んでじっと見つめているにとどまった。人々の示したのは一種寡黙な感動であった。それだけに重みが感じられた。口に出し、身体に現さずとも、心の内にあるものは自然にわかり合っているのだ、という暗黙の了解がお互いの間を満たしているかのようだった。

5 この重みは、感動の中心にあるのが労働であったからに違いない。特別の決意や際立った忍耐を必要とはしない、日常作業の眼《め》には見えぬ無限の積み上げが到達した成果には、日々の生活自身の重みがゆったりと詰め込まれていたのだろう。だから、始走式の場にいた人々は、天にも昇るような気持ちは抱かなかったかわりに、③しみじみと自らの仕事をかみしめていたに違いないのである。

（黒井《くろい》千次《せんじ》「働くということ」より）

*ピット…自動車の整備や修理をするところ。
*進水式…新しく造った船を水上に浮かばせるときに行う儀式。
*ぼうだと…とめどなく流れ出るさま。

思考力
問一 ——線①「その動きを共有することができた」とありますが、筆者がこの時に抱いた感覚を、たとえを用いて表した一文を本文中から探し、その初めの四字を抜き出しなさい。

□□□□

判断力
問二 ——線②「それ以上の重みがある」と筆者が思った理由として最も適切なものを、次の**ア**〜**エ**から一つ選び、記号で答えなさい。

ア 人々の心には、始走式を迎えてやっと単調な日常作業から解放されたという喜びのほかに、一つの仕事を成し遂げたという共感が渦巻いていたように感じられたから。

イ 人々の心には、みんなで力を合わせて完成させたという感動だけでなく、始走式は日々の労働の積み重ねによる成果だという共通の思いがあるように感じられたから。

ウ 喜びの涙を流して肩を抱き合ったり固い握手を交わしたりしなくても、人々には労働のつらさに耐えながら日々生活を送っているという連帯感があるように感じられたから。

エ みんなでなにか一つのことを成し遂げたという感動はあっても、人々にはそれを口に出したり身体に現したりしてはいけないという暗黙の了解があるように感じられたから。

（　　）

思考力
問三 ——線③「しみじみと自らの仕事をかみしめていた」とありますが、このときの人々の心情を説明した次の文の□に入る言葉を、1段落から2段落までの本文中から五字で抜き出しなさい。

・試作にかかわったすべての人たちは、それぞれが完成した一台の台車を□としてとらえ、静かな喜びと達成感を覚えている。

□□□□□

日常の出来事

→別冊解答 p.35

学習日　月　日

入試攻略のカギ

入試では、筆者が体験した「日常の出来事」を取り上げた随筆文が、よく出題されます。身の回りのささいな出来事から筆者が何を感じ取ったのかを、筆者特有のものの見方に注意して読み取りましょう。

●次の文章を読んで、あとの各問いに答えなさい。〈大阪府・改〉

動物園にも秋はふけてきた。修学旅行の一隊が頭から色とりどりのビニール風呂敷《ふろしき》をかぶって、動物舎を廻《まわ》っていた。運動靴はびしゃびしゃに濡《ぬ》れて、寒そうな手をしているけれど、子どもたちの動物を見る眼《め》は好奇心と楽しさで光っている。先生に促されても立ち去りたくなくて、まるで見とれている。けれどもどの子もそうではない。あまり関心を示していない子もいる。

雨の日だから猛獣は運動場に出ず、寝部屋にいるのだが、子どもたちは押しあい押しあい、並んだ猛獣の檻《おり》をあちこち見て歩く。「ヒョーっていうのは、わりとちっちぇなあ。もっとでっかいといいのに！　これじゃつまんないや」「でっかいのなら象がいたじゃないか」「象が猛獣か？　象は違うぞ、あれは猛獣じゃない。いくらでかくても象は猛獣じゃない。ねえ、そうだねえ」

①その子はいい負かされてしまったが、象を猛獣に入れるのは不服なのだ。その気持ちもわかるような気がする。猛獣とそうでない動物との区別はしにくいのである。この子はきっとその日以後、象を猛獣とおぼえはするだろうけれど、心の中すっかりに象を猛獣と納得するのではあるまい。彼はヒョーを猛獣だと承知していたのだし、実際に眼で見たところでも猛獣であることを納得したようなのだ。ただ、彼の思っていたより豹《ひょう》が小さい軀《からだ》だったことは、いささか残念なのだろう。象は見ないうちから大きいと思っており、その通り満足の行く大きさだった。だが、象に猛獣という観念を持っていなかったのだし、眼で見たところも猛獣という気が起きなかったのである。それは友達にいい負かされたことぐらいで、すぐに納得できない性質のものであると、私は思う。彼の心の中の象も眼に見た象も、彼には何らの猛獣のしるしを与えないのである。もっと大きくなれば知識でわかることもできるし、眼も象の猛獣である証拠をいろいろ見いだすだろうが、いまいい負かされつつも、青いビニールの風呂敷の下で不服きわまる顔つきをしているのを見ると、②私は同情するのだった。動物の見かたや区わけのしかたは、人それぞれの納得であって、規則からはみ出した思いかたをする子があってもしかたがない。豹がわりに小柄な動物だったにしても、あれは猛獣だと納得できるのだし、象は大きくても猛獣のなかへ数え入れるのは、彼には［　　］なのだ。猛獣だと友達のみんながいいまくるから、呑《の》みこんでしまったものの、つかえていて腑《ふ》に落ちないのである。こなれないのである。もし豹が象ほど大きかったら、彼はどんなふうに猛獣ということを受け取るかしら、と思った。区わけというのはむずかしい。納得からはじまらなくてはならないものなのである。彼もやがて子どもの父になって、その子を連れて象の前に立ったときどんな区わけで話すだろう。

（幸《こう》田《だ》文《あや》「動物のぞき」より）

表現力

問一 ――線①「その子」は、動物園で豹と象を見て、それぞれをどのように考えていますか。豹と象のそれぞれの体の大きさと関連づけて、「…と考えている。」に続くように、三十字以内で書きなさい。

と考えている。

思考力

問二 ――線②「私は同情するのだった」とありますが、筆者は「その子」（＝彼）について、どのようなことに同情しましたか。本文中の言葉を使って三十字程度で書きなさい。

30

問三 本文中の□に入れるのに最も適切な漢字二字の熟語を、本文中から抜き出しなさい。

判断力

問四 本文には、修学旅行で動物園に来た子どもたちの様子が述べられています。その様子を見て、筆者はどのようなことを感じましたか。最も適切なものを、次の**ア**～**エ**から一つ選び、記号で答えなさい。

ア あまり好奇心が強くない子は、自分が思っていた通り満足の行く大きさである動物を見てもつまらない動物だと思っており、周りにいる他の子の楽しい気持ちもさめてしまっているようだ。

イ ある動物に対して持っている観念は実際にその動物を見ても変わらないことが多く、そのうえ子どもたちはまだ区わけの規則を理解していないので、なおさら固定観念にとらわれている。

ウ 動物の見かたや区わけのしかたの根底には納得がなければならず、ひとりの子は少なくとも今は他の子と異なる思いかたをしているが、この子の思いかたもいずれは変わるかもしれない。

エ 猛獣とそうでない動物との区別はしにくいものであり、猛獣の檻の前で子どもたちが言い争いになるのは当然だが、猛獣が動き始めれば子どもたちはみな猛獣のしるしを見いだすだろう。

（　　）

古文

→別冊解答 p.36

学習日　　月　　日

入試攻略のカギ

古文では、エピソードを語ってそこから教訓を導くものや、エピソードの最後におもしろい落ちがあるものがよく出題されます。人物の言動に注意し、主題を読み取りましょう。

1　次の古文を読んで、あとの各問いに答えなさい。　〈長崎県・改〉

＊曽参《そうしん》ある時山中へ、薪《たきぎ》を取《とり》に行侍《ゆきはんべ》り〔行きました〕。母留主《るす》にゐたりけるに〔留守番をしていたところ〕、親しき友来《きた》れり〔(曽参の)親しい友人が〕。①これをもてなしたく思へども〔もてなしたいと思うけれども〕、曽参は内にあらず〔家にいなくて〕、②もとより家貧しければかなはず、曽参が帰れかしとて〔(母は)曽参が帰ってほしいと思って〕、自《みづか》ら指をかめり〔自ら指をかんだ〕。曽参山に薪を拾ひゐたるが、にはかに胸騒ぎしける程に〔胸騒ぎがしたので〕、急ぎ家に帰りたれば〔帰ったところ〕、母ありすがたをつぶさに語り侍り〔母はありのままをくわしく語りました〕。かくの如《ごと》く〔このように〕指をかみたるが〔かんだのが〕、遠きにこたへたるは、一段孝行にして〔とりわけ孝行であって〕、③親子の情深《なさけ》きしるしなり〔証拠である〕。そうじて曽参のことは〔一般に曽参のことは〕、人にかはりて〔ほかの人の孝行と違って〕心と心との上のことをいへり。奥深きことわりあるべし〔道理があるにちがいない〕。

（「御伽草子《おとぎぞうし》」より）

＊曽参…中国の春秋時代の人。孔子《こうし》の弟子として有名。

問一　══線部を現代仮名づかいに直し、すべてひらがなで書きなさい。

（　　　　　）

問二　──線①「これをもてなしたく思へども」の主語を古文中から抜き出しなさい。

（　　　　　）

問三　──線②「もとより家貧しければかなはず」の意味として最も適切なものを、次の**ア～エ**から一つ選び、記号で答えなさい。

ア　もちろん家は貧しいが、もてなすことは簡単だと思い
イ　もともと家が貧しいので、もてなすことができず
ウ　昔ほどは家が貧しくなく、もてなすこともできるので
エ　前よりも家は貧しくないが、もてなすことが面倒で

（　　　　）

表現力▼
問四　──線③「親子の情深きしるし」とは具体的にどういうことを指していますか。本文の内容に従って四十字以内で書きなさい。

2 **次の古文を読んで、あとの各問いに答えなさい。** 〈愛媛県・改〉

ある商人《あきうど》の家に、初春の朝ごと、昆布、かちぐり*など菓子を入れて据ゑ置く鉢あり。宵より妻の取り出《い》だして、家の者に、きれいにすすぎてあけよと①言ひて渡すに、何とかしけん、その者、取り落としてうち割りぬ。妻、肝をつぶしけるに、明けぬれば、「初春のいつもの茶の子*出づるや。」と思ひて、亭主待てども、出でず。②そのまま気色《けしき》をそこなひ、妻をしかるとき、家の者、割れたる鉢を持ち出で、ありのままに言ひてけり。③亭主思案に変はり、機嫌を直し、「めでたやめでたや。今年、我があきなひは八割上がらむよ。」といはひたり。

（『醒睡笑《せいすいしょう》』より）

*かちぐり…栗《くり》を干して臼《うす》でつき、殻・渋皮を取り除いたもの。「昆布」とともに縁起がよいものとされる。
*茶の子…茶菓子。

問一 ═線部を現代仮名づかいに直し、すべてひらがなで書きなさい。

（　　　　）

問二 ──線①「言ひて」とありますが、このとき妻が言った言葉を古文中からそのまま抜き出し、その最初と最後のそれぞれ三字を書きなさい。

[　　　]～[　　　]

表現力

問三 ──線②「そのまま気色をそこなひ」とありますが、このとき亭主の機嫌が悪くなったのはなぜですか。その理由を、「初春の朝」という言葉を使って、二十五字以上三十字以内の現代語で書きなさい。

[　　　　　　　　　　　　　　　　　　　　　　　　25　　　　　]

思考力

問四 次の会話は、この文章を読んだ陽子《ようこ》さんと健《たけし》さんが、──線③「亭主思案に変はり、機嫌を直し」について話し合った内容の一部です。会話の中の a・b・c・d に入る言葉を書きなさい。ただし、a は漢字一字で、c は漢字二字で、最も適切な言葉をそれぞれ古文中からそのまま抜き出して書くこと。また、b・d は、それぞれ現代語で一単語の動詞を書くこと。

陽子さん「どうして亭主は機嫌を直したのかな。」
健さん「亭主は、家の者の話を聞き、考えた後、機嫌を直しているね。」
陽子さん「そして、『めでたやめでたや。』と言っている。」
健さん「亭主は、家の者の話を聞いて、『a を b』という言葉の持つ音の響きから『c』という言葉を連想し、今年の自分の商売の利益が、昨年より c も d だろうと解釈して、機嫌を直したのではないだろうか。」

a [　]　b（　　）
c [　　]　d（　　）

30 古典② 漢文

→別冊解答 p.37

学習日　月　日

入試攻略のカギ

漢文では、君主や師が目下の者に教訓を述べるものが、漢詩では、故郷を遠く離れた作者が望郷の思いを詠《よ》んだものが、よく出題されます。場面設定をとらえて、主題を読み取りましょう。

1 次の漢文を読んで、あとの各問いに答えなさい。〈群馬県・改〉

宋《そう》人得テレ玉ヲ、献ズ二諸《これ》ヲ司《し》城《じやう》ノ子《し》罕《かん》ニ一。子罕不《ず》レ受ケ。献ズルレ玉ヲ者曰《いは》ク、以《もつ》テ示スニ玉人ニ、玉人以テ為《な》スレ宝ト、故ニ献ズトレ之《これ》ヲ。子罕曰ク、我ハ以テレ不《ざ》ルヲレ貪《むさぼ》ラ為スレ宝ト。爾《なんぢ》ハ以テレ玉ヲ為スレ宝ト。若《も》シ以テ与ヘナバレ我ニ、皆喪《うしな》フレ□ヲ也《なり》。不レ若《し》カ人有《たも》タンニハト二其《そ》ノ宝ヲ一。

（「蒙求《もうぎゅう》」より）

> 宋人玉を得て、諸を司城の子罕に献ず。子罕受けず。玉を献ずる者曰く、以て玉人に示すに、玉人以て宝と為す、故に之を献ずと。子罕曰く、我は□。爾は玉を以て宝と為す。若し以て我に与へなば、皆□を喪ふなり。若かず人其の宝を有たんにはと。

＊玉…宝石。　＊司城…役職の一つ。　＊子罕…宋国の人の名前。
＊玉人…宝石職人。　＊貪…欲深く物を欲しがる。　＊喪…失う。
＊不若～…～のほうがよい。

問一 ——線部「示スニ玉人ニ」に、書き下し文の読み方になるように返り点をつけなさい。

示スニ玉人ニ、

問二 □に入る書き下し文を書きなさい。

（　　　　　　　）

問三 □に当てはまる語を、漢文中から漢字一字で抜き出しなさい。

□

判断力

問四 本文の内容に合っているものを、次の**ア〜エ**から一つ選び、記号で答えなさい。

ア むやみに知識を自慢すると、すべてを失ってしまう可能性があるということ。

イ 国を治めようとする者は、公正な態度で人を裁かなければならないということ。

ウ ものを見極める能力のない人に貴重なものをあげても、まったく意味がないということ。

エ 人の価値観はそれぞれ違うので、自分にとって価値のあるものを大切にしたほうがよいということ。

（　　）

2 **次の漢詩は、唐の時代の役人であった張説《ちょうえつ》が、洛陽《らくよう》の町から蜀《しょく》へ出張して帰るときのことを詠んだものである。これを読んで、あとの各問いに答えなさい。**

〈茨城県・改〉

蜀　道ニテ　後ルレ　期ニ　　張説
客　心　争ヒ　日　月ト
來　往　預メ　期スレ　程ヲ
秋　風　不二　相　待タ一
先ヅ　至ル　洛　陽　城

- - - - - - - - - - - - - - - -

蜀道《しよくだう》にて期《き》に後《おく》る　　張説
(帰る予定に遅れてしまった)
客心《かくしん》　日月《じつげつ》と争《あらそ》ひ、
(月日の流れと速さを競うかのようにせきたてられるのは)
來往《らいわう》　預《あらかじ》め程《てい》を期《き》す。
(日程を決めておいたからなのだ)
秋風《しうふう》　相待《あひま》たず、
(私を待ってはくれずに)
先《ま》づ至《いた》る　洛陽城《らくやうじやう》。

＊蜀道…蜀（四川省《しせん》）へ通じる険しい道。　＊客心…旅人の心。
＊來往…往復。　＊洛陽城…洛陽の町。

問一　右の漢詩の形式を、次の**ア**～**エ**から一つ選び、記号で答えなさい。

ア　五言絶句
イ　七言絶句
ウ　五言律詩
エ　七言律詩

（　　）

問二　――線部「争ヒ　日　月ト」は、「日月と争ひ」と読みます。この部分に返り点を補ったものとして、最も適切なものを、次の**ア**～**エ**から一つ選び、記号で答えなさい。

ア　争　日レ　月
イ　争レ　日レ　月
ウ　争二　日　月一
エ　争レ　日二　月一

（　　）

判断力

問三　作者の張説は、今どこにいるのですか。最も適切な場所を、次の**ア**～**エ**から一つ選び、記号で答えなさい。

ア　蜀
イ　蜀から洛陽に帰る道の途中
ウ　洛陽
エ　洛陽から蜀に行く道の途中

（　　）

思考力

問四　上の漢詩の内容に合っているものを、次の**ア**～**エ**から一つ選び、記号で答えなさい。

ア　旅人は、激しい秋風のせいで、帰る予定に遅れてしまった。
イ　旅人は、秋風を待つことなく、洛陽の町に着いてしまった。
ウ　旅人は、洛陽の秋風が冷たそうなので、帰りたくなかった。
エ　旅人は、秋風が吹く前に、洛陽に戻ることができなかった。

（　　）

入試模擬テスト

時間45分　目標75点　↓別冊解答 p.38

学習日　　月　　日　　／100点

1

次の各文の——線部の漢字の読みをひらがなで書きなさい。（1点×5＝5点）

(1) 皆に是非を問う。
(2) 机を隔てて向かい合う。
(3) 国から県へ管轄を移す。
(4) 伝統的な舞踊を習う。
(5) 社会に警鐘を鳴らす。

(1)	(2)　　てて	(3)
(4)	(5)	

2

次の各文の——線部のカタカナを漢字で書きなさい。（1点×5＝5点）

(1) ケイトウだてて話す。
(2) 絹糸で布地をオる。
(3) ヒタイに汗して働く。
(4) 日ごろの努力がチームを優勝へとミチビいた。
(5) キショク満面の笑み。

(1)	(2)　　る	(3)
(4)　　いた	(5)	

3

次の文章を読んで、あとの各問いに答えなさい。（5点×8＝40点）

　山里での労働は多くが自然条件を利用したものである。畑でも椎茸《しいたけ》栽培でも、山村の条件を生かすことなしには成り立たない。［　　］そのことは山村以外のすべての労働にも多かれ少なかれ言うことができる。しかしたとえば都市の労働は、自然を克服することに大きな目的がおかれている。工場は自然の変化にかかわりなくつねに一定の温度と一定の湿度のもとで動かされなければならない。人々は夏でも冬でも同じように勤務しなければならない。

　僕はそんな人間の生活が好きではない。木や草だって春には芽を出し、冬にはじっと静かな生活に入るではないか。*山女《やまめ》や岩魚《いわな》は春になるとエサを食べてふとり、夏には夏ヤセをして、秋には再びまるまると太り、冬には氷の下で細くなって暮らしている。熊やりすも秋には木の実を食べて体中に脂肪がつき、冬にはその脂肪を減らしながらゆっくり春の来るのを待つ。

　①そこには季節に合わせた一年のリズムがある。しかし人間にだけはそのリズムがない。一年中同じように働き、同じように生活しなければならない。それが僕には気にくわないのである。

　それは自然の一員としてあるだけでなく、自然を克服することによってのみ生きることのできる人間にさずけられた宿命であるかにみえる。だがはたしてそうなのであろうか。

　もちろん人間にそのような宿命のあることを僕も否定することはで

きない。しかしそのような側面が強まってきたのは、やはり近代以降の歴史においてであることも、また事実であるように思えるのである。

　かつて我々はもっと一年のサイクルを利用して生きてきたのではなかったのだろうか。春には春の仕事が、夏には夏の仕事が、そして冬にも秋にもそれに適した仕事と生活があった。②そのリズムを崩してきたのは、都市の労働と生活である。

　都市の生産活動は、一年の自然条件の変化に左右されずに生産がつづけられることを目的にしている。一年中変わらない生産活動――それに人々の生活も合わせられる。その結果人間の生活様式も一年中変わることはなくなる。たいていの都市の人々は、生活をつくるために労働をしているのだと考えているにちがいない。労働は生活の手段だ。しかしこの生産（労働）と生活の関係は、実際には根本的なところで逆になっているのではないかと思える。都市型生産のシステムを維持することに生活のリズムを合わせているのである。

　もちろん山村の生活と労働の関係も、生活のリズムに合わせた労働であるといいきれるわけではない。出荷にいそがしい時期には、それに生活も規定される。しかし山里での生活と労働には四季があり、そしてそのいそがしい時期をどのようにいそがしくするかどうかは村人個人の判断である。なめこの出荷価格が上がったとしても、別にいそいでなめこを出荷しなくてもかまわない。村人は今日はこのくらいの労働をしようというように、自分の労働量を自分で決めることができる。③いそがしさ自身が、自分の能動的判断にもとづいて実現する。外から強制されてはいない。自分の労働時間と労働密度を自分でコントロールする。非労働時間＝生活時間をどれぐらいにするかも自分で決定する。人々は自分の生活のあり方をも、自分で決めているといえるのである。

　そのうえ労働は直接自分の生活の創造にはねかえってくる。畑仕事に精を出すことは、そのまま自分の生活で消費するものをつくっていくこと、すなわち生活そのものである。*浜平《はまだいら》の宿でつくっている茸《きのこ》は、ほとんどが自家消費分である。ということは茸をつくる労働自身が生活なのである。

　労働と生活の間に都市のような明瞭な区別がない。労働の密度が濃くなることは、一面では生活の密度が濃くなることと同義語である。

　そして労働の密度も、自然条件との関係のなかで、自然条件を利用しながら決定される。④一年の生活と労働の四季がそこにあらわれる。

　都市の労働と生活は、自然条件を克服しながら発展してきた。それは他面で自然条件の利用を忘れることにつながった。自然条件の利用はいまでは都市の外で、素朴なかたちで継承されることになった。

（内山節《うちやまたかし》「山里の釣りから」より）

＊山女や岩魚…清流にすむ川魚。
＊浜平…群馬県にある、筆者が長期滞在した土地。

問一　本文中の□に入る言葉として、最も適切なものを、次のア～エから一つ選び、記号で答えなさい。

ア　むしろ
イ　つまり
ウ　なおさら
エ　もちろん

□

問二　――線①「そこには季節に合わせた一年のリズムがある。しかし人間にだけはそのリズムがない」とありますが、このことについて、次の各問いに答えなさい。

(1) 「季節に合わせた一年のリズムがある」を説明したものとして、最も適切なものを、次の**ア**～**エ**から一つ選び、記号で答えなさい。

ア 季節の変化から様々な知恵を得るということ。
イ 季節の変化に応じて生活が変わるということ。
ウ 自然界の厳しさに耐えて生活するということ。
エ 自然環境を破壊せずに生きていくということ。

(2) 次の文は、「人間にだけはそのリズムがない」と言える理由について考えたものです。□に入る言葉を、本文中から九字で抜き出しなさい。

> 人間には、他の動植物とは異なり、□によって生きるという側面があるから。

問三 ――線②「そのリズムを崩してきたのは、都市の労働と生活である」とありますが、次の文章は、「都市の労働と生活」について説明したものです。あとの各問いに答えなさい。

> 都市の生産活動は、自然条件の変化に影響されずに、一定の生産が続けられることを目的にしている。そのため、都市の労働と生活の関係は、[A]ものになり、結果的に、人々の[B]は一年中変化しないものになった。

(1) [A]に入る表現として、最も適切なものを、次の**ア**～**エ**から一つ選び、記号で答えなさい。

ア お互いにバランスを取り合って双方が支え合う
イ 日常の生活をつくる手段として労働を継続する
ウ お互いに影響し合うことなく独立して成り立つ
エ 生産活動を成り立たせることに生活を合わせる

(2) [B]に入る言葉を、本文中から漢字四字で抜き出しなさい。

問四 ――線③「いそがしさ自身が、自分の能動的判断にもとづいて実現する」とありますが、これはどういうことを言い表したものですか。本文の内容をふまえて、二十五字以内で書きなさい。

問五 ――線④「一年の生活と労働の四季がそこにあらわれる」とありますが、筆者がそのように考える理由を、五十字以内で書きなさい。

問六　本文の内容を説明したものとして、最も適切なものを、次の**ア**～**エ**から一つ選び、記号で答えなさい。

ア　近代の都市では、人間が自然を有効に活用するため、便利さを求める人々の間で、都市型の生活形態がますます広がると予想される。

イ　近代以降、都市では労働と生活の関係が変化しているが、山村では四季のサイクルを利用した昔からの暮らしぶりが残されている。

ウ　人々が都市の生活の快適さを求めたことによって、山村の過疎化が進んだが、現在は山村の生活のすばらしさが見直されようとしている。

エ　山村での労働は、自然環境を破壊しない理想的なものに見えるが、近代以降の都市型の労働形態が人間にとって最も適している。

4　次の古文を読んで、あとの各問いに答えなさい。

（5点×6＝30点）

一休和尚《をしやう》、奈良のたきぎといふ処《ところ》に、①をりをりはおはしましける《時々住んでいらっしゃった》。その辺の村々は、近衛《このゑ》殿の御領地にてありけるが、*左近尉《さこのぞう》といふ家老、百姓をひたものせぶり取りけるに《農民から強引に年貢を取り立てたので》、百姓どもこれをなげきて、②いかがせんとひしめきあへり。その中の老人申しけるは、いかに百姓のあたりつし《農民への接し方が》とても、武家とははるかちがふべし。御公家《おくげ》なれば《貴族であるので》、訴へ申してみんとて、訴状をたくみける《工夫している》所へ、百姓ども一休を請《しやう》じ《招いて》、この訴状お書きくだされよと頼みければ、長々しき状までもいるべからず。これをもちて近衛殿へささげよとて歌よみてやらせたまふ。

世の中は月にむら雲*花*に風近衛殿には左近なりけり

近衛殿御覧じて、興じたまひて《おもしろがられて》、多くの免を下されける《年貢を軽くなさった》となり。

（「一休ばなし」より）

*左近尉…近衛殿の領地の管理をした武士。
*むら雲…群がっている雲。
*花…ここではを桜を指す。

問一　――線①「をりをりは」を現代仮名づかいに直して書きなさい。

問二 ――線②「いかがせんとひしめきあへり」の意味として最も適切なものを、次の**ア〜エ**から一つ選び、記号で答えなさい。

ア どういうことかとみんな首をかしげた。
イ どうにもできないとみんなあきらめた。
ウ どうしようもないとみんなで逃げ出した。
エ どうしたらよいかとみんなで騒いでいた。

問三 和歌以外に一休和尚が言った言葉はどこからどこまでですか。その最初と最後の四字をそれぞれ抜き出しなさい。

〜

問四 次は、本文について話し合っている先生と生徒との会話です。［Ⅰ］〜［Ⅲ］に適切な言葉を補って会話を完成させなさい。ただし、［Ⅰ］は七字以内の現代語で、［Ⅱ］は本文中から三字以内の言葉を抜き出し、［Ⅲ］はふさわしい内容を考えて二十字以内の現代語で答えなさい。

先生「一休和尚は和歌で何を伝えたかったのでしょうか。」
生徒A「はい。左近尉の強引な年貢の取り立てをやめさせてほしいという農民たちの願いをかなえるために歌を詠《よ》んだと思いますが、歌の意味がよく分かりません。」
先生「月や花は、昔からすばらしい風景の代表として挙げられます。それをふまえて、上の句の意味を考えてみましょう。」
生徒B「はい。むら雲は月を隠し、風は［Ⅰ］ものですよね。」
生徒A「そうすると、［Ⅱ］をむら雲と風にたとえているのですか。」
生徒B「そうか。一休和尚は左近尉の振る舞いが、［Ⅲ］ということを伝えようとしたのだと思います。」
先生「よく気付きましたね。一休和尚は、比喩を巧みに用いた三十一文字でみごとに近衛殿の心を動かしたのですね。」

Ⅰ
Ⅱ
Ⅲ

5

Aさんの学級では、ことわざや慣用句、故事成語などについて調べ、話し合いを行いました。次のAさんとBさんの会話を読んで、［Ⅰ］に入る語句を、漢字二字で書きなさい。また、（Ⅱ）に入る内容として最も適切なものを、あとのア〜エから一つ選び、記号で答えなさい。（5点×2＝10点）

Aさん「ことわざや慣用句、故事成語などを調べると、同じ語句がいろいろな言葉の中で使われていることがわかりました。たとえば、『［Ⅰ］の道も一歩から』、『悪事［Ⅰ］を走る』、『［Ⅰ］眼』などには、同じ語句が使われています。」
Bさん「本当ですね。［Ⅰ］は、非常に（　Ⅱ　）を表す語句ですが、ことわざや慣用句、故事成語などの中で広く使われているのですね。」

ア　遠い距離
イ　狭い空間
ウ　遠い未来
エ　短い年月

Ⅰ　Ⅱ

6

次は、俳句について説明した文章です。これを読んで、あとの各問いに答えなさい。（5点×2＝10点）

> 遠山に日の当たりたる枯野《かれの》かな　　高浜《たかはま》　虚子《きょし》
>
> 俳句は、［①］の定型で、この俳句の「枯野」のように季節を表す［②］をよみこむことが基本です。
> また、余韻や感動を表現する方法として、この俳句の「［③］」のように切れ字を用いることがあります。

問一　［①］・［②］に入る語句の組み合わせとして最も適切なものを、次の**ア〜カ**から一つ選び、記号で答えなさい。

ア　①　五・七・五　②　掛詞《かけことば》
イ　①　五・七・五・七・七　②　掛詞
ウ　①　五・七・五　②　対句
エ　①　五・七・五・七・七　②　対句
オ　①　五・七・五　②　季語
カ　①　五・七・五・七・七　②　季語

問二　［③］に入る語句を、俳句から二字で抜き出しなさい。

時間45分 目標75点 ↓別冊解答 p.39

学習日 月 日

／100点

1

次の各文の――線部の漢字をひらがなで書きなさい。（1点×5＝5点）

(1) 雨の日は専らバスを使う。
(2) 厳かに卒業式が執り行われる。
(3) 平穏な毎日を過ごす。
(4) 主人公の悲哀がただよう。
(5) 心身の鍛練を怠らない。

(1)	(2)	(3)	(4)	(5)
ら	か			

2

次の各文の――線部のカタカナを漢字で書きなさい。（1点×5＝5点）

(1) 風にサカらって進む。
(2) 今後の身のキョシュウに迷う。
(3) 二列ジュウタイで歩く。
(4) エンソウ会に出かける。
(5) 世界記録をヤブる。

(1)	(2)	(3)	(4)	(5)
らって				る

3

次の文章を読んで、あとの各問いに答えなさい。（問一～六 5点×6、問七・八 10点×2 計50点）

〔高校二年生のあたし（理穂《りほ》）が小学六年生の頃のことを思い出している場面である。〕

小学六年生の時、風邪《かぜ》をこじらせて入院した美咲《みさき》を見舞ったことがある。本意ではなかった。師岡《もろおか》さんの入院が長引いているので、お見舞いに行きましょうと、学級会で決まったのだ。みんなの書いた手紙とみんなで折った千羽鶴と花束を持って、先生と学級委員の友迫《ともさこ》さんと一緒に、のこのこ病室に出向いた。あたしの肩書きは、友人代表。

「幼稚園の頃から、ずっと一緒なんだもの。理穂ちゃんと美咲ちゃんは、親友だよね」

というのが選出理由だった。今のあたしなら、一蹴する。親友なんて、しらじらしくも美しい言葉を美咲にだけは、使いたくない。でも、当時、あたしは十二歳で、十二歳のあたしは、親友を見舞う優しい子の役を蹴っ飛ばすことができなかったのだ。

妙に白っぽい病室の真っ白なベッドに美咲は、横たわっていた。黄色い点滴の液が、チューブを伝い血管の中に落ちていく。十二歳の美咲は、茶パツのショートではなく、黒い長い髪をしていた。髪の黒さと唇の紅《あか》さが、顔の青白さを引き立て、ベッドの少女は周りの白さの中に今にも消えてしまいそうなほど、儚《はかな》げだった。

腕には、注射の痕がいくつも、赤黒い不定形な文様を作っていた。

①「師岡さん、早く、元気になってね……」

みんな待っているからとお見舞いの言葉を続けられなくて、友迫さんが泣き出した。

「師岡さん、かわいそう」

嫌な予感がした。ひどく落ち着かない気分だった。

こんなになって、痛いでしょと、友迫さんはしゃくり上げ、先生も少し涙ぐみながら、その頭をなで、美咲のお母さんは、

「ありがとう。優しいのね。でも、もう少しの辛抱なの。二学期からは、学校に通えるから仲よくしてやってね」

と、エプロンで目頭をぬぐった。あたしは黙っていた。②美咲は、目を閉じて動かない。指先だけが、シーツを握りこんでいた。

涙やら、思いやりの言葉やら、お見舞いの品やら、お礼の挨拶やらが、清潔な白い病室の中を行き来し、それが一段落し、わたしたちは辞することになった。

「理穂ちゃん」

急ぎ足で病室を出ようとした時、美咲は目を開け、弱々しい声であたしの名前を呼んだ。ちゃんづけで呼んだ。嫌な予感は確信に変わり、あたしは、③覚悟を決めた。

「もう少し……います」

そう、師岡さんを疲れさせないようにね。理穂ちゃん、あとでおばさんが、おうちまで送って行くわ。師岡さん、さよなら。ほんとに、待っているからがんばってね。じゃ、そこまでお見送りします。いえ、もう、よろしいですよ。先生、出席日数のことで……。

頭の上や体の横を、言葉は漂い、消えていく。みんな出ていく。閉まる寸前のドアの向こうで、友迫さんが目を赤くして微笑《ほほえ》み、手をふった。

最悪な展開だ。あたしは悟り、もう一度覚悟を決め、美咲のベッドまで大股で近づいた。美咲が、起き上がる。

「理穂」

美咲は、あたしに構えるヒマを与えなかった。バシッと頬が鳴る。鋭い痛みが走る。よろめかないように、足を踏ん張るのが精一杯だった。

「よくも、こんな恥ずかしいこと、してくれたわね」

息を荒くして、美咲がにらむ。点滴のチューブが揺れた。

「理穂、あんた、最低!」

「わかってる」

「わかってない」

「わかってる!」

わかっている。これは屈辱だ。美咲にとって、安易な同情ほど屈辱的なものは、ない。

千羽鶴はいい。お見舞いの手紙も花束もいい。でも、④友迫さんの涙だけは、まずかった。自分が、かわいそうな少女にされてしまったことに、美咲は蒼白《そうはく》になって怒《いか》っている。怒りながら、耐えていた。

「何よ、なんで、あたしが泣かれなくちゃいけないのよ。あんなふうに……」

美咲の目から涙がこぼれた。嚙《か》みしめた唇から、うめきが漏れた。

悔しい、悔しい、ちくしょう。

他人に対し、かわいそうと泣くことに、人はもう少し慎重でなければならないのだろう。助力できるなら、救えるのなら、最後まで支え続ける覚悟があるのなら、泣けばいい。友迫さんの涙は、無責任だった。勝手に泣いて、かわいそうがって、自分の気持ちだけ浄化して、

微笑んでサヨナラなんて、無責任だ。無責任な覚悟のない優しさは、ただの憐《あわ》れみにすぎない。あたしが美咲から学んだことだった。

憐れまれて、たまるもんか。

シーツの上で、美咲の涙がシミになる。

⑤「わかってる」

あたしは、つぶやいた。あたしも美咲を侮辱した。優しい親友の役を拒否できなくて、のこのこついてきた。最低だ。わかっている。

スリッパの音がする。おばさんが帰ってきたのだ。あたしは、台の上の洗面器から、タオルをつかんだ。しっとり、濡《ぬ》れている。

「美咲、これ、きれい？」

「そうだけど、何を」

美咲をベッドに押し倒す。顔にタオルをかぶせ、拭く。骨の手ごたえしかない肩を押さえ、力をこめて拭く。拭けば、少しは涙の跡が隠せるだろう。美咲の泣き顔を誰にも見せたくなかった。たとえ、親にでもだ。

タオルを放り投げ、ドアを開けたおばさんの横をすり抜けて、あたしは、曇り空の下を家まで走った。⑥一度も、立ち止まらなかった。

（あさのあつこ「ガールズ・ブルー」より）

問一　――線部「一蹴する」の本文中での意味として最も適切なものを、次の**ア～エ**から一つ選び、記号で答えなさい。

ア　大声で叱りつけること。

イ　すぐにはねつけること。

ウ　ちらっとだけ見ること。

エ　残らず払いのけること。

問二　――線①「師岡さん、早く、元気になってね……」とありますが、美咲を見舞う友迫さんの姿は、先生や美咲の母親の目にどのように映っていますか。その説明として最も適切なものを、次の**ア～エ**から一つ選び、記号で答えなさい。

ア　病気のクラスメイトを心配するふりをするために涙を流す計算高い子ども。

イ　学級委員でありながら病気のクラスメイトを元気づけられない頼りない子ども。

ウ　病気のクラスメイトのことを心から心配している思いやりあふれる子ども。

エ　学級委員として病気のクラスメイトの前で気丈に振る舞う責任感の強い子ども。

問三　――線②「美咲は、目を閉じて動かない。指先だけが、シーツを握りこんでいた」とありますが、この時の美咲についての説明として最も適切なものを、次の**ア～エ**から一つ選び、記号で答えなさい。

ア　お見舞いに来ても優しい言葉一つ掛けないあたしに怒りを覚えているが、大人の手前それを我慢している。

イ　友迫さんの態度は自分への侮辱であるにもかかわらず、それに気付かない周囲の大人への怒りに震えている。

ウ　お見舞いに来てくれたことを申し訳なく思うとともに、弱々しい姿を見られるのを恥ずかしく思っている。

エ　無責任に憐れみをかけられることに対して悔しさを感じているが、それを表に出さずじっと耐えている。

問四　――線③「覚悟を決めた」とありますが、あたしはどのような覚悟を決めたのですか。簡潔に書きなさい。

（　　　　）

問五　――線④「友迫さんの涙だけは、まずかった」とありますが、あたしは「友迫さんの涙」をどのようなものととらえていますか。本文中の――線④より前から、五字で抜き出しなさい。

問六　――線⑤「わかってる」とありますが、あたしは何を「わかってる」というのですか。その説明として最も適切なものを、次の**ア～エ**から一つ選び、記号で答えなさい。

ア　お見舞いを受けて傷ついた美咲を無理になぐさめようとしたあたしは、友迫さんと違い気配りが足りなかったということ。

イ　「かわいそう」という言葉が友迫さんの自己満足だと思っていたあたしは、友迫さんの優しさに気付かなかったということ。

ウ　友迫さんの「かわいそう」という言葉に同調し涙を流したあたしは、美咲からの信頼を完全に失ってしまったということ。

エ　不本意ながらも友人代表として友迫さんと一緒にお見舞いに来たことで、あたしも美咲を深く傷つけてしまったということ。

問七　――線⑥「一度も、立ち止まらなかった」とありますが、この時のあたしについての説明として最も適切なものを、次の**ア～エ**から一つ選び、記号で答えなさい。

ア　自分で自分のことが嫌になり、できるだけ早くこの場から立ち去りたいと思っている。

イ　激怒した美咲のことが嫌になり、美咲との友達関係を絶ってしまいたいと思っている。

ウ　美咲との友情が終わったことを実感し、その苦しみを忘れてしまいたいと思っている。

エ　美咲の親から叱られるのではないかと不安になり、その場から逃れたいと思っている。

問八　本文の内容と表現についての説明として最も適切なものを、次の**ア～エ**から一つ選び、記号で答えなさい。

ア　死を覚悟したからこそ大人びた考えを手に入れた美咲と、彼女のことを必死に理解しようとする理穂との心の交流が、色を多用した表現によって印象深く描かれている。

イ　人前では簡単に涙を見せない勝ち気な美咲と、そのような彼女の性格を知り尽くしている理穂の心の動きが、会話を中心とした臨場感ある表現によって描かれている。

ウ　傷付きやすい性格の美咲と、彼女の悲しみを理解しながらも、美咲の成長を思いあえて厳しく接する理穂の心の動きが、比喩を多用することで繊細に描かれている。

エ　病気で神経質になってしまい何気ない一言にも感情をあらわにする美咲と、彼女を立ち直らせようとする理穂との心の交流が、複数の視点から多面的に描かれている。

□

4　次の【Ⅰ】～【Ⅲ】を読んで、あとの各問いに答えなさい。

（問一～三・五　5点×6、問四　10点、計40点）

【Ⅰ】

*由《いう》、女《なんぢ》に之《これ》を知るを*誨《をし》へんか。之を知るを之を知ると為《な》し、知らざるを知らずと為す。是《こ》れ知るなり。

由、誨二ヘン女ニ知レルヲ之ヲ乎《か》。①知ルヲ之ヲ為シ知ルト之ヲ、不レルヲ知ラ為レス不レト知ラ。是レ知ル也。

【Ⅱ】

吾《われ》日に三たび吾《わ》が身を省みる。人の為《ため》に*謀《はか》りて忠*ならざるか。②朋友《ほうゆう》と交《まじは》りて信ならざるか。③習はざるを伝へしか。

吾日ニ三タビ省二ミル吾ガ身一ヲ。為レニ人ノ謀リテ而不レル忠ナラ乎。与《と》二朋友一交リテ而不レル信ナラ乎。伝レヘシ不レルヲ習ハ乎。

【Ⅲ】

学びて思はざれば則《すなは》ち*罔《くら》し。④思ひて学ばざれば則ち*殆《あやふ》し。

学ビテ而不レレバ思ハ則チ罔シ。思ヒテ而不レレバ学バ則チ殆シ。

（「論語」より）

*由…孔子《こうし》の弟子。
*誨…教えること。
*謀…相談にのって考えること。
*忠…まごころを尽くすこと。
*罔…物事の道理がよく分からないこと。
*殆…危険であること。

問一　【Ⅰ】の書き下し文を参考にして、――線①「知ルヲ之ヲ為シ知ルト之ヲ、」に返り点を書き入れなさい。

知ルヲ之ヲ為シ知ルト之ヲ、

問二　【Ⅱ】の――線②「朋友と交りて信ならざるか」を次のように現代語訳するとき、〔　　〕に当てはまる内容を十字以内で書きなさい。

〔　　　　　〕とき、誠実さを失わなかったか。

問三　**【Ⅱ】**の――線③「習はざるを伝へしか」の「習」の意味として適切なものを、次の**ア～エ**から一つ選び、記号で答えなさい。

ア　慣習
イ　習熟
ウ　風習
エ　習性

問四　**【Ⅲ】**の――線④「思ひて学ばざれば則ち殆し」は現代にも生きる教訓です。具体的にどのようなことを述べたものですか。最も適切なものを、次の**ア～エ**から一つ選び、記号で答えなさい。

ア　自ら進んで疑問を解決しないと大成しない。
イ　世の中の動きに敏感でなくては取り残されてしまう。
ウ　新たに外から取り入れることがないと視野が狭くなる。
エ　自分で学んだことは実践しないと身につかない。

問五　**【Ⅰ】～【Ⅲ】**について次のようにまとめました。あとの各問いに答えなさい。

【Ⅰ】本当に知るとは〔a〕を明確に区別すること
【Ⅱ】様々な視点で自ら〔b〕すること
【Ⅲ】知識の獲得と思考の深化を〔c〕こと

(1)　〔a〕に適する内容を十五字以内で書きなさい。

(2)　〔b〕に適する語句を漢字二字で書きなさい。

(3)　〔c〕に適する語句を五字以内で書きなさい。

□ 執筆協力　足達研太　㈱アポロ企画
□ 編集協力　㈱アポロ企画　冨田有香
□ 本文デザイン　山口秀昭（Studio Flavor）
□ DTP　㈱明友社
□ 図版作成　㈲デザインスタジオエキス．㈱アポロ企画
□ イラスト　豆画屋亀吉

シグマベスト
今日からスタート高校入試
国語

編　者　文英堂編集部
発行者　益井英郎
印刷所　中村印刷株式会社
発行所　株式会社文英堂
〒601-8121　京都市南区上鳥羽大物町28
〒162-0832　東京都新宿区岩戸町17
(代表)03-3269-4231

●落丁・乱丁はおとりかえします。

ΣBEST
シグマベスト

今日からスタート高校入試

国語

解答・解説

★本体からとりはずして，お使いいただけます。

Step 1 要点をおさえる！

01 漢字の読みと書き

基本問題

1 ① かんさん ② きはく ③ おさ（める）
④ きわ（め） ⑤ つの（る）

2 ① 簡潔 ② 複写 ③ 専門 ④ 絶（やさ）
⑤ 積（もる）

3 ① ウ ② ア ③ イ

4 ① イ ② ア ③ ウ

5 ウ

トレーニングテスト

1 ① りんかく ② もう（ける） ③ しんこく
④ くや（しさ） ⑤ なが（める） ⑥ べんぎ

2 ア

3 ① 郵送 ② 散策 ③ 預（ける） ④ 操（る）
⑤ 率（いる） ⑥ 拝（む）

4 ① イ ② エ

5 ① イ ② エ ③ ア ④ イ ⑤ エ

6 ① 構成 ② 後世

7 ウ 8 ① 染 ② 宣 9 イ 10 エ

解説

1 ③「申告」は「申し出る」という意味。

⑥「便宜」は「特別のはからい」という意味。

2 「一息」は「ひといき」と読み、「訓読み＋訓読み」になる。

3 ②「散策」は「目的もなくぶらぶらすること・散歩」という意味。

④「操縦」などの熟語も一緒に覚えておく。

⑤「率」を「卒」と書かないように注意する。

⑥「拝」のつくりの横画の数に注意する。

4 ①「席につく」→「着席」という意味になる。

②「筆をとる」→「執筆」という意味になる。

合格プラス！
同訓異字は、その漢字を使って同じ意味を表す熟語を考えよう。

5 ①「態度を硬くする」と同じ意味になる。「化」は、状態が変わることを表す接尾語。

②「有志」は「一緒に何かをしようとする意志のある人」。

③「還元」は「元のところに返すこと」。

④「照会」は「わからないことを問い合わせて確かめること」。「身元を照会する」などと用いる。「紹介」と間違えないようにする。

⑤「成算」は「成功するに違いないという見込み」。「精算」は「運賃などの金額をくわしく計算すること」。「清算」は「お金の貸し借りなどを整理して決着をつけること」。

6 「構成」は「いくつかの要素を組み立てて、一つのまとまりのあるものを作ること」、「後世」は「のちの時代・世」。

7 「感性」は「物事を心に感じ取る働き・感受性」。

8 ①②ともに「セン」と読む漢字を入れ、①「染色」、②「宣誓」とする。

合格プラス！
同音異義語は、前後の文脈から適切な意味を考えて、それを表す漢字にしよう。

9 「壊」の部首は「つちへん」、読みは「カイ・こわ（れる）」、総画数は十六画。

10 ア「しゅくふく」、イ「じゅうでん」、ウ「しゅうちゅう」、エ「しゅうじつ」の配列を考える。初めから一文字ずつ見比べて、五十音順にする。

02 漢字の知識

基本問題

1 ① れっか［れんが］ ② エ
2 部首名 のぎへん 記号 イ
3 ア **4** 三（画目）
5 イ・ウ

トレーニングテスト

1 てへん 2 そうにょう 3 しめすへん 4 イ
5 ウ 6 ウ 7 ウ・オ 8 希 9 五（画目）
10 ウ 11 エ 12 部首名 ころもへん 記号 ウ
13 ア

解説

1 「扌」は「てへん」。
2 楷書《かいしょ》で書くと「越」。「走」は「そうにょう」。
3 ——線部の漢字は「祝」。「ネ」は「しめすへん」。行書では「ころもへん」（衤）も同じ形になるので注意する。右側のつくりから、「しめすへん」か「ころもへん」かを判断する。
- 「しめすへん」の漢字…「礼・社・祈・祉・祖・神」など。
- 「ころもへん」の漢字…「複・被・補・裕・裸」など。

注意しよう
「ネ」は「しめすへん」、「衤」は「ころもへん」。

4 書かれているのは「いとへん」。ア「積」は「のぎへん」（禾）、イ「級」は「いとへん」（糸）、ウ「誇」は「ごんべん」（言）、エ「減」は「さんずい」（氵）。
5 「続」は楷書で十三画。ア「階」は十二画、イ「極」は十二画、ウ「蒸」は十三画、エ「複」は十四画。
6 「家」は十画。ア「紅」は九画、イ「河」は八画、ウ「格」は十画、エ「祝」は九画になる。「祝」は「しめすへん」であることに注意する。
7 ア「速」は十画、イ「泣」は八画、ウ「級」は九画、エ「設」は十一画、オ「茶」は九画になる。イは「さんずい」、ウは「いとへん」、オは「くさかんむり」である。

合格プラス！
漢字が行書で与えられていても、楷書できちんと書いて画数を数えよう。

8 「希」の書き順は「ノ メ 乄 产 肴 希 希」となる。三画目と四画目では左払いが先になることに注意する。「右」と同じように、横画が長く、左払いが短い場合は、左払いを先に書く。
9 「祉」の書き順は「、 ラ ネ ネ 礼 祉 祉 祉」となる。つくりの部分は、長い縦画が先になる。「止」は、「小」や「水」と同じように、中央の縦画が主になるので、縦画を先に書く。
10 ア「夢」の「くさかんむり」や「実」の五画目から六画目の横画、「現」の三画目から四画目の横画は、点画が連続している。イ「実」の最後の画は、楷書では右払いだが、行書ではトメになっている。エ「夢」の「くさかんむり」は筆順が変化し、横画が最後になっている。行書でも点画は省略されていないのでウは当てはまらない。

11 ア「出」、イ「何」、ウ「楽」は、行書でも筆順は変わっていない。エ「書」の筆順は、楷書では「フ ヨ ヨ 聿 聿 書」と六画目に縦画を書いてから「日」を書くが、筆の運びを見ると、行書では、横画から続けて「日」を書いている。
12 楷書で書くと「複」。部首は「ころもへん」（衤）で、総画数は十四画。ア「遠」は十三画、イ「確」は十五画、ウ「増」は十四画、エ「報」は十二画。
13 「提」の部首は「てへん」（扌）。ア「兆」は、「てへん」と組み合わせると「挑」となる。

03 熟語の知識

基本問題

1 ①イ ②イ ③ア **2** イ **3** エ **4** ア

5 イ **6** ①刀・断 ②機・転

トレーニングテスト

[1] ①エ ②エ ③ウ ④エ ⑤イ [2] エ

[3] ウ [4] ①ア ②ウ ③エ [5] ウ [6] エ

[7] ア [8] ア・オ [9] イ [10] ①ア ②ウ

解説

[1] ①「柔軟」とエ「映写」は、上下の漢字の意味が似ている。ア「決意」は、「意を決する」（対象）。イ「伸縮」は、上下の漢字の意味が対《つい》になる。ウ「最高」は、「最も高い」（修飾）。

②「書道」とエ「急流」は、「書の道」と「急な流れ」（修飾）。ア「登山」は、「山に登る」（対象）。イ「省略」は、上下の漢字の意味が似ている。ウ「日照」は、「日が照る」（主・述）。

③「身体」とウ「永久」は、上下の漢字の意味が似ている。ア「風雲」は、自然を表す漢字を並べている。イ「起伏」は、上下の漢字の意味が対になる。エ「握手」は、「手を握る」（対象）。

④「注意」とエ「兼職」は、「意を注ぐ」と「職を兼ねる」（対象）。ア「急行」は、「急いで行く」（修飾）。イ「膨張」は、上下の漢字の意味が似ている。ウ「縦横」は、上下の漢字の意味が対になる。

⑤「迷路」とイ「秀才」は、「迷いやすい路（みち）」と「秀《ひい》でた才能」（修飾）。ア「温暖」は、上下の漢字の意味が似ている。ウ「非常」は、接頭語が用いられている。エ「船出」は、「船が出る」（主・述）。

[2]「救助」とエ「運送」は、上下の漢字の意味が似ている。ア「抑揚」は、上下の漢字の意味が対になる。イ「植樹」は、「樹を植える」（対象）。ウ「会議」は、「会して議する」（修飾）。

[3] この「立てる」は「作る」の意味。ウ「立法」（法を作る）と同じ。

[4] ①「長｜距離」はア「好｜条件」と同じ。イ「国際｜的」、ウ「松｜竹｜梅」、エ「自由｜化」となる。

②「統一｜体」はウ「社会｜人」と同じ。ア「無｜責任」、イ「衣｜食｜住」、エ「半｜透明」となる。

③「真｜善｜美」はエ「心｜技｜体」と同じ。ア「急｜上昇」、イ「幼稚｜園」、ウ「半｜永久」となる。

[5]「（一つのことに心を集中して）わき目もふらないさま」を表すのはウ「一心不乱」。ア「才色兼備」は「すぐれた才能と美しい容姿をともに持っていること」。イ「表裏一体」は「見た目は相反するようだが、根本ではつながっていること」。エ「変幻自在」は「思うままに現れたり消えたりすること」。

[6]「口先だけの善言を表す人」を表す言葉はエ「巧言令色」（言葉を巧みに使い、表情をとりつくろうこと）。ア「言行一致」は「言うことと行動が一致していること」。イ「悪口雑言」は「口ぎたなく悪口を言うこと」。ウ「不言実行」は「あれこれ言わずに、なすべきことを実行すること」。

[7]「猛烈な勢いで活動すること」を、獅子《しし》が奮い立って暴れ回るさまにたとえて、ア「獅子奮迅《ふんじん》」という。イ「孤軍奮闘」は「孤立して援助もない状態で、一人活躍すること」。ウ「言語道断」は「言葉で説明できないほど、ひどいこと」。エ「単刀直入」は「遠回しでなく、すぐに本題に入ること」。

[8] ア「公明」と「正大」、オ「唯一」と「無二」がそれぞれ意味の似た二字熟語となっている。イとエも二字熟語を重ねたものだが、意味が似てはいない。

[9]「当意即妙」は「その場に応じて機転をきかし、すばやく対応すること」。

[10] ①ア「一喜一憂」は「状況が変化するたび喜んだり心配したりすること」。イ「朝三暮四」は、「目先の利害に気を取られ、結果が同じことに気づかないこと・うまい言葉で人をだますこと」。ウ「七転八倒」は「転げ回って苦しむこと」。エ「海千山千」は「世間を知りつくしていて、悪賢いこと」。

②「待ち望む気持ちがとても強いこと」をウ「一日千秋」という。ア「一進一退」は「進んではまた退くこと」。イ「一朝一夕」は「わずかな期間」。エ「十人十色」は「考え方や好みは人によってそれぞれ違うこと」。

04 語句の意味

基本問題

1 ① ウ ② エ **2** ① 主体 ② 減少 **3** ア
4 エ **5** ① イ ② イ **6** イ

トレーニングテスト

1 ① 絶対 ② 受動性 2 エ 3 イ 4 言う
5 ① ウ ② ア ③ エ ④ エ ⑤ ア ⑥ ア
⑦ ア ⑧ ア ⑨ ウ ⑩ エ ⑪ ウ ⑫ イ
6 ① ア ② ウ ③ ウ

解説

1 ① 「相対《そうたい》」は、「相対的」「相対性」などと用いられ、「他との関係のうえに存在していること」を表す。対義語は「絶対」で、「他に比較するものがないこと・他の何ものにも制約されないこと」を表す。
② 「能動性」は、「みずから他に働きかけるさま」を表す。対義語は「受動性」で、「他から動作や作用を受けるさま」を表す。

2 「客観」と「主観」は対義語の関係になる。ア「長所」—「美点」、イ「容易」—「簡単」、ウ「納得」—「了解」はいずれも類義語の関係。エ「原因」—「結果」が対義語の関係。

3 ア「粗野」は、「荒々しくて、洗練されていないこと」→b。イ「視野」は、「見ることのできる範囲」→c。ウ「野草」は「山野に生えている草」→「野趣」の「野」と同じ。エ「野望」は「身分に合わない大きな望み」→d。

4 「自白」は「自分の罪や秘密などを、隠さずに言うこと」。「白」には「ありのままに言う」という意味がある。この意味の「白」を用いた熟語には、「自白」「告白」「白状」「独白」などがある。

5 ① 「由来」は、「物事がいつ、何から起こったかということ・いわれ」。
② 「取り越し苦労」は、「起きるかどうかわからないことを、あれこれと心配すること」。
③ ここでの「のみこむ」は、「理解する・納得する」という意味。
⑤ 「いささか」は、「少し・いくらか」という意味。数量や程度が少ないことを表す。
⑥ 「もどかしげに」は「もどかしい」（物事が思うようにいかず、じれったい・はがゆい）から派生した語。
⑧ ここでの「後押しする」は「力になる・後援する」という意味。
⑨ 「いぶかしむ」は「不審に思う」。形容詞「いぶかしい」の形もある。
⑩ 「〜せざるをえない」は二重否定の形になっており、「（ほかに方法がなく）〜しないわけにはいかない」という意味。
⑫ 「示唆的」は、「示す」と「唆《そそのか》す」（その気になるように促す）という語の組み合わせで、「それとなく物事を示す・ほのめかす」という意味。

6 ① 副詞「なんとも」の意味を識別する問題。問題文とアは、どのように表現していいかわからないことを表し、「まことに・ほんとうに」という意味。イ・ウ・エは、それぞれ下に「なかった」「思わない」「こない」という打ち消しの表現を伴っており、「別に大したことも・何事も」という意味になる。
② 「真理を衝《つ》く（突く）」の「つく」は、「人の気づかない点を鋭く指摘すること」を表す。よって、ウ「意表をつく」（人の思っていないことをして驚かせる）の「つく」と同じ意味。「盲点をつく」「本質をつく」「痛いところをつく」などの「つく」も同様。ア「王の位につく」は、「ある地位や役割を担うこと」を表す。イ「一息つく」とエ「口をつく」はどちらも、「口から外に出すこと」を表す。
③ 問題文とウは、「まだ」という意味。ア・エは、「さらに・いっそう」という意味。イは、下に「ごとし」を伴い、「ちょうど・あたかも」という意味。「やり過ぎることは、やり足りないことと同じようによくない」という意味になる。

合格プラス!
同じ意味の用例を選ぶ問題では、——線部を別の語に置き換えて考えよう。

05 慣用句・ことわざ・故事成語

基本問題

1 ア **2** イ **3** ①イ ②ウ ③イ

4 ①ア ②ウ **5** イ

トレーニングテスト

1 ①エ ②イ ③エ 2 ①ウ ②ア

3 エ 4 ①ウ ②エ

5 ①イ ②イ ③イ ④ウ 6 エ

7 例 いくさ［戦］はできぬ 8 一石二鳥 9 イ・ウ・オ

解説

1 ②「意表」は、「思いも及ばないこと・意外なこと」という意味。

③「枚挙」は「一つ一つ数え上げること」。「いとま」は「ひま」。

2 ①ア「恩をあだで返す」は「恩を受けた人に害を与える」。イ「恩に着る」は「受けた恩をありがたく思う」。エ「恩を売る」は「相手からの見返りを期待して恩をほどこす」。

②イ「気が知れない」は「相手の気持ちが理解できない」。ウ「気が進まない」は「やる気にならない」。エ「気が気でない」は「心配で落ち着かない」。

注意しよう

②ア「気が置けない」のように、間違って使われることの多い慣用句に注意しよう。

3「業《ごう》を煮やす」は「物事が思うように運ばなくていらだつ」。

4 ①「嫌気が差す」は「嫌だという気持ちになる」。

②エ「息を切らす」は、「苦しい息をするさま」を表す。ア「息をのむ」は「驚くさま」を表す。イ「息を殺す」とウ「息をひそめる」は、ともに「息をする音を立てないで、静かに行動するさま」を表す。

5 ①イ「首をすくめる」は、「恐れなどのために、体を縮めるさま」を表す。ア「首をつっこむ」は「物事に深入りする」。エ「目を肥やす」は「良いものをたくさん見て、物の善し悪しを判断する力を養う」。

②イ「宙に浮く」は「中途半端な状態になる」。ア「水に流す」は「過去のいきさつをなかったことにする」。ウ「竹を割った」は「気性がさっぱりしているさま」。エ「骨を折る」は「苦労する」。

③イ「目を引く」は「人の注意をひきつける」。ア「頭を絞る」は「よく頭を働かせて考える」。ウ「鼻に付く」は「飽きていやになる・言葉やふるまいが嫌味に感じられる」。エ「耳に挟む」は「ちらっと聞く」。

④ウ「まゆをひそめる」は、「不快なことなどがあっていやな顔をする」。ア「足をすくう」は「相手のすきをついて失敗させる」。イ「目をかける」は「ひいきにする」。エ「鼻を折る」は「得意になっている相手をへこませる」。

6「身から出たさび」とエ「自業自得《じごうじとく》」は、「自分の行いが原因で報いを受けること」。ア「徹頭徹尾」は「最初から最後まで」。イ「粉骨砕身」は「一生懸命に努力すること」。ウ「自画自賛」は「自分のことを自分でほめること」。

8 ①「二度あることは三度ある」…物事は繰り返される傾向がある。

②「千里の道も一歩から」…どんな大きな事業でも小さな努力から始まる。

③「石橋をたたいて渡る」…よく用心をして物事を行う。

④「立つ鳥あとをにごさず」…去る者はきれいに後始末をしていくべきだ。

9 ア「呉越同舟《ごえつどうしゅう》」…仲の悪い者どうしが同じ場所にいること。イ「推敲《すいこう》」…詩や文章の言葉をよく練ること。

ポイントチェック①

問一 a 講義 b かんとく 問二 エ 問三 エ

問四 馬

解説

問三「部」の部首は「おおざと」。ア「院」は「こざとへん」、イ「剖」は「りっとう」、ウ「倍」は「にんべん」、エ「郵」は「おおざと」。

06 文の組み立て

基本問題

1 ① 温めると／おいしく／食べられる。
② 朝から／ずっと／雨が／降って／いる。
③ 姉は／料理を／作るのが／得意だ。

2 ① ロンドン／は／イギリス／の／首都／だ。
② 春／の／来る／の／が／待ち遠しい。
③ 夏休み／に／自由研究／を／し／た。

3 ① ユミが　② なるだろう　③ ぎらぎらと

4 ① イ　② エ　③ ウ　④ ア

5 ① 美しい花が　② とてもおもしろい本だ
③ 小さな駅に

トレーニングテスト

1 全く／予想も／しなかった／ことを／感じる。

2 ① エ　② エ　③ ア　3 花も　4 イ

5 ア　6 ① イ　② ウ　7 エ

8 つけたいから［ため］だ［です］　9 ウ

10 ① 見える　② なったのも

11 例 店員さんがかけてくれた、とても印象に残っている言葉があります。［とても印象に残っている、店員さんがかけてくれた言葉があります。］

解説

1 「ネ」や「ヨ」を入れて、意味がわかる範囲で区切ると、「全くネ／予想もネ／しなかったネ／ことをネ／感じるヨ。」となる。

2 ① 「選ぶ」→「選ば」、「れる」→「れ」、「ます」→「まし」となっている。
② 「冷やす」→「冷やさ」、「せる」→「せ」となっている。
③ まず文節に区切ると、「さまざまなネ／仕事をネ／もったネ／人がネ／住んでネ／いるヨ。」となる。そのうえで各文節を単語に区切る。

3 何が「かがやいている」かを読み取る。「も」も主語を作る。

4 「近代の小説が探究する内容が自我であることは(主部)、外からの力で文明開化が進んだという事情とも(修飾部)　関係している(述部)」となる。

5 何が「育て上げた」のかを読み取る。「四季を通じて」「日本人の心の中に」「美は幽玄なものであり、それ故にいっそう大切なものだという感覚を」は、どれも「育て上げた」を修飾する修飾部。

6 ① 「帯びて／くる」とイ「待って／いる」は補助の関係。ア「矛盾に／見える」は修飾・被修飾の関係。ウ「魔力が／ある」は主・述の関係。エ「興奮や／感動」は並立の関係。
② 「タイプの／違う」とウ「花が／赤い」は主・述の関係。ア「赤く／見える」、イ「花を／見る」、エ「赤い／花」はいずれも修飾・被修飾の関係。

7 「面白いことに」は修飾部なので、述語（述部）にかかる。

8 「私が勉強をするのは」に対する理由・目的があとで述べられているので、文末は「～から［ため］だ［です］」とする。

9 「よく」どうしたのかを読み取る。問題文は、「前からよく…言っていましたが」と「やっと今度、…かなった訳です」という二つの部分から成る。

10 ① 「たしかに」は修飾語。「たしかに」どうなのかを読み取る。
② 「すぐに」は修飾語。「すぐに」どうしたのかを読み取る。「メールなどで、すぐに明確な表情をもつ絵文字にたよるようになったのも」が文の主部なので、「すぐに」がかかるのは「なったのも」までになり、そのあとの部分にはかからない。

合格プラス！
修飾語と修飾される語をつなげて読んでみて、意味が通るかを確認しよう。

11 修飾部「とても印象に残っている」を、修飾される語「言葉が」の直前に置けば、修飾・被修飾の関係がはっきりする。「とても印象に残っている」のあとに読点（、）を入れて、「店員さん」と切り離してもよい。

07 品詞の種類・活用がある自立語

基本問題

1 イ　**2** エ　**3** エ　**4** ア　**5** ア

6 形容詞　エ　形容動詞　イ

トレーニングテスト

1 ウ　2 ①ア　②エ　3 連体詞

4 ①エ　②ウ　5 イ　6 買わ　7 ア

8 ウ　9 ア　10 エ　11 明るく

12 形容動詞　きれいな　活用形　連体形

解説

1 **ウ**「さらに」は活用しない。用言を含む文節「こめた」を修飾するので、副詞。**ア**「あざやかに」は「あざやかだ」、**イ**「大ぶりな」は「大ぶりだ」と活用するので、形容動詞。**エ**「果てしなく」は「果てしない」と活用するので、形容詞。

2 ① **ア**「かんたんに」は「かんたんだ」と活用するので、形容動詞。**イ**「きちんと」、**ウ**「いったい」、**エ**「とても」は活用せず、それぞれ「はまって」「どういうものだろうか」「言いつくせない」を修飾するので、副詞。

② **エ**「大した」は活用せず、体言「もの」を修飾するので、連体詞。**ア**「まったく」、**イ**「やはり」、**ウ**「決して」は活用せず、それぞれ用言を含む文節「（直後の）ない」「存在する」「いえない」を修飾するので、副詞。

3 「小さな」は、「小さだ」とは活用せず、体言「ノート」を修飾するので、連体詞。

注意しよう

「小さな」「大きな」「いろんな」「おかしな」は形容動詞ではなく、連体詞。

4 ①「大いに」は活用せず、「大いにがんばる」のように用言を修飾するので、副詞。

② **ウ**「たとえ」は、用言を含む連文節「なったとしても」を修飾するので、副詞。**ア**「若い」は形容詞。**イ**「その」は活用せず、体言「知恵」を修飾するので、連体詞。**エ**「閉ざす」は動詞。

5 「情けなく（情けない）」と**イ**「暗い」は形容詞。**ア**「まっすぐ」は活用せず、用言「引く」を修飾するので、副詞。**ウ**「入る」は動詞。**エ**「痛み」は活用せず、「を」があとに続くので名詞。

6 空所のあとに「ない」が続くので、未然形「買わ」にする。

7 動詞のあとに「よう」が続くので、未然形。

8 変格活用以外は、「ない」を動詞のあとに付けて、その上に接続する音を確かめる。

ア「出（で）ない」→エ段→下一段活用

イ「見（み）ない」→イ段→上一段活用

ウ「走らない」→ア段→五段活用

エ「演奏する」→サ行変格活用

オ「来る」→カ行変格活用

合格プラス！

「する」「～する」はサ行変格活用、「来る」はカ行変格活用。

9 動詞のあとに「ない」が続くので、未然形。「ない」の上の音が「ら」（ア段）なので、五段活用。

10 エは「多い」のあとに何も続かず、言い切りの形になっているので、終止形。ア・イ・ウはすべて、あとに体言が続くので、連体形。

11 「明るく」は形容詞「明るい」の連用形。「さまざまな（さまざまだ）」、「便利な（便利だ）」、「豊かに（豊かだ）」は形容動詞。

合格プラス！

形容詞は連用形がよく出題される。言い切りの形が「～い」になるかを確認する。

12 「きれいな（きれいだ）」は形容動詞。あとに体言が続くので、連体形。

08 付属語

基本問題

1 ① ア　② イ　③ ウ　④ エ

2 ① ア　② イ　③ エ　④ ア

トレーニングテスト

1 ① ア　② ア　③ イ　④ イ

2 エ

3 エ

4 ① エ　② ウ　③ ア　④ エ

5 ア

6 図書などを

解説

1 ① 「受け入れられる」とア「ほめられる」は受け身。イ「来られる」は尊敬。ウ「乗せられる」は可能。エ「感じられる」は自発。

② 「間違った」とア「変わった」は存続。イ「見たかった」は助動詞「たい」の連用形「たかっ」の一部。ウ「寒かった」は過去。エ「聴かせたがる」は助動詞「たがる」の一部。

注意しよう
——線部が単語の一部の場合もあるので、——線部の前後にも注意する。

③ 「驚かれる」とイ「打たれる」は受け身。ア「上京される」は尊敬。ウ「待たれる」は自発。エ「行かれる」は可能。

④ 「あるように（あるようだ）」は、「あるらしい」と言い換えられるので、推定。イ「しているように（しているようだ）」も、「しているらしい」と言い換えられるので、推定。ア「次のように」は、「たとえば次のように」と言い換えられるので、例示。ウ「咲くように」は、「水をやった」ことの目的を表す。エ「晴れるように」は、「一心に祈った」ときの願望を表す。

2 「…であるようだ」は、「…であるらしい」と言い換えられるので、推定。エ「まるで夏のようだ」は、「まるで…のようだ」となっているので、たとえ。ア「すいているようだ」は「すいているらしい」、イ「二階にあるようだ」は「二階にあるらしい」、ウ「行われないようだ」は「行われないらしい」と言い換えられるので、推定。

3 エは、仮定の順接「もし～ば」（もしよく睡眠をとれば）を表す。ア・イ・ウは、いずれも引用を表す。

4 ① 「風の強い」は「風が強い」、エは「君が考えていることは」と言い換えられるので、ともに主語であることを表す。アは「履き慣れているものが」と言い換えられるので、体言の代用。イは接続助詞「のに」の一部。ウはあとに名詞「努力」が続くので、連体修飾語であることを表す。

② 「議論しているよりも」とウは、比較の基準。アは時間の起点、イは場所の起点、エは行為の起点、オは限定を表す。

③ 「専門家でさえ」とアは、「～すら」と言い換えられるので、他を類推している。イは「雷までも」と言い換えられるので、添加。ウは「静かにしていれば、それだけで怒られないのに」と言い換えられるので、限定。エは「ひまがあればあるだけ本を眺めている」と言い換えられるので、限定。

④ 「…頃から」とエは時間の起点。アは原因・理由、イは動作の開始・順序、ウは原料・材料を表す。

5 ① 「雪が降り積もった」と言い換えられるので、主語であることを表す。

② あとに名詞「友だち」が続くので、連体修飾語であることを表す。

③ 「時がたつ」と言い換えられるので、主語であることを表す。

④ 「たつことも」と言い換えられるので、体言の代用。

6 主・述の関係をみると、述語「利用している」に対する主語が「多くの人が」「図書などが」と二つあるので、「図書などが」を修飾語「図書などを」に直せばよい。

09 単語の識別・呼応の副詞

基本問題

1 ① ア　② イ　③ イ　④ エ

2 ① イ　② ウ　③ エ　④ ア

3 ア

トレーニングテスト

1 ① ウ　② ウ　③ エ　④ ア　2 ア

3 ウ　4 ウ　5 イ　6 ① ウ　② イ

7 イ　8 ウ

解説

1 ①「見えない」は「見えぬ」と言い換えられるので、助動詞。**ア**は形容詞「切ない」の一部。**イ**は「寒くはない」と「は」を入れられるので、補助形容詞。**ウ**は「ぬ」と言い換えられるので助動詞。**エ**は「ぬ」と言い換えられないので形容詞。

②「詠《よ》んだ」と**ウ**「飲んだ」は、過去の助動詞「た」の濁音化。**ア**は断定の助動詞。**イ**は形容動詞「盛んだ」の活用語尾。**エ**は様態の助動詞「そうだ」の一部。

③「黒板に」と**エ**「麦わら帽子に」は、格助詞。**ア**は形容動詞「豊富だ」の連用形「豊富に」の活用語尾。**イ**はたとえの助動詞「ようだ」の連用形「ように」の一部。**ウ**は副詞「今にも」の一部。

④「品物ではない」は「品物だ」、**ア**「高校二年生で」は「高校二年生だ」と言い換えられるので、断定の助動詞「だ」。**イ**・**エ**は体言に接続し、活用しないので、格助詞「で」。**ウ**は動詞「なつかしむ」に接続し、活用しないので、接続助詞「て」の濁音化。

2 **ア**は「ぬ」に置き換えられないので、形容詞。**イ**は「いぬ」と言い換えられるので、助動詞。**ウ**は「しれぬ」と言い換えられるので、助動詞。**エ**は「起こらぬ」と言い換えられるので、助動詞。

3 「静かに」は「静かだ」と活用するので、形容動詞。**ア**は、代名詞「どこ」＋格助詞「に」。**イ**は副詞。**ウ**は「気軽だ」と活用するので、形容動詞。**エ**は、名詞「それぞれ」＋格助詞「に」。

4 **ア**「もっと」は「遠くに」を修飾している。→程度の副詞。

イ「のんびり」は「食べる」を修飾している。→状態の副詞。

ウ「決して」は「ない」と呼応している。→呼応の副詞。

エ「とても」は「うれしい」を修飾している。→程度の副詞。

5 「まるで〜のように」と呼応している。→たとえを表す呼応の副詞。

ア「まるで〜みたいだ」と呼応している。→たとえを表す呼応の副詞。

イ あとに打ち消しの「ない」を伴うので、「全く」という意味の副詞。

ウ「まるで〜のような」と呼応している。→たとえを表す呼応の副詞。

エ「まるで〜と言わんばかりの」と呼応している。→たとえを表す呼応の副詞。

6 ① この「はたして」は、あとに「〜かどうか」という疑問の表現を伴うので、「ほんとうに」という意味の呼応の副詞。よって、**ウ**「見ているかどうか」にかかる。

②「きっと」はあとに「〜だろう」という言葉を伴い、推量を表す呼応の副詞。よって、**イ**「努力するのだろうし」にかかる。

7 「私の説明した理由がすべてではない」という打ち消しの意味の文になるようにする。よって、**イ**「必ずしも〜限らない」が適切。

8 問題文の「あるいは」は、文末に「〜もあろうか」という不確定を表す表現を伴うので、「もしかすると」（仮定）という意味の呼応の副詞。**ウ**はあとに「〜する可能性もある」という不確定の表現を伴うので、「もしかすると」（仮定）という意味の呼応の副詞。**ア**は同様の事柄を列挙する接続詞。**イ**・**エ**は選択の接続詞。

合格プラス！

呼応の副詞は、あとにくる決まった言い方と一緒に覚えよう。

10 敬語

基本問題

1 ① ア ② イ ③ イ ④ ウ ⑤ ア
2 ① エ ② ウ
3 ① なさい［され］ ② うかがい［参り］
4 ウ
5 ① ア ② イ ③ ウ

トレーニングテスト

1 いただき 2 イ 3 ア
4 うかがいます［お聞きします］ 5 イ
6 小学校にうかがいたい［参りたい］と思っています
7 ① ウ ② 申し

解説

1 校長先生は目上の相手なので、「～してもらう」ではなく、謙譲語の「～していただく」を使う。

2 ア 母は身内の者なので、謙譲語の「お会いしたい」「申して」でよい。
イ 先生は目上の相手なので、謙譲語の「拝見して」は誤り。「見る」の尊敬語の「ご覧になる」を使う。
ウ お客様は目上の相手なので、尊敬語の「いらっしゃいます」でよい。
エ 「うかがう」のは自分なので、謙譲語の「うかがって」でよい。

3 相手の博物館の職員は目上の人なので、相手の動作には尊敬語を使い、自分の動作には謙譲語を使う。
ア 「うかがいました」…自分の動作なので、謙譲語でよい。
イ 「お撮りになって」…自分の動作なので、尊敬語は誤り。「撮って」を使う。
ウ 「質問なさる」…自分の動作なので、尊敬語は誤り。「質問する」を使う。
エ 「存じ上げている」…相手の動作なので、謙譲語は誤り。尊敬語「ご存じの」（または「知っていらっしゃる」）を使う。

4 インタビューする相手は目上の人なので、「聞く」を謙譲語に直す。「うかがう」「お聞きする」を使う。

5 相手の「地域の皆さん」は目上の人なので、相手の動作には尊敬語を使い、自分の動作には謙譲語を使う。ここでは、相手の動作を「ご参加していただき」としているのが誤り。「ご参加する」は「ご～する」の形なので謙譲語になる。「ご参加いただき」というのが正しい。「ご協力ください」は尊敬語なので、正しい。

> **注意しよう**
> 「ご～する」は謙譲語なので、相手の動作に使ってはいけない。

6 小学校時代の担任の先生は目上の相手なので、先生に対する敬意を表す。問題文に「謙譲語と丁寧語を使って」とあるので、自分の動作を謙譲語と丁寧語を使って直す。「行きたい」を謙譲語「うかがいたい」「参りたい」に、「思っている」を丁寧語「思っています」に直す。

7 ① 依頼文の一行目に「5月1日」とある。初夏になり、植物の葉が繁《しげ》りはじめるころだから、ウが正解。アは十一月ごろ、イは七～八月ごろ、エは二月ごろの挨拶の言葉。
② 自治会長は目上の相手なので、自分の動作「言う」を謙譲語にする。

ポイントチェック②

問一 ア 問二 イ 問三 ア
問四 設置していただく

解説

問一 「…いっぱいにしよう」は勧誘を表す。

11 指示語・接続語

基本問題

1 (1) ウ　**2** (1) ア

トレーニングテスト

1 (1) A 野口英世　B 睡眠時間

2 (1) 例 人類が種全体として生き延びよう（15字）

3 (1) ア　4 (1) エ　5 (1) エ

本文

1 私が日本の偉人たちを調べたかぎりでは、平均睡眠時間の最短記録保持者は何と言っても野口英世である。彼は、十代前半からすでに短時間睡眠を実践していた。家が貧しかった彼は、読書のための貴重な明かりが確保できることもあって、旅籠屋をしていた親友・代吉の家に行っては、片時も本を離さずに勉強をした。夜、読書中に眠気におそわれると、冷水で顔を洗ってまた延々と本を読む。その様子を見ていた代吉がその体を気遣って就寝を勧めると、「ナポレオン・ボナパルトを見い、一日三時間しか寝なかつたつて云ふでねいか」と答えたと伝えられている。

指示

2 まず「自分が生きる」、そして「他者と生きる」、それがあって初めて、生命を次の世代につなぐことができます。つまり、「生きる」ということには、他者と空間的につながることと、後の世代と時間的につながること、という二つの意味があるのです。

この一〇年で携帯電話、インターネットが急速に盛んになり、個人と個人とがグローバルに、国や文化に関係なく情報交換をする方向に向かっていきます。これは、人類が個々人すべての智恵を総動員

解説

基本問題

1 (1) 「それ」は、「偽物《にせもの》も大手を振って罷《まか》り通るようになっている」「本物と偽物が堂々と共存するようになり、人々もこだわらなくなった」を指している。

2 (1) 空所の前後の文の関係を読み取る。

- 前＝川底のゴミや石までなくしたことで、結果的に、川がホタルには居心地が悪い環境になった。
- 後＝川を美しくし過ぎた結果、ホタルが川に棲《す》めなくなった。

あとの部分の内容は、前の部分の内容を説明している。

トレーニングテスト

1 (1) 指示語の指す内容は、原則としてその前にあるので、前の部分を読み取る。「その様子」とは、「夜、読書中に眠気におそわれると、冷水で顔を洗ってまた延々と本を読む」様子である。これは、野口英世が代吉の家に行って勉強をしていたときの様子。「彼は、十代前半からすでに短時間睡眠を実践していた」とあり、野口英世は「睡眠時間」を削って勉強に励んでいたのである。

2 (1) 指示語「そう」は、前の部分を指していると考えられる。直前の文は、

① 「これは」
② 「人類が個々人すべての智恵を総動員しなければ、…種全体として生き延びようとしていることを」
③ 「意味するのではないか」

となっている。まとめた文は、

① 「近年、国や文化に関係なく情報交換が進んでいるのは」
② 「[　]としていることの」
③ 「表れである」

となっている。したがって、まとめた文の空所部分は、直前の文の②の部分に対応する。「十五字以内で」という制限があるので、②の要旨を簡潔にまとめて「人類が種全体として生き延びよう」を入れる。

合格プラス！
まとめた文の空所補充問題は、本文との対応を考えよう。

しなければ、もう持続的に生き延びられないと直感的に察知し、種全体として生き延びようとしていることを意味するのではないか。私にはそう思われます。

指示

③ 作家としては、いつも自分で新しい発想をして、自分の力で創作しているという意識でやっている。しかし実際には、僕がつくる曲は、僕の過去の経験、知識、今までに出会い聴いてきた音楽、作曲家としてやってくることで手に入った方法、考えたこと、それらの蓄積などが基になって生まれてくるものだ。さまざまなかたちで自分の中に培われてきたものがあるからこそ、今のような創作活動ができているわけだ。

対立

④ 他者の心を読むことは、動物が生存していくうえで必須です。たとえば、ジャングルを歩いて他の動物に出会ったとしましょう。このとき、相手が敵なのか味方なのかを瞬時に判断しなくてはなりません。もし自分が獲物として狙われているなら、即座に逃げなくては捕食されてしまいます。

説明

⑤ 一般に、樹木は年齢を加えるにつれてその固有の美を発揮し、風致的に優れてくる。しかし、ある年齢を越えると樹木も、その集団としての森林も衰退を見せる。たとえば、アカマツは五、六〇年以上で固有の美を示しはじめ、森林状で一五〇年、孤立木で三〇〇年ぐらいまでは美しい。したがって、風致の維持のためには、普通の森林ならばその美的頂点をみきわめて更新をはかる必要がある。また、風致的にもっとも優れた状態を維持するためにも、森林に人為を加えることが必要なことも多い。

順当な結果

---

③
(1) 空所の前後の文の関係を読み取る。
- 前＝作家としては、いつも新しい発想をし、自分の力で創作しているという意識でやっている。(＝作家としての心構え)
- 後＝実際には、自分の曲は、過去の経験や知識、今までに聴いてきた音楽などの蓄積が基になって生まれてくる。(＝実際の曲の生まれ方)

空所のあとでは、前に述べた内容と対立することを述べている。よって、逆接の接続語**ア**「しかし」が入る。

④
(1) 空所の前後の文の関係を読み取る。
- 前＝他者の心を読むことは、動物が生存していくうえで必須である。(＝動物は生存のために他者の心を読む)
- 後＝ジャングルを歩いて他の動物に出会った場合、相手が敵か味方かを瞬時に判断しなければならない。(＝ジャングルの場合の具体例)

空所のあとで具体例を出して、前の内容を説明している。よって、説明の接続語**エ**「たとえば」が入る。

⑤
(1) まず、空所の前後の文の関係を読み取る。
- 前＝アカマツは、五、六〇年から固有の美を示しはじめ、三〇〇年ぐらいまでは美しい。(＝アカマツの具体例)
- 後＝風致の維持のためには、森林の美的頂点をみきわめて更新をはかる必要がある。(＝風致の維持のために必要なこと)

前の文の初めに「たとえば」とあるので、この文は具体例であることがわかる。さらにその前の二文では、
- 樹木は年齢を加えるにつれて風致的に優れてくるが、ある年齢を越えると衰退を見せる。

と述べられている。あとの文は、この内容からくる順当な結果に当たる。よって、空所には、順接の接続語**エ**「したがって」が入る。

注意しよう
接続語は、前後の一文どうしの関係だけでなく、二文以上との関係を示す場合もある。

12 段落構成・要旨

基本問題

1 (1) ① 現実的な効用を期待しない作業

② 手の働きが知能や認識を刺激する

(2) ア

トレーニングテスト

① (1) C (2) みずからの体験に即して想像する（15字）

② (1) 人間が後天 (2) イ・ウ (3) ウ

本文

①

① ことばを使うことが、人間だけの特技であるかどうかについては疑問がないわけではない。動物学者たちは、トゲウオやカモメ、そしてさらには、人間にひじょうにちかいサルの群れなどを観察して、これら動物の世界で、人間のことばとたいへん似た過程が進行しているという事実を発見している。そして、そのような発見についての報告を読めば読むほど、動物の「ことば」と人間のことばのちがいは程度の差にすぎないのではないか、と考えたくもなる。しかし、かりに程度の差であるとしても、人間の使っていることばと、動物のそれとのあいだには、大きな割れ目があるようだ。A

② なぜなら、人間同士ことばを使うことによって、お互いに「わかる」ことができるからである。動物の社会にも、ことばに似た現象はあるが、人間がことばによって「わかる」のとおなじような作用は、動物にはない。そこにあるのは、とりわけ下等動物になればなるほど特定の刺激にたいするほとんど本能的な反応のようなものであって、人間同士のあいだにはたらく「理解」作用ではけっしてないのだ。B

③ それではいったい、「わかる」というのはどういうことなのか。C

たぶん心理学者のいう共感という考え方が、この問題を考える場合、有力な手がかりのひとつになる。

④ たとえば、お医者さんと患者との関係を考えてみよう。患者は、からだのある部分の痛みを訴えている。かれは医師に、その患部が

解説

1 **基本問題**

(1) 「第一は」、「だがそれ以上に」に着目する。

(2) 「現に」とあり、②段落で述べた内容の具体例を示してから、「…ではないだろうか」と推論している。

トレーニングテスト

① 本文の各段落の要点は次のようになっている。

① 人間のことばと動物のことばには大きな割れ目（＝ちがい）がある。

② 動物には、人間がことばによって「わかる」のとおなじような作用はない。

③ 「わかる」というのはどういうことなのか。（問題の提示）

④ 患者のことばをきいて、医師は、患者がことばによって表現しているからだの状態に似た状態を、みずからの体験に即して想像する。（説明）

⑤ 医師は、みずからのからだに痛みを感じないが、患者がことばによって表現しているからだの状態がどのような性質のものであるかを知っている。

(1) 本文から抜いた一文に「この問題」という指示語があることに着目する。本文中で、問題がはっきりと提示されているのは、③段落「それではいったい、『わかる』というのはどういうことなのか」である。また、④段落で医師と患者の関係を取り上げて、医師が患者の訴えを「みずからの体験に即して想像する」という内容が述べられている。これは、本文から抜いた一文の「心理学者のいう共感という考え方」に当たる。よって、この一文は③段落と④段落の間に入る。

合格プラス！
挿入する一文と、各段落の最後の文・最初の文がつながるかどうかを確かめる。

(2) ③段落で提示されている「『わかる』というのはどういうことなのか」という問題について説明しているのは、④段落以降である。筆者は、④段落の最後の文で、医師が患者の訴えを聞いて理解するとき、「それは、患者が『痛い』ということばによって表現しているからだの状態に似た状態を、みずからの体験に即して想像する過程である」と述べている。これが筆者のいう「わ

「痛い」ということばをきいたとき、医師の内部ではひとつの過程が発生する。それは、患者が「痛い」ということばによって表現しているからだの状態に似た状態を、みずからの体験に即して想像する過程である。D 「わかる」（共感）

5 医師みずからは、べつだんその部分に痛みを感じるわけなのではない。しかしかれは、患者が痛い、ということばによって表現しようとしているからだの状態がどのような性質のものであるかを知っているのである。E

(2)

1 食事文化研究の第一人者である元国立民族学博物館館長の石毛直道さんによれば、人間とは料理をし、共食をする動物だ、ということになります。人間は、ある段階から、食べ物をそのままではなく、手を加えて食べるようになりました。

2 たとえば火の利用です。生肉のままでは、腐りやすく危険が伴いますが、火に通すと安全に、しかもおいしく食べられることを知りました。また食べやすい形や大きさにすることも、立派な料理です。食べやすく、しかもよりおいしく食べるための工夫を始めたのです。

3 人間行動の第一の基本は、いうまでもなく食料の獲得にあります。時代を遡れば遡るほど、人々は、食料の獲得に時間を費やしてきました。その効率化を図って、採集・狩猟・漁撈・牧畜・遊牧・農耕といったシステムを創り上げてきました。(2)イ・ウ

4 これらのシステムは、一つの文化をなしています。ところで文化とは何でしょうか？　少しこの問題を考えてみましょう。文化の定義をめぐっては、実にさまざまな議論がありますが、文化人類学的な観点からは、人間が後天的に学習した知識・技術の体系、ということができます。ここでは、後天的に、という部分が重要です。

5 先天的、つまり動物としての本能としてではなく、生まれたのちに人間としての集団生活のなかで、後天的に身に付けていくものが文化なのです。たとえば、眠ること自体は文化ではありませんが、(2)エ どのように眠るか、が重要です。寝間着を着る、枕を使う、布団に寝る、ベッドで寝る、これらは疑いなく文化なのです。

6 同じように、食べるという行為自体は文化ではありませんが、(2)ア どのように食物を得るのか、それをどう分けるのか、どう保存するのか、どうやって食べるのか、いつ食べるか、だれと食べるか、どこで食べるか、これらはすべて文化なのです。もちろん料理や調理器具・食事道具も、文化の一部です。人類史的には、食事に一定のスタイルが与えられた段階で、食そのものが文化となったのです。

(2)

かる」ということ（＝「共感」）である。

本文の各段落の要点は次のようになっている。

1 人間は、ある段階から食べ物に手を加えて食べるようになった。

2 たとえば、火を利用したり、食べやすい形や大きさにしたりして食べるようになった。（＝料理）

3 人間は食料を獲得するために、採集・狩猟・漁撈《ぎょろう》・牧畜・遊牧・農耕といったシステムを創り上げてきた。

4 これらのシステムがなしている「文化」とは何だろうか。「文化」とは、人間が後天的に学習した知識・技術の体系である。

5 たとえば、寝間着を着る、枕を使う、布団に寝ることなどは文化である。

6 同じように、どのように食物を得るのか、それをどう分けるのか、どう保存するのかなども文化である。

(1) 筆者が「文化」とはどのようなものであるかを説明しているのは4段落。「文化人類学的な観点からは、…ということができます」と定義している。

(2) 筆者が「文化」について具体例を挙げている3・5・6段落を中心に考える。

ア 木の実を「採集」することは「文化」に当たるが、「食べるという行為自体は文化ではありません」（6段落）とある。

イ・ウ 3段落に、文化をなしているシステムの一つとして「牧畜」と「狩猟」が挙げられている。

エ 5段落に、「眠ること自体は文化ではありません」とある。

(3) 本文の段落相互の関係を考える。2段落は1段落で述べたことの具体例を挙げているので、1・2段落はひとまとまりになる。次に、3段落で人間が採集や農耕などのシステムを創り上げたことを述べ、4段落でそのシステム＝「文化」について定義している。よって3・4段落はひとまとまりになる。5・6段落は、ともに4段落を受けて、人間の文化を「眠る」ことと「食べる」ことに即して具体的に説明している。よって5・6段落はひとまとまりになる。したがって、本文の段落構成は、1・2→3・4→5・6となる。

合格プラス！

段落構成は、となり合う形式段落の内容のつながりを考え、意味段落を作っていく。

13 場面・情景

基本問題

1 (1) ウ

2 (1) 川の向こうの里山の姿

トレーニングテスト

1 (1) 「柏の葉っ　2 (1) エ

3 (1) 例 まっ暗な波の下で、無数の魚群がひしめいている情景。(25字)

(2) 翌朝、私た

本文

1

現在

「くろ、そっちに行ったら駄目だって」

　庭を駆け回る犬を、二三が呼び止めた。走っていた犬が立ち止まり、二三に振り返った。

過去

　くろは二三の誕生に先駆けて、父親の亮助が浜の漁師からもらった犬だ。

「犬は安産のお守りだからよう」

　二三誕生の数日前にもらってきた子犬は、二三の誕生までは名なしだった。が、鼻が真っ黒で黒目の大きい子犬を見た亮太とみさきは、勝手にくろと呼んでいた。

　丈夫な二三が誕生したあと、子犬はくろと命名された。

現在

　二三と同い年の四歳だが、くろはもはや成犬である。それでも犬なりに、二三とは格別の間柄であることをわきまえているらしい。まだこどもの二三には、ことのほか従順だった。

「柏の葉っぱを踏んだら、おかあちゃんに叱られるでしょ」

　大きな犬が、子犬のようにクウンと鼻声で鳴いた。

「ほんとうに分かったのかなあ」

　二三は首をかしげながら、くろのあたまを撫でた。

解説

基本問題

1 (1) Aは、次の文に「足がもう前に出ない」とある。相当疲れていたので、「かろうじて」うなずいてみせたのである。Bは、もう早く走れないので、ゴールのグラウンドが「やっと」見えてきたのである。Cは、「近づいていかない」に呼応させるには、「まったく」か「いっこうに」が当てはまる。

2 (1) 五年生の「話を聞いているうちに」、「川の向こうの里山の姿が迫るように目に入ってきた」とある。

トレーニングテスト

1 (1) 本文の場面の「時」を押さえる。

- 一行目「くろ、そっちに行ったら駄目だって」から——線部「走っていた犬が立ち止まり、二三に振り返った」まで→現在の場面。
- 四行目「くろは二三の誕生に先駆けて」から→くろが二三の家にもらわれてきたときのことを回想している。過去の場面が挿入されている。よって、回想が終わり、——線部と時間的に連続した現在の場面にどこで戻るかを読み取る。
- 「まだこどもの二三には、ことのほか従順だった」は、回想を受けた現在の説明をしている。
- 「『柏《かしわ》の葉っぱを踏んだら」から→二三が今話している会話になる。現在の場面に戻る。

　このように、小説文の「時」は、現在の話から過去の話になったり、また現在の話に戻ったりすることもあるので、注意しよう。

注意しよう
設問に「句読点や記号も一字に数えます」とあるので、かぎかっこ(「)から答える。

2 (1) リード文から場面を押さえる。「俺」は、貴之にけがをさせて、テニスができなくさせてしまったため、自分もテニスをやめようと考えている。しかし、貴之はテニスをやめず、車椅子テニス選手を目指すと「俺」に言った。貴之は、「左手を上げて大きく振」り、「俺」のほうを「振り返らないまま」

2

〔高校二年生の「俺」は、同じ高校のテニス部のライバルである貴之にけがをさせ、テニスができなくさせてしまった。貴之は、テニスをやめようと考える「俺」に、大学で車椅子テニス選手を目指すと言って立ち去っていく。〕 場面の設定

俺の視線を感じたのだろう、貴之は左手を上げて大きく振った。振り返らないまま。

かつてはサービスボールを高々と掲げた手。その手に今は希望を、もう一方にはラケットの代わりに杖を携えて、それでも貴之はまっすぐ前を向いて歩いているのだった。

シャツの袖口で鼻をぬぐった。我ながら小学生みたいだと思った。貴之の言うとおりだ。俺って、かなり、かっこわるい。 反省

貴之の姿が見えなくなるまで見送ってから、きびすを返した。

公園を囲む銀杏並木を抜けていけば、テニスコート場まで半キロくらいだ。身体を温めるのにちょうどいい距離だなと思ったとき、一陣の風が吹きわたった。

銀杏の葉がいっせいにきらめいた。 ＝情景描写

3

〔東京で女学校に通う「私」は、旅行先の北海道で、鰊の大群が沿岸に押し寄せる「群来」の際に行われる漁の様子を初めて見た。〕 場面の設定

鰊の大群が来た夜

突然、番屋のなかが騒がしくなったかと思うと、外で「群来だぁ。群来だぁ」と叫ぶ声がしました。それは騒然とした気配とでもいうほかありません。外はまっ暗な闇夜でした。波の音だけがごうごう夜の底で鳴りつづけておりました。ただ浜に集まった人々が口々に何か叫び、それが単調に繰り返す律動的な波の轟きを、冷静な、物に動じぬ、不変の真理のように思わせるほど、異様な、物狂わしい騒ぎへと高まってゆくのがわかりました。

もちろん何も知らない私は、雪江さんが沖の赤い篝火を指して、あれが起こし船、あれが枠船、と説明するのを聞いて、このまっ暗な波の下で、無数の魚群がひしめいているのだと想像するほかありませんでした。しかしそう思うだけで、何か激しい力のぶつかり合いを見るような、わくわくした興奮が身体のなかに湧きあがってくるのでした。

翌朝

翌朝、私たちが外に出てみますと、あたりは潮の香りとは別の、生臭い、ぬるぬるした、鉄錆に似たにおいに満たされていました。「鰊のにおいだわ。鰊のにおいだわ」雪江さんはそう叫んで駆け出しました。

立ち去っていった。「希望」とあるのは、大学で車椅子テニスをすることを指している。この態度から、貴之が「俺」に悪意を持たず、新しい「希望」を持って、前向きに生きようとしていることがわかる。それを見た「俺」の心情の変化を、行動から読み取る。

- 「シャツの袖口で鼻をぬぐ」い、「小学生みたいだ」「俺って、かなり、かっこわるい」と思った。 ← 貴之の前向きな言葉や態度に接して、貴之に対する負い目からテニスをやめようとしていたことを反省した。
- 「テニスコート場まで半キロくらいだ」「身体を温めるのにちょうどいい距離だな」 ← 気持ちを新たにして、再びテニスをやろうとしている。

そのときに「一陣の風が吹きわたった。銀杏《いちょう》の葉がいっせいにきらめいた」とある。この自然の描写は、明るくすがすがしいイメージを表しており、「俺」の気持ちを反映した情景描写になっている。貴之に対するわだかまりが消えた「俺」は、再びテニスをやろうと思い、テニスコート場まで走っていこうとしている。よって、エが正解。

合格プラス！

小説文では、それまでのいきさつをリード文から把握する。

3

リード文と第一段落から、場面を押さえる。「私」は、旅行で北海道の沿岸に来ている。そこに鰊《にしん》の大群が押し寄せたので、浜に集まった人々は「群来《くき》だぁ。群来だぁ」と叫び、漁に取りかかろうとして騒然とした気配になっている。外は「まっ暗な闇夜」で、波の音がごうごうと鳴りつづけている。

(1) そのような状況で、「私」が「わくわくした興奮」を感じたときの気持ちは、——線部の前に、「そう思うだけで」とあることに着目する。「そう」が指しているのは、直前の文の「このまっ暗な波の下で、無数の魚群がひしめいているのだ」である。この部分をまとめればよい。

(2) 第一・二段落は、夜中に鰊の大群がやってきて、漁が始まった場面だった。第三段落は、初めに「翌朝、私たちが外に出てみますと」とあるので、ここからは「時」が変わっている。よって、ここで場面も変わる。

14 心情・表現

基本問題

1 (1) 見知らぬ国を探検するようなわくわく感（18字）

(2) ウ

トレーニングテスト

1 (1) 例 相手の本棚の中でトムとハックが並ぶこと。（20字）

(2) ウ

2 (1) a 例 娘がサッカーを続けてくれることがうれしい（20字）

b 例 娘の決心が変わることがないかと不安な（18字）

本文

1

〔小学五年生の「僕（カズヤ）」の親友トオルがもうすぐ転校することになった。お互いに相手に渡したい本があり、二人同時に渡すことにした。〕場面の設定

ガッツポーズと同じように、いっせーのっせっ、というかけ声なしに、僕たちは手に持った本を出した。

『トム・ソーヤーの冒険』と、『ハックルベリー・フィンの冒険』が向き合った。

僕たちはあ然として、呆然として、しばらくそのまま黙り込んだ。先にプッと噴き出したのはトオルで、「なんだよーっ」と声をあげたのは僕だった。

「……もともとカズヤの本なんだから、返してやるだけだよ」

トオルはムスッとした顔と声で言った。言いたかったせりふを先に言われた僕も「こっちもだよ」と口元をもぞもぞさせて言った。

「だから、べつに、プレゼントなんかじゃないし……」

「わかってるよ、そんなの」

「オレだってわかってるよ」

「オレ、いらないから、カズヤが二冊とも持ってろよ」

解説

基本問題

1 (1) 最後の段落に、「景色はまったく変わらない」が「眺めていてまったく飽きない」、「見知らぬ国を探検するようなわくわく感で、なにもかも輝いて見えた」とある。

(2) 【 】内の文章は、次のような表現上の特色がある。

- 「思わず叫んだ」「悟も続く」などの短文が用いられている。
- 「牛だ！」という会話表現が繰り返し用いられている。

これらは、「ぼく」・悟・ユリカの三人が、北海道の初めて見る風景に興奮していることを表している。

トレーニングテスト

1 (1) 「『トム・ソーヤーの冒険』と、『ハックルベリー・フィンの冒険』が向き合った」という表現から、どういう状況なのかを読み取る。リード文にあるように、カズヤとトオルはお互いに相手に本を渡そうとしている。それぞれが持ってきた本が、一方は『トム・ソーヤーの冒険』、他方は『ハックルベリー・フィンの冒険』だったということである。

しかし、「オレ、いらないから、カズヤが二冊とも持ってろよ」「オレだっていらないよ、おまえが両方持ってろよ」という言い合いになり、「結局、二冊は交換することになった」。

そのあとに、「僕は『トム・ソーヤー』を受け取り、トオルは『ハックルベリー・フィン』を新しい町に持って行く」とあるので、このときカズヤ（僕）が差し出したのは『ハックルベリー・フィンの冒険』で、トオルが差し出したのは『トム・ソーヤーの冒険』だったことがわかる。

そのあとに、「トムとハックがトオルの本棚の中で並ぶ夢は消えた。トオルが思い浮かべていた、僕の本棚の中でトムとハックが並ぶ夢も、一緒に消え

「オレだっていらないよ、おまえが両方持ってろよ」

「いらないって」

「オレもいらないって言ってるだろ」

僕たちはまた黙り込む。今度は、先に「まいっちゃったなあ……」と苦笑交じりに首をかしげたのは僕で、トオルは「信じられねーよ……」とため息をついた。

結局、二冊は交換することになった。僕は『トム・ソーヤー』を受け取り、トオルは『ハックルベリー・フィン』を新しい町に持って行く。トムとハックがトオルの本棚の中で並ぶ夢は消えた。トオルが思い浮かべていた、僕の本棚の中でトムとハックが並ぶ夢も、一緒に消えてしまった。でも、それも、まあ……いいか。

カズヤとトオルが考えていたこと

2

〔「私」は、自分の両親と一緒に、娘の小学生最後のサッカーの試合を見に来た。試合が終わり、娘がこちらに駆け寄ってきた。〕

場面の設定

「ほんとにカッコよかったよ」

母親はそう言って「今日はお祝いよ」と笑った。

「負けたのにお祝い？」

「一生懸命頑張ったお祝いよ。みんなで美味しいものを食べましょう」

「よーし、ジジはなんでも買ってやるぞ。頑張ったお祝いのご褒美だ」

「ほんと？」

「あんまり高いものは困るけどな」

父親が笑うと、娘はしばらく考え、答えたのだ。

「じゃあ、スパイク」

「えっ？」

思わず娘の顔をのぞき込んだ。

驚き

「このスパイク、もうキツいんだよね」

指さすその先には、傷だらけになったオレンジ色のスパイクがあった。ずっと聞きたかったことが私の口からするりと出る。

「中学校でサッカーやるのか？」

気になっていること

「やるよ。サッカー続けるから」

それは私にとってまるで青空に浮かんだシャボン玉のように思える言葉だった。手で触れたらパチンとはじけてしまいそうで、それ以上、なにも聞けなかった。

てしまった」とある。これが、二人が考えていたことである。

合格プラス!
登場人物の考えていることは、会話文やそのあとの行動から読み取る。

(2) 「それ」は、「結局、二冊は交換することになった」ことを指している。直前にある二人がともに抱いていた夢＝〈相手がトムとハックの二冊の本を持つこと〉はかなわなかったが、二冊を交換し合い、お互いがトムとハックを一冊ずつ持つのもいいかと思っているのである。よって、ウが正解。

ア 「二冊とも自分が持っていたい」「我慢しよう」が誤り。

イ 「結局はトオルが二冊とも持って行くだろう」が誤り。

エ 「持って来た本を取りかえるのをやめよう」が誤り。

2

(1) 作者が比喩《ひゆ》表現で表している人物の心情を読み取る。「シャボン玉のように」は直喩であり、「私」の揺れ動く二つの気持ちをたとえている。

• 買ってほしいものを聞かれて、娘が「じゃあ、スパイク」と言ったので、「私」は「えっ？」と言って、「思わず娘の顔をのぞき込んだ」。↓驚き

• 「私」は、「ずっと聞きたかったこと」を娘に尋ねた。それは、「中学校でサッカーやるのか？」ということだった。娘は「やるよ」と答えた。

↓「私」は娘が今後もサッカーを続けるのかどうかが気になっていた。

以上の「私」の気持ちをふまえて、比喩表現の意味を考える。

a 「青空に浮かんだ」…明るいイメージであり、娘がサッカーを続けるという言葉を聞いて、うれしい気持ちが表されている。

b 「パチンとはじけてしまいそう」…もろくてすぐに壊れそうなイメージであり、娘が本当にサッカーを続けるのか、簡単には信じきれない、不安な気持ちを表している。

合格プラス!
心情を反映した比喩表現は、イメージの明暗から心情の内容をとらえる。

15 筆者の思い

基本問題

1 (1) エ　(2) ウ

トレーニングテスト

1 (1) 画伯

(2) 例 男の子の答えが私の考えていたこととは逆だったから。（25字）

(3) 例 おまじないをしながら、ばつ印を打つ。

2 (1) A 会話全体のニュアンスががらりと変わる

B 二文字か三文字のセリフ

C 芝居がちぐはぐになる

本文

1 〔筆者がバスに乗っていると、隣の席に小学二年生くらいの男の子が座った。男の子は鞄からお絵かき帖を取り出し、クレヨンで絵を描き始めた。〕

　窓の外をながめながらも、カーブで身体が揺れるたびにちらりと眼下のお絵かき帖が目に入り、そのたびに私は心のなかで、ごめん、と謝る。しかし、何度かそれを繰り返すうち、見えてしまったものについて、どうしてもあれこれ感想を述べたくなってきた。画伯の茶色いクレヨンは、不安定な膝小僧などものともせず、着実になにかを描き出す。停留所ふたつにひとつの割合で絵が増えていく。

　上手だなあ。とうとう我慢できずに、私は画伯に声をかけた。これは、牛乳パックだよね。うん。箱についている牛のマークがいいねえ。それからこの眼鏡をかけたおばさんは、学校の先生かな？　あたり。これは、灰皿。そう。これは算数のノート？　そう。これが犬で、隅にあるのはロウソク？　うん。じゃあ、これは、なに？　ニンジンと納豆のセット。そいつはすごい組み合わせだ、と私は唸って、玉座のお母さんに目を移すと、彼女は疲労困憊の体で、バッグ

解説

基本問題

1 (1) 「刺々《とげとげ》しさ」とは、夏の昼下がりの暑さを指している。スイカから逃げてきた冷気が顔をかすめるのだから、涼しさを感じるのは、顔の「肌」。

(2) スイカが「一味違う」と感じるのは、冷やして切り分けるという手間をかけるからである。筆者は、現代の世の中は何でも手に入るようになったので、手間をかけ、工夫することをしなくなり、依頼ばかりするようになったと考えている。よって、ウが正解。

トレーニングテスト

1 (1) 第一段落に、「画伯の茶色いクレヨンは、…なにかを描き出す」、第二段落に、「とうとう我慢できずに、私は画伯に声をかけた」とある。「画伯」とは、敬意をこめた画家の呼び方である。ここでは、バスの中で一心にクレヨンで絵を描いている男の子を、ユーモアをこめて表現している。

(2) まず、場面を読み取る。筆者は男の子の描いている絵を見て、「どうしてもあれこれ感想を述べたくなってきた」。そこで、「これは、牛乳パックだよね」などと声をかけ、男の子の描いている絵を次々に確認していった。

　筆者が「言葉に詰まった」のは、「好きなものがいっぱいあるんだね」という言葉に対して、男の子が即座に「ちがう」「ちがうよ、これ、みんな嫌いなもの」と応えたからである。筆者は、男の子は好きなものの絵を描いているものと考えていたが、男の子の答えは、筆者の考えていたこととは全く逆だった。それで、筆者は驚いたのである。

注意しよう

小説文や随筆文では、会話文のかぎかっこ（「　」）が省略されることがある。

(3) 「嫌いなものばかり、しかも楽しそうに描いて、どうするつもりなのだろう」と思った筆者が質問すると、男の子は「消すの」と即答した。男の子は、「好きでないもの、苦手なものを描いて、おまじないをしながら、ばつ印を打つ」と、「この世からなくなる」と友だちに吹き込まれていた（うそを教えられていた）。そして、教えられたとおり、描いた絵におまじないをしながらば

筆者　男の子

を抱えたまま静かに舟を漕いでいた。

好きなものがいっぱいあるんだね。画伯に小声で言うと、彼は即座に、ちがう、と応えた。ちがうよ、これ、みんな嫌いなもの。

一瞬、言葉に詰まった。嫌いなものばかり、しかも楽しそうに描いて、どうするつもりなのだろう。こういうときは、素直に質問してみるのが得策だ。消すの、と彼は即答した。好きでないもの、苦手なものを描いて、おまじないをしながら、ばつ印を打つ。するとこの世からなくなる。友だちにそう吹き込まれたらしい。

2

〔小説家である筆者は、アニメーションのアフレコ（先に撮影された画面に合わせて、後から音声を録音すること）の現場に参加した。〕

スタジオの防音ガラスのこちら側には、音響スタッフ、アニメ監督、脚本家、プロデューサー陣がいる。他方にはヘッドホンをし、脚本を手に、出番を待つ役者たちがずらりと並ぶ。

場合によるらしいが、私が知るのは緊張の現場ばかりだ。音響監督は、作品の「音」に責任を持つ。だから「声」にも恐ろしく真剣だ。特にMさんは声音の根本にある「意味」について容赦せず、監督にも遠慮なく聞く。

「絵で見ると近いよね。『それ』ってセリフじゃ言ってるけど、『これ』だよね」

というのは決して重箱の隅をつついているわけではない。

「『それ』だと距離があるから自然に声をはっちゃう。すぐそばにいるのに、相手と離れた芝居になるけど、いい？」

このようにA指示語一つで会話全体のニュアンスががらりと変わることがあるからだ。C複数の登場人物がいるとき、必ず複数の声優陣がいる。彼らが互いの感情の距離感を読み違えれば、芝居がちぐはぐになる。

Bその原因が、ときに文字数にして、たった二文字か三文字のセリフであったりする場合もある。

小説家としても身が引き締まるし、肝が冷える。甘いセリフなど、問答無用でたたかれる。

「この、『ああ。』の返事の意味は？　相手の感情に気づいたの？　相手に共感を示したいの？　それともこれ、単に会話をつなげたいだけ？」

という具合だ。

つ印を打って、嫌いなものをこの世から消そうとしていたのである。

2

(1)「肝が冷える」は「肝を冷やす」と同じで、「（危ない目にあって）ひやりとする・どきりとする」という意味である。筆者は、アニメーションのアフレコの際、音響監督のMさんがセリフの意味をアニメ監督に問いただしている場面にあった。そのとき、小説家として筆者の身が引き締まり、肝が冷える思いをしたのだが、その理由は二つ述べられている。

- Mさんは、絵で見ると近いので、セリフは「それ」ではなく「これ」のほうがよいのではないかと言っている。「それ」だと自然に声をはるので、すぐそばにいる人に用いると、「相手と離れた芝居」になり、絵の様子と合わなくなるからである。このように、「指示語一つで会話全体のニュアンスががらりと変わることがある」のは、小説を書くときも同様である。↓A
- 複数の登場人物を担当する声優陣が「互いの感情の距離感を読み違えれば、芝居がちぐはぐになる」。その原因は、「文字数にして、たった二文字か三文字のセリフ」である場合もある。ほんの短いセリフでも注意が必要なのである。↓B・C

合格プラス！

「〜と思う・感じる」という言葉を伴わずに筆者の思いを表すこともある。

ポイントチェック③

問一　否定的な意味に結びつく　問二　イ
問三　例　特別な意味をもたず、特別な感情にも結びつく必要がない場所だから。

解説

問三　「灰色が多い」のは、道路や建物のような「公共空間」だけでなく、「オフィスや自宅」なども同様である。それは、「特別な意味をもたず、特別な感情にも結びつく必要がない場所では、グレーのほうがよい」からである。

16 古文の知識

基本問題

1 ① おおきに　② あえなく　③ わらいあわれけり　④ まいる　⑤ いうよう　⑥ おとこ　⑦ よろず

2 (1) ① エ　② ア　④ ウ　(2) 係り結び　(3) ひとすじに

トレーニングテスト

1 (1) ① ウ
(2) ② そうろうぞ（そうらうぞ）　③ といければ　④ いえば
(3) 六十に余りさふらふ　(4) 七十四（歳）　(5) エ

2 (1) ア　(2) ② イ　④ エ　⑥ イ
(3) ③ なお　⑦ めずらしく　⑧ あいむかいたる
(4) 幾年あひ見ぬ人　(5) ウ

解説

1 (1) 傍注に、「僧□いた」とあり、「僧」と「有りけり」は、主・述の関係。よって、ウ「が」が正解。
(2) ② 語頭と助詞以外の「ふ」→「う」、「あう」→「おう」となるので、「さふ」→「さう」→「そう」、「らふ」→「らう」→「ろう」となる。
③ 語頭と助詞以外の「ひ」→「い」となる。
④ 語頭と助詞以外の「へ」→「え」となる。

注意しよう
設問に「すべてひらがなで」という指示があるので、漢字はひらがなに直す。

(3) 「かく」は、阿闍梨《あじゃり》が言った言葉を指す。
(4) 阿闍梨は、六十歳を十四歳過ぎているので、七十四歳である。
(5) 「思いのほか年をとってお見えになる」という意味。係助詞「こそ」は強調の働きをする。ここでは「老いて」を強調している。

【現代語訳】　武蔵国《むさし》に西王《さいおう》の阿闍梨という僧がいた。「お年は、いくつにおなりですか」と、人が尋ねたところ、「六十には余ります」と言うが、七十に余って見えたので、疑わしく思えて、「六十には、どれほど余っておいでか」と尋ねると、「十四余ってございます」と言った。余りすぎであった。七十と言ったよりも、六十と言えば、少し若い気持ちがして、こう答えたのだった。人の心の常である。
　お世辞でも、「お年よりも、はるかに若くお見えになる」と（人が）言うのはうれしく、「思いのほか年をとってお見えになる」と（人が）言うと、心さびしく残念なのは、だれしも同じである。

2 (1) 傍注に「どうしてこんなこと□あったのだろう」とあり、「かかること」と「ありけむ」は主・述の関係。よって、ア「が」が正解。
(2) ② 古文では、「めでたし」は「すばらしい・すぐれている」という意味。現代語の「おめでたい」という意味になることは少ないので注意する。
④ 「いと」は、「たいそう・非常に」という意味。
⑥ 「なかなか」は、「中途半端である」という意味と「かえって」という意味がある。ここでは、手紙を見ると、かえって、直接会っているときには言えない心のうちを表しているのを見る気持ちがすると述べられている。
(3) ③ 「ほ」→「お」。⑦ 「づ」→「ず」。⑧ 「ひ」→「い」。
(4) 「文といふものだに見つれば」とあるので、もらった手紙を読んでいるときに、手紙をくれた人と直接会っている気持ちがするのである。
(5) 「あひむかひたる」は、直接人と会って話すこと。本文では、手紙をもらうことはすばらしく思われるということが述べられている。

【現代語訳】　この世に、どうしてこんなことがあったのだろうと、すばらしく思われることは、手紙ですよ。「枕草子」に繰り返し述べているようですので、ことさら新しく申すまでもないが、やはり、たいそうすばらしいものである。はるか遠くの土地に離れ住んで、何年もお互いに会わない人であるけれど、手紙というものさえ見ると、今まさに向かい合っている気持ちがして、かえって、面と向かっては思っているほどのことも言い続けられない心のうちも表し、言いたいことも、こまごまと書き尽くしてある（手紙）を見る気持ちは、すばらしく、うれしくて、直接会って話すのに決して劣ってはいない。

17 古文の読解

基本問題

1 (1) 古殿 (2) Ⅰ 群臣 Ⅱ すべからず
(3) 例 （太宗の）新しい御殿
(4) A 農節 B 天地 C 例 自分の身体が害される

トレーニングテスト

1 (1) ① ウ ③ ア (2) ア (3) イ

2 (1) 知れる者 (2) 米銭なむあまたたまはりける（13字）
(3) イ (4) 狂人をまね～物取らせよ
(5) 例 まねであっても親孝行がよいことには変わりはないと考えたから。（30字）

解説

1 (1) ① 孝道入道が越前房の口出しをがまんして双六《すごろく》を打っていると、「この僧」（越前房）は口出しするのを途中でやめて立ち上がった。それで、孝道入道は、越前房がもう帰ったと思ったのである。

③ しかし、「かの僧」（越前房）はまだ帰っていなくて、「亭主」（孝道入道）のうしろに立っていた。それを、双六の相手がひざをついて知らせたので、孝道入道はうしろを振り向いて見たのである。

(2) ここは、孝道入道が越前房について言った言葉である。孝道入道が越前房の口出しを「にくしにくし」と思っていたことから考える。

(3) 「いとをかしかりけり」は、もう帰ったと思った越前房が自分のうしろにいるのを見たとき、孝道入道がとっさに言い直した「心はやさ」を指している。孝道入道は、前では「いい加減」という意味で「よき程」と言ったが、今度は同じ言葉を「ちょうどよい程度」という意味で言ったのである。

【現代語訳】 孝道入道が、仁和寺《にんなじ》の自分の家である人と双六を打ったところ、隣に住んでいる越前房という僧がやって来て、勝ち負けの判定をすると言って、様々の余計な口出しをしたのを、（孝道入道は）憎い憎いと思ったが、何も言わずに（双六を）打っていたところ、この僧が余計な口出しするのを途中でやめて席を立った。（越前房が）帰ったと思って、亭主（孝道入道）は、「この越前房はいい加減な人だなあ。」と言ったのだが、例の僧（越前房）はまだ帰らないで、亭主のうしろに立っていた。（双六の）相手は、（孝道入道に）またものを言わせまいと思って、亭主のひざをついたところ、（孝道入道は）うしろへ振り向いて見ると、この僧がまだいた。この時即座に、「越前房は高くもない。低くもない。ちょうどよい程度の方だ。」と言い直したことの、頭の回転の速さは、たいそうおもしろかった。

2 (1) 光圀《みつくに》殿がお尋ねになると、「知れる者」（母を背負った男を知っている者）が答えたのである。

(2) 「彼は先のことを聞きうらやみ」とある。「彼」とは、光圀殿が二度目に出会った男のこと。「先のこと」とは、親孝行な男を見て感動した光圀殿に、男が「米銭なむあまたたまはりける」（米やお金をたくさんいただいた）ことを指している。

(3) 「（先のことをまねて）物をいただこうとするようだ」と従者は言っている。男をあやしんで、光圀殿に注意をうながしているのである。

(4) 「それぞれ物取らせよとて」とあるので、「とて」の前までが、光圀殿の話した言葉である。「うち笑ひて」は光圀殿の動作なので、会話の始まりはそのあとからになる。

(5) 光圀殿は、たとえまねでも、親孝行のまねをするのはよいことだと考えているのである。

【現代語訳】 水戸中納言光圀殿が、狩りに出なさったときに、身分の低い男が、年老いた女を背負って、道のはしに休んでいたが、「どのような者か。」と（光圀殿が）お尋ねになると、（その男を）知っている者がいて、「彼は有名な親孝行の者で、母を背負って（光圀殿が）狩りをなさるお姿を拝見しているのです。」と言う。中納言殿はたいそう感動なさって、米やお金を（男は）たくさんいただいた。その後またある所で、同じような者に行き会ってお尋ねになると、（その男は）母を背負ってどこそこへ行くことを申し上げる。家来たちが「彼は先のことを聞いてうらやましく思い、それをまねて物をいただこうとするようだ。」と声をひそめて話したところ、光圀殿は笑って、「愚か者をまねるのは愚か者の仲間、親孝行な子をまねるのは親孝行な子の仲間である。よいことのまねをする奴《やつ》だなあ。それぞれ物を与えよ。」と言って、前と同様に米やお金をお与えになった。

18 漢文の知識・読解

基本問題

1 ① 将に行かんと欲す。 ② 士師と為りて、 ③ 必ずしも仁に有らず。

2 (1) ア (2) 不レ伐ラレ功ニ、 (3) ウ

トレーニングテスト

1 (1) 人主 (2) 在リレ不ルレ得レ一ヲ。 (3) 円・方 (4) ア

2 (1) 長短は我に在りて (2) 年 (3) ア

3 (1) 京　師ニテ　得タリ二家　書ヲ一 (2) Ⅰ 十五行 Ⅱ 早く郷に帰れ (3) ア

解説

1 (1) 「一手独り拍《う》つは、疾《と》しと雖《いへど》も声無し。」は、君主（人主）が「何かをやりかけても、臣下がだれも応じてこないこと」をたとえている。よって、「一手」＝「片手」は、一人だけで政治を行う君主（人主）を指しているとわかる。

(2) 書き下し文「一《いつ》を得《え》ざるに在り」と照らし合わせる。「在リ　不ルニ　得　一ヲ」を「4←3←2←1」の順で読むためにレ点を付ける。

(3) 「右手に円を画《ゑが》き、左手に方を画くは、両《ふた》つながらは成《な》す能《あた》はず。」は、「右手で円を描き、同時に左手で四角形を描けば、両方を完成することはできない。」という意味。「両つながら」は、「円」と「方」を指している。

(4) 君主は、臣下がだれも応じてこないことを心配している。臣下は、君主が臣下に心を一致させてくれないことを心配している。君主と臣下がそれぞればらばらなことをしていては、何もできない。つまり、君主と臣下が互いに心を合わせようとすることが大事だと述べている。よって、アが正解。

2 (1) 書き下し文の空所に当てはまるのは、漢文の「長　短ハ　在リテレ　我ニ」。

(2) 「待つ有るの一年は、何ぞ其の速やかなるや。」を受けて、「久速は心に在りて、□に在らず。」とある。つまり、「久速」（一年の速い・遅い）は、心に原因があり、□に原因があるのではないのである。空所には一字を入れるので、「一年」の「年」を入れる。前半の「冬日」「夏日」について、「長短は我に在りて、日に在らず。」とあるのもヒントになる。

(3) 本文では、怠けた冬の一日は長く、勤勉な夏の一日は短く、待つことがある一年は長く、待つことのない一年は短いと述べている。つまり、一日や一年が長いか短いかは、人の心のもちようであるということである。よって、アが正解。

【現代語訳】 怠け心の出る冬の日は、なんと長いことだろう。しっかりと学ぶ夏の日は、なんと短いことだろう。（一日が）長いか短いかは私（の心のもちよう）によっていて、日によるものではない。待つことがある一年は、なんと久しいことだろう。待つことのない一年は、なんと速いことだろう。（一年が）久しいか速いかは心のもちようによっていて、年によるものではない。

3 (1) 書き下し文「京師《けいし》にて家書《かしょ》を得たり」と照らし合わせる。「京　師ニテ　得タリ　家　書ヲ」を「1 2 5 3 4」の順に読むために一・二点を付ける。

(2) Ⅰ 「家書十五行」とある。家族からの手紙はたった十五行だけだったのである。

Ⅱ 最後の行に、「只道《ただい》ふ早く郷に帰れと」とある。手紙には、ただ「早く郷に帰れ」とだけ書かれていたのである。

(3) 一句が五字で、四句から成るので、「五言絶句」。

【現代語訳】 京師で家族からの手紙をもらった
長江は三千里を流れている。
（それに比べて）家族からの手紙は（たったの）十五行である。
手紙には他の言葉はなく、
ただ言う、早く故郷に帰れと。

合格プラス！
漢詩では、遠く離れた故郷や家族、古い友人を懐《なつ》かしむという主題が多い。

19 詩・短歌・俳句の知識・読解

基本問題

1 (1) ウ　(2) 例 春がやってきたこと

2 ① 四句切れ　② 三句切れ

3 ① 秋　② 夏

トレーニングテスト

1 (1) 地平線　(2) イ　(3) エ

2 (1) 別の視点　(2) 動詞　(3) ア　(4) ウ

3 (1) B 冬　D 春　(2) 記号 A　切れ字 や

(3) B　(4) ① C　② A

解説

1 (1) 詩の一～二行目に、「僕は地平線に飛びつく／僅かに指さきが引つかかつた」とある。鉄棒を「地平線」とたとえている。

(2) 「空間的な広がり」は、詩の中の「僕は世界にぶら下《さが》つた」「高くからの俯瞰《ふかん》／ああ　両肩に柔軟な雲」から感じられる。「顔を真っ赤にして体を引き上げ、鉄棒の上に静止するまでの様子」は、詩の中の「筋肉だけが僕の頼みだ／僕は赤くなる　僕は収縮する／足が上《あが》つてゆく／おお　僕は何処《どこ》へ行く／大きく世界が一回転して／僕が上になる」に表現されている。この部分からは、「僕」が力強く逆上がりをする様子が感じられる。

(3) 詩に用いられている言葉は、「引つかかつた」「ぶら下つた」のように促音が大きく表記されているが、用語としては文語ではなく口語である。また、音数に一定の決まりは見られないので、自由詩である。

2 (1) 「その喩《たと》えとしての『補助線』」とあるので、直前の一文を見る。「別の視点を持ち込む」ことを、冒頭の短歌では、「こころに一本補助線引いた」と表現している。

(2) 筆者が工夫した短歌では、「悩みが消えなくて」を「悩みが解けなくて」と、動詞を「消える」から「解ける」に変えている。

(3) 「『悩みが解けない』とはあまり言わない」とあるが、筆者は、「補助線の比喩」と関連させて、あまり言わない表現のほうを採用した。それは、そのほうが表現としておもしろいし、「問題がこんがらがっている感じも出せる」からである。つまり、表現に工夫をしたということである。

(4) 筆者が工夫した最後の短歌では、「こころに一本引いた補助線」と、「補助線」を最後に置いて強調している。この表現技法は「体言止め」である。

3 (1) Bの俳句の季語は「小春日和《こはるびより》」で、冬。Dの俳句の季語は「桃の花」で、春。

合格プラス！
季語は、花・鳥・昆虫・天候など。季節ごとに整理して覚えておこう。

(2) 切れ字は、「や・かな・けり・ぞ」などである。Aの俳句に、「青天《せいてん》や」と切れ字が用いられている。Eの「かがやけり」は、動詞「かがやく」の活用形（已然《いぜん》形）「かがやけ」に助動詞「り」が付いたものである。

(3) 字余りは、音数が定型の五音・七音よりも多いこと。Bの俳句の「玉のごとき」は六音で、字余りになっている。

(4) ① Cの俳句では、コスモスが群れ咲く姿を、「押しよせてゐる」と、人間にたとえて表現している。これは擬人法である。

② 「空のすがすがしさを強調し」、「目の前にくっきりとした花の形を描」いている俳句は、AとE。このうち、「晩春の雰囲気を表現している」のは、春の季語「梨の花」を詠《よ》んでいるAの俳句。Eの俳句の「向日葵《ひまわり》」は夏の季語。

ポイントチェック④

問一 イ　問二 木こり　問三 ウ　問四 人はただ歌

解説

問三 和歌の中の「よき」は、「斧《よき》」と「よき」（良いもの）の掛詞《かけことば》になっている。

基本問題

1 例 B

「うれしい」は、「人にほめられると、うれしい。」のように用いる。この気持ちは、他の人から何かをされたときに感じるものである。つまり、「うれしい」は、受動的な気持ちを表すときに用いると考えられる。

それに対して、「楽しい」は、「サッカーをすると、楽しい。」のように用いる。この気持ちは、自分の意志で何かをしたときに感じるものである。つまり、「楽しい」は、能動的な気持ちを表すときに用いると考えられる。

解説

1 ○Aを選んだ場合

①使用する 例「洗濯機を使用して、汚れ物を洗う」…あらかじめ決められた目的のために道具などを使うときに用いる。

②活用する 例「図書館を活用して、調べものをする」…自分にはっきりとした目的があって、そのために道具や施設などを使うときに用いる。

○Cを選んだ場合

①ごはん 例「ごはんをおかわりする」…家の中で食事をするときのように、私的な場面で用いる。

②ライス 例「レストランで、ライスを注文する」…外食をするときのように、公共的な場面で用いる。

①と②の言葉の意味と用法は、対比の関係にあることを念頭に置いて考えるとよい。使い方の違いが明確に説明され、それに合った具体的な用例が挙げられていればよい。A～Cの三つの組が与えられているので、自分の書きやすいものを選ぼう。

トレーニングテスト

1 例

私が外国の人に伝えたいと思う日本のすばらしさは、和食です。和食はカロリーが少なく、健康によいものです。だしのうま味には魚の栄養分が含まれているし、調味料のしょうゆや酢は農産物を原料にしています。

青森に旅行をしたとき、細かく野菜が刻まれた汁物を食べました。その汁物は昆布のだしがよく出ていて、おいしかったのを覚えています。日本の魚や野菜を使った和食は、外国の人もきっとおいしいと思うでしょう。

2 例 桜の並木道

私は、「包む」という言葉から、桜の並木道の風景を思い浮かべました。

私の住んでいる町にはお城があり、その中の公園に桜の並木道があります。桜が満開になると、道の両側に、花をいっぱいに付けた桜の木が並びます。並木道を歩いているときに風が吹くと、花びらがたくさん舞い散ります。そのとき、まるで桜の花に包まれているような気がします。

3 例

私は、一人で考えるよりも、何人かの人が集まって知恵を出し合うほうがより有効な場合が多いと思う。

私は新聞部に入っていて、編集部員として毎月、学校新聞を発行している。次に出す新聞の特集テーマは、編集部で会議をして話し合うのだが、そのとき、一人ひとりが案を持ち寄ることにしている。すると、誰かが出した案をヒントにして、別の人がもっと良い案を出すことがある。このように、大勢で知恵を出し合うほうが良い結果を生むと思う。

4 例

調査結果から、決まったあいさつの言葉に他の言葉を加えたいと考える人や動作、他の言葉で表すほうがよいと考える人が約75％いる。ふだんの生活において、決まったあいさつの言葉だけではもの足りないと感じていることがわかる。

私は、親しさを表すには、決まったあいさつも必要だと考える。親しき仲にも礼儀ありというとおり、相手を大切にする気持ちが伝わる。その上で状況に応じて、気遣う言葉や手を振る動作などがあるとよいと思う。

解説

1 外国の人たちに伝えたい「日本のすばらしさ」について、自分が思ったことを、わかりやすく書けていればよい。一段落目に具体例、二段落目にそれをすばらしいと考える理由を書くようにすれば、論理の展開がわかりやすくなる。

具体例としては、次のようなものが挙げられる。

- **日本特有の伝統・文化**…行事（盆踊り、花火大会）・芸能（能や狂言、歌舞《かぶ》伎《き》、文楽《ぶんらく》）・文学（短歌や俳句）・食（和食、和菓子）など。
- **日本の美しい自然**…世界遺産に指定されている自然公園や里山の風景など。
- **日本の最近の文化**…ゲーム・アニメ・コミックなど。
- **日本人に特有の行動様式**…行列に整然と並ぶ・交通ルールを守るなど。

2 「包む」ということばから思い浮かべることを書くのだから、これが正解、これが間違いというものはない。「包む」ということばから思い浮かべたことが、きちんと関連をもってわかりやすく書けていればよい。字数は百八十字以内なので、一段落でもよいが、なるべく二段落で書くようにする。

思い浮かべる具体例としては、次のようなものが挙げられる。

- **自然に包まれる**…公園の緑・暖かい日差し・深い霧など。
- **人間関係に包まれる**…同級生や部活動の友人、家族など。
- **感情を包む**…うれしさを包みかくす・悲しみに包まれるなど。

3 「一人で考える」「何人かの人が集まって知恵を出し合う」のどちらに賛成してもよい。それぞれの具体的な場合や場面が適切で、理由が説得力をもって書かれていればよい。自分のこれまでの体験を思い出して、「一人で考える」「何人かの人が集まって知恵を出し合う」のどちらかが有効な例を書く。次は例であり、逆の方が有効であることも考えられる。

- **「一人で考える」ほうが有効**…個人で行う分野。スポーツの個人競技・ゲーム（将棋など）・試験勉強・絵画・小説など。
- **「知恵を出し合う」ほうが有効**…グループや団体で行う分野。スポーツの団体競技（サッカーなど）・演劇・映画・バンドなど。

二百字程度という字数の場合は、解答用紙にもよるが、プラスマイナス一割の範囲（百八十～二百二十字）で書くようにする。

注意しよう

指定字数の九割以上は書こう。字数オーバーになってはいけない。

4 調査結果のグラフを見て、どのような特徴があるかを読み取ることが大切。次の特徴に注目する。

- 最も割合の大きな項目は、「決まったあいさつの言葉に他の言葉を加えたほうがよい」である。二番目に割合の大きな項目である「決まったあいさつの言葉だけで十分だ」よりも、二倍以上も大きな割合を占めている。
- 「決まったあいさつの言葉だけで十分だ」は全体の四分の一である。
- 「決まったあいさつの言葉だけで十分だ」以外の項目の合計が75％を占めている。

これらの特徴から、決まったあいさつの言葉に他の言葉を加えたり、動作や他の言葉を使うほうがよいとする人が多いと考えられる。与えられた意見文の初めの部分では、「決まったあいさつの言葉」についてふれているので、それと今回の調査結果とを合わせて、自分の考えを書けるようにする。

合格プラス！

グラフの読み取りは、割合が大きな項目に着目する。

21 論説文頻出テーマ① 自然・環境

問一 発芽後にも使える水（9字）

問二 ・例 種皮の中の発芽を阻害する物質が多量の水に溶けてなくなった時。（30字）

・例 堅くて厚い種皮が微生物によって分解されてやわらかくなった時。（30字）

問三 A ひどい乾燥や低温

B 発芽していない種子

解説

問一 種子が生きていける場所を慎重に見きわめて発芽しなければいけないのは、この段落の初めにあるように、種子はいったん発芽をはじめればあと戻りはできず、生涯、移動することはないからである。

では、乾燥した地域に生きる植物の種子の場合、何の存在を見きわめる必要があるのだろうか。第四段落に、

・「発芽する際、もっとも気をつけねばならないのは、発芽後にも使える水があるかどうかである」

とある。発芽するときに水があっても、「発芽後に水が不足すれば、芽生えは、たちまち枯死してしまう」。種子たちは、「発芽した後に根を張りめぐらすのに使える水が十分あるかを、発芽の際に見きわめなければならない」のである。

問二 ――線②のあとに続く三つの段落から読み取る。「発芽したあとも水がある」ことを種子たちが知るためのしくみとは、言い換えれば、種子が発芽するときのしくみのことである。本文では、二つの例が挙げられている。

・種皮の中に、水に溶ける性質を持った、発芽を阻害する物質を含んでいる種子

↓

多量の雨が降って、種子が水につかると、阻害物質は水に溶けて流れ去る。

↓

からだから阻害物質がなくなり、種子は発芽する。

・種皮が堅かったり厚かったりして、発芽に必要な空気（酸素）や水が種皮を透過しないために、発芽しない種子

↓

堅くて厚い種皮が微生物によって分解されてやわらかくなると、発芽する。

…微生物が多くいるのは、水分が十分にあり、肥沃な土壌であることを意味する。

以上の二点をそれぞれまとめる。「三十字程度」という指定があるので、プラスマイナス一割の二十七〜三十三字程度で書くようにする。

注意しよう

「〇字程度」と字数指定のある記述問題は、プラスマイナス一割で書こう。

問三 ――線③の直前に、「同じ年に結実した種子でも、散布された環境により、発芽する時期は大きく異なる」とある。発芽に適した環境に散布された種子は発芽し、発芽に適さない環境に散布された種子は発芽しない。これは、どのように種族の存続に有利に働くのだろうか。

――線③の直後には、「散布された環境によって発芽する時期が違えば、発芽は、何か月、何か年にもわたって、ぽつぽつおこる」とある。一時期にすべての種子がいっせいに発芽するのではなく、ある種子が発芽したときも、まだ発芽していない種子が必ず残るのである。

自然においては、「ひどい乾燥や低温などのために、発芽した植物がすべて枯死することもある」（↓A）。その場合、すべての種子が発芽していれば、その種子は全滅し、種族が途絶えてしまうが、「まだ発芽していない種子があれば、その植物の種族を存続させることができる」（↓B）。

ひどい乾燥や低温がなくなったあとに、残っていた種子が発芽すれば、種族はこれからも存続していける。発芽する時期が種子によって異なることで、種子が全滅してしまうことを防ぎ、長い間、種族が存続することができるのである。

22 論説文頻出テーマ② 社会・生活

問一 C
問二 イ
問三 例 かつては衣服を最後まで大切に使い切ったが、現代のファッションには安く買った服を使い捨てにさせるような異常な面があるということ。（63字）

解説

問一 抜けている一文の内容と、それぞれの空欄の前後の内容を比べて、適切なものを選ぶ。次のような手順で考えるとわかりやすい。

1抜けている文の中で注目すべき言葉を探す――「拍車をかける」

「拍車をかける」は、「物事の進みをいっそう早める」という意味。「何が」、「何の」進みを早めたのかを考えると、手がかりになる。

「何が」は、文の中にある「温暖化による気候変動や石油枯渇が」である。

2「何の」進みかは、空欄の前にあるはずである。

A「インドやパキスタンで洪水が起き、中国でも干ばつがあった」
B「ウールやシルクは……畜産物なんだ」
C「『食料危機』が危惧され……世界人口は九〇億を突破する」
D「衣服の自給率……二・八％」

これらを比べると、Cが最も適していることがわかる。「食料危機」の進みを早めるのが、「温暖化による気候変動や石油枯渇」となる。

3空欄に入れて確かめてみる。必ず前後の文とのつながりを確認する。

問二 ――線①の内容と、選択肢の内容を比べて判断する。

――線①の「日本の立ち位置の危うさ」とは、その少し前にある「衣服を自分たちでまかなう力をもはや全く持っていない」という日本の現状を指す。

一方、ア〜エの選択肢を一つ一つ要約していくと、

ア「日本が食料と衣服とを関係のないものとして扱っていることは危険」
イ「日本が食料や衣服の原材料のほとんどを外国に依存していることが危険」
ウ「日本は、食料だけでなく衣服の自給もあきらめているのに、災害などが起きて輸入できないことになれば危険」
エ「日本は食料以上に衣服を自給できないのに、大量生産・大量消費を続けていくのは危険」

このうち、アとエは除外できる。エは一見正しそうに見えるが、大量消費の話は、この時点では出てきていない。イとウを比べたとき、ウの「衣服の原材料は自給することもあきらめている」とは、本文中には書かれていない。

問三 「『かつて』『現代』の二つの言葉を必ず使い」とあるので、かつての状況と現代の状況とを対比させて考える。

文章中で、「かつて」にあたるのは終わりの二つの段落で、重要な言葉として「貴重な布をどれだけ大切に使ってきたか」「最後まで無駄にすることがなかった」などが挙げられる。

一方、「現代」にあたるのは、――線②を含む段落。「クリーニング代のほうが買値よりも高いから、まだ着られる服を捨ててしまう」とある。また、現代を「異常な時代」と表現している。

以上の二つの状況をまとめ、指定字数を守って書くようにする。

なお、論説文は、筆者の考えを読者に共感してもらえるよう、事例が吟味されている。ただ、この文章を読み進めるうちに、いくつか疑問点も浮かびあがってくるだろう。

例えば、「衣料と食の危機」は本当に同レベルなのか（食料とは違い、衣料はすぐには尽きないのではないか）。クリーニング屋にたまたま来店した客の出来事を事例として挙げ、すべての人の行動のようにとらえさせていないか、などである。

こういった、文章を「クリティカル（批判的）」に読む力は、文章を深く読み取ったり課題作文で自分の意見を述べたりするときに役立つ。まずは、筆者の意見をきちんと読み取ることが大切だが、文章と「対話しながら」読む、といった行為も、国語の力をつけるポイントとなる。

！ 注意しよう
記述問題の条件を正しく理解して解答を書こう。

問一　宛名が赤ん坊になって
問二　ウ
問三　ウ

解説

問一　――線部を含む段落を読んで、筆者が挙げた具体例の意味を理解する。

具体例の要約…「御出産おめでとうございます」という祝いの手紙――宛名が赤ん坊になっていた。出産したのは母親であるし、赤ん坊は字を読めないので、母親が読む内容になっている。

　このことを筆者は、「つじつまの合わない」と表現している。

　設問の空欄の前後と、具体例の要約を比べて空欄に入る言葉を探す。空欄のすぐ後に「いたのに」という逆接を表す言葉があることから、空欄には「文章が母親に合わせて書かれていた」とは、逆の内容が入るはずである。十字という字数指定もヒントとして考える。

　――線部よりも三行前に「宛名が赤ん坊になって」とあり、これが正答。


問二　A のすぐ後に注目して文章のつながりをつかむ。

「A 次第で効果も逆効果もある」とあるので、何がどんな効果を生むと述べているのかを確かめる。A が含まれる段落では、主に次のような具体例が挙げられている。

「都下　小金井市《こがねいし》」と宛てたはがきを受け取ったことがある。
- 筆者の感じ方…「都下」という言葉に、ほのかに文学的かおりが漂う、のんびりとした雰囲気を味わう。
- 東京の中心街から遠い土地に住んでいることを気にしている人間が読んだ場合の感じ方…都心に住む人が近郊を「いなか」と見くだすまなざしを感じとるかもしれない。

効果と逆効果といっているのは、この二つの感じ方のことである。「都下」という一つの表現には、二つの相反する印象を与える効果がある。それは、受け取る人次第で、良いようにも悪いようにもとられてしまうということである。

　また、最終段落には「……相手も不特定だから……ますます油断がならない」とある。

　これらの内容から、選択肢の中では、**ウ**の「相手」が適切ということになる。


問三　文章全体の構成をつかみ、筆者の意図を適切に読み取ることにより、正しい選択肢を選ぶ。

　初めの段落で重要な部分は、最後の一文の「どのような人間が読むかという点を一切抜きにして、絶対すぐれた文章などというものはありえない」という部分である。文章は読み手という対象を意識して書かれるべき、という意見が、文章全体をとおして何度も述べられている。

　また、その意見に沿った具体例が各段落で示されている。第三段落では子供を宛名にしてしまった出産祝いの手紙の例。第四段落では、「下阪《げはん》」、第六段落では、「都下」という言葉に対する受け取る側の印象について述べている。

　このような文章の概略をつかんでおいて、それぞれの選択肢の内容を確認すると、**ウ**の「複数の具体例」や「意見を繰り返して示し」などが合致することがわかる。**ア**は「文章作法書の手順に従って全体を構成」が合わない。**イ**は「最初に疑問を述べ」ていないので、合わない。**エ**は「間違いを積極的に修正する必要性」については述べられていないので、合わない。

注意しよう
文章全体に対する選択問題は、筆者の主張だけでなく、事例を含めた要旨をとらえたうえで選択肢を見ていこう。

24 小説文頻出テーマ① 友情

問一 イ

問二 例 三上くんとのつながりをわずかに取り戻した（20字）

解説

問一 少年が「泣きたくなった」のはなぜか、前後の部分から読み取る。また、本文の内容と照らし合わせながら合致する選択肢を見つける。

選択肢を一つ一つ見ていくと、次のようなことがわかる。

ア 「三上くんのわがままな態度」とあるが、三上くんは「気まずそうに」言っているので、わがままな態度はとっていない。また、少年も後悔はしているが「怒りを感じて」はいない。

イ 「自分が孤立」したのは、三上くんの友だちとは初めて会うからであり、「三上くんにもぞんざいに扱われ」たと感じたのは、ピンチヒッターにされたからである。

ウ 「からかわれている自分を三上くんがかばってくれた」という部分が本文と食い違う。

エ 三上くんは少年を「おとしめるような話」はしていない。また、「仲間の輪から外そう」ともしていない。

したがって、正答はイである。

問二 三上くんのグローブに「南小4年1組フォーエバー！」と書かれていたことを、少年は「うれしいのか悲しいのかよくわからな」いと感じている。三上くんがそれを書いたときの気持ちと、今の状況を比べると、少年は三上くんとのつながりが切れつつあると、考えてしまう。それは、三上くんが少年の知らない新しい友だちに囲まれ、楽しそうにしている様子や、少年が一人でバスを待ちながら、「『三上、元気かなあ……』なんて言わない。これからは、ずっと」と思っていることからもわかる。

しかし、キャッチボールをしながら自然と笑みが浮かんだことから、このままつながりが切れてしまうことを、少年自身は望んでいないと考えることができる。それらのことから、「うっすらと積もっていた砂埃《すなぼこり》が拭い取られて」「南小4年1組フォーエバー！」の文字が、少しだけ「鮮やかになった」という表現は、少年の気持ちを象徴した描写になっているということを読み取る。少年は、心の中で消えてゆくと思われたつながりを、わずかに取り戻したのである。以上のことを踏まえて、空欄に合う形になるように、二十字以内にまとめて解答する。

合格プラス！
人物の心情は、それまでの会話と人物のふるまいを総合してとらえる。

問一 例 二年生との試合に臨んで、自信とやる気に満ちあふれている様子。（30字）

〔別解〕二年生との試合に勝てそうに感じて、闘争心が高まっている様子。（30字）

問二 ウ

問三 エ

解説

問一 リード文などを参考にどういう場面かをおさえ、――線①の前後の文脈から、ジュンペーの心情をとらえる。

〔場面〕

・ジュンペーは、二年生とのバスケットボールの試合に臨むところである。試合に勝てば、二年生との練習への参加が認められる。→この試合には「大きなものが賭けられている」。

・ジュンペーは、二年生に勝つために、夏休みは練習漬けの日々を送った。そして、いよいよ試合の朝になった。

〔前後の文脈〕

・ジュンペーは、顔を洗うため、洗面所に行った。鏡に映った自分の顔を見て、「いける。いけるぞ。寝不足だけど、調子はいい」と思った。→調子がよく、二年生に勝てそうに感じている。

・「いつもの自分の顔じゃない。こんなに気持ちが乗った朝はない、と思った」→自信とやる気に満ちあふれている。

以上をまとめる。

――線①「派手に水を跳ね散らかしながら顔を洗った」という振る舞いからは、闘争心が高まっていることがわかるので、その点を答えてもよい。

問二 ――線②「ぼくはうなずいた」のは、父の「行ってこい」という言葉に対してである。父とのやりとりから、ジュンペーの心情を読み取る。

父は、ジュンペーに、「勝てそうなのか」「二年生は強いのか」「相手の実力も知らんのか」「見たことないのか」「大丈夫なのか」と、次々に問いかけており、ジュンペーの試合が気になっていることがわかる。それに対して、ジュンペーは、「実力を出せればいけると思う」と答えている。

朝食を食べ終えたジュンペーは、試合開始まで三時間もあるのに、もう学校に行こうとする。

・「ぼくのやる気はマックスだった。とにかく行かねば。早く行かねば」→気合いがいっそう高まり、意気込んでいる。

そして、「行ってこい」という父の見送りの言葉にうなずき、「試合だ。今日は試合なのだ」と、意気込みを新たにしている。よって、ウが正解。

ア 「他人事のような父の態度」が誤り。

イ 「うなずくことしかできないほど焦《あせ》っていた」が誤り。

エ 「それまで勝負にこだわっていた気持ちが和んだ」が誤り。

問三 選択肢の各文の説明を、本文と照らし合わせて確かめる。表現について説明した部分と心情について説明した部分をそれぞれ検討する。

ア 「いける。いけるぞ。寝不足だけど、調子はいい」「ぼくはうなずいた。試合だ。今日は試合なのだ」のような短い文は、試合を前にしたジュンペーのやる気の高まりを表現している。よって、「試合を目の前に控えて混乱する主人公の気持ち」が誤り。

イ ジュンペーは、「二年生がどこでどんな練習をしているのか、ぼくたちは知らないんだ」などと言っているが、「二年生に対して不満」を持っていることは読み取れない。

ウ 「ぼくはもりもりとご飯を食べた。自分でも信じられない速さだった」「ぼくはひと言も喋《しゃべ》らず、テーブルの上にあったものを全部食べた」という食事の描写は、両親に対する反発ではなく、ジュンペーのやる気が高まっていることを表している。

エ 「いける。いけるぞ」「とにかく行かねば。早く行かねば」「試合だ。今日は試合なのだ」という繰り返しの表現は、ジュンペーの気持ちの高まりを表している。よって、エが正解。

26 小説文頻出テーマ③ 悩み・葛藤

問一 イ
問二 ア
問三 A もうプロ棋士にはなれないという悲しみを感じていた
B プロになれなくとも自分は将棋が好きだという思いを再確認することで

解説

問一 本文の内容と選択肢の内容を比べ、適切なものを判断する。

すぐ前の、父の長い言葉の最後に、「申しわけなかった」とある。父が頭を下げたのは、その言葉に通じた動作であると考える。では、父は何を謝っているのか。父の言葉を遡っていくと、「今日まで、ひとりで苦しませて」とあり、祐也《ゆうや》が、将棋に打ち込む中でひとり苦しんでいるのを、「どうやってとめていいか、わからなかった」というのがその内容である。

次に、選択肢を見ていくと、

ア 「将棋を続けるという道を閉ざすこと」とあるが、そのことを謝っているのではない。父は「将棋は、一生をかけて、指していけばいい」と言っている。

イ 「何もしてあげられなかった」とあるが、これは、父の言葉の「ひとりで苦しませて」しまったということと同じことを指している。

ウ 「勉強を強要する」という内容が本文とは合わない。——線①よりもあとの場面で父は、「高校は、偏差値よりも、将棋部があるかどうかで選ぶといい」と助言している。

エ 「秀也《しゅうや》のことを第一に考えていた」が本文と合わない。秀也のことで祐也がプレッシャーを感じていただろうということしか本文には書かれていない。

したがって、イが正答ということになる。

問二 選択肢の内容を確認し、祐也の心情を読み取る。

「顔がほころぶ」とは、笑顔になること。祐也は母がいつもどおりに話してくれたことで、笑顔になったのである。

選択肢を見ていくと、

ア 母の態度に「心が和らぐ」が、本文と合致する。

イ 「無理をして自分を励まそうと」や「同情する」が本文と合致しない。

ウ 「あきれる気持ち」が本文と合致しない。

エ 「自分を子供扱いする母」が本文と合致しない。

したがって、正答はアである。

問三 二つの……線部の祐也の気持ちの違いを考える。

aのほうでは、「悲しみにおそわれたのは……」や「もう、棋士にはなれない」とあるように、悲しみが強く表れていることが読み取れる。

だが、bのほうでは、将棋にまつわる過去の記憶や、今日の対局のことなどを思い返すうち、「プロにはなれなかったけど、それでも将棋が好きだ」という気持ちになっていく。aのときより、前向きになっている祐也の気持ちが表れているといえる。そして、今度は「うそ偽りのない思いにからだをふるわせながら」眠りに落ちていくのである。

設問の A ・ B にあてはまるように、この内容をまとめる。字数指定はないが、前後のつながりを考えて書くようにする。

合格プラス！
人物の心情の変化は、本文に書かれていることを手がかりにして考える。

問一　と同時に
問二　イ
問三　自分の作品

解説

問一　「その動き」とは、直前の一文の「それ（＝実験用の台車）を追って一斉に駆け出した人々の大きな動き」を指している。リード文にあるように、筆者たちはこの時、工場で軽四輪乗用車を試作していた。筆者は、始走式のとき、台車の走る姿よりも、「それを追って一斉に駆け出した人々の大きな動きの方」に「感動をさそわれた」と述べている。

その時の様子は、[1]段落に詳しく書かれている。この段落の中で、筆者が抱いた感覚をたとえを用いて表した一文は、

・「と同時に、車を追って思わずどっと駆け出した人々の動きが、まるで自分の血のように身体の中に脈打っているのを感じてもいた」の部分。

工場の人々と気持ちを通わせた感動が、直喩を用いて表現されている。

問二　「それ」は、「多数の人々が集ってなにか一つのことを成し遂げた時」に生まれる感動を指している。

それは、たとえば、

・「優勝したスポーツチームの選手が泣く」こと
・「力を合わせて準備した催し物が成功した時に胸が熱くなったりする経験」

である。

筆者は、これらの感動よりも、「労働の場における始走式や進水式の感動」のほうが「重みがある」と思っている。そこで、筆者が「労働の場における始走式や進水式の感動」をどのようにとらえているかを読み取る。

筆者が始走式で見たのは、「喜びの涙にくれて肩を抱き合ったり、固い握手を交わしたりする光景」ではなく、「ただ、走った、走った、と声をあげて試作台車を追っただけで」、「あとは構内を遠ざかって行くその車の後ろ姿を腕を組んでじっと見つめている」人々だった。その「一種寡黙な感動」に、筆者は「重み」を感じた。

筆者は、この重みは、「感動の中心にあるのが労働であったからに違いない」という。労働は、

・「日常作業の眼《め》には見えぬ無限の積み上げが到達した成果」

である。

それゆえ、労働には、

・「日々の生活自身の重みがゆったりと詰め込まれていた」

と考えているのである。以上から、イが正解。

ア　人々は、「走った、走った、と声をあげて試作台車を」追い、「寡黙な感動」をもって、「構内を遠ざかって行くその車の後ろ姿を腕を組んでじっと見つめて」いた（[4]段落）。その時人々は、「しみじみと自らの仕事をかみしめていた」（[5]段落）。よって、「始走式を迎えてやっと単調な日常作業から解放されたという喜び」が誤り。

ウ　[5]段落に、「特別の決意や際立った忍耐を必要とはしない（日常作業）」とある。よって、「労働のつらさに耐えながら日々生活を送っているという連帯感があるように感じられた」が誤り。

エ　[4]段落に、「口に出し、身体に現さずとも、心の内にあるものは自然にわかり合っているのだ、という暗黙の了解」とある。よって、「人々にはそれ（＝感動）を口に出したり身体に現したりしてはいけないという暗黙の了解」が誤り。感動を表現することを禁止されているわけではない。

問三　空所には、試作にかかわったすべての人たちが、完成した台車をどのようにとらえていたかが入る。説明した文に「試作にかかわったすべての人たち」とあるので、同じような言葉が使われている箇所を本文中から探す。すると、[2]段落に、

・「一台だけのあの車は、試作に携わったすべての人々にとっての自分の作品であったのかもしれない」

とある。

合格プラス！
空所補充は、本文中で同じような意味の言葉が使われている箇所を探す。

28 随筆文頻出テーマ② 日常の出来事

問一 例 豹は体が小さくても猛獣だが、象は体が大きくても猛獣ではない（と考えている。）（29字）
〔別解〕豹は猛獣だが体はわりと小さく、象は体が大きいが猛獣ではない（と考えている。）（29字）

問二 例 象は猛獣だとみんなにいい負かされても、すぐには納得できないこと。（32字）
〔別解〕象は猛獣ではないと思うのに、みんなにいい負かされてしまったこと。（32字）

問三 不服

問四 ウ

解説

問一 「その子」が言った言葉から、豹《ひょう》と象に対する気持ちを読み取る。

・「ヒョーっていうのは、わりとちっちぇなあ。もっとでっかいといいのに！」
・「象は違うぞ、あれは猛獣じゃない。いくらでかくても象は猛獣じゃない」

それを聞いた筆者は、「彼はヒョーを猛獣だと承知していたのだし、実際に眼《め》で見たところでも猛獣であることを納得した」「ただ、彼の思っていたより豹が小さい軀《からだ》だったことは、いささか残念なのだろう」と考えている。「その子」は、実際に豹を見て、猛獣だと納得したが、思っていたより体が小さいと感じ、象はいくら大きくても猛獣ではないと思っている。

問二 筆者がなぜ「その子」に同情したかではなく、どのようなことに同情したのかが問われていることに注意する。

「その子」は、「いくらでかくても象は猛獣じゃない」と言い張ったが、「いい負かされてしまった」。「その子」は、「象に猛獣という観念を持っていなかったのだし、眼で見たところも猛獣という気が起きなかった」のである。

それについて、筆者は、「それは友達にいい負かされたことぐらいで、すぐに納得できない性質のものである」と考えている。これらをまとめる。

問三 「私は同情するのだった」以降に述べられた、筆者が感じ取った「その子」の思いを読み取る。

「その子」は、

・「豹がわりに小柄な動物だったにしても、あれは猛獣だと納得できる」
・「象は大きくても猛獣のなかへ数え入れるのは、彼には□なのだ」

と考えている。つまり、「その子」は、猛獣であるかどうかは、体の大きさでは決まらないと考えている。それゆえ、

・「猛獣だと友達のみんながいいまくるから、呑《の》みこんでしまったものの、つかえていて腑《ふ》に落ちないのである。こなれないのである」

空所には、「納得できる」と反対の意味の言葉で、「腑に落ちない」「こなれない」と同じ意味の言葉が入る。二字の熟語を本文から探すと、「象を猛獣に入れるのは不服なのだ」「不服きわまる顔つき」とある。

問四 選択肢の各文の説明を、本文と照らし合わせて確かめる。

ア 全体が本文に書かれていない。

イ 筆者は、「動物の見かたや区わけのしかたは、人それぞれの納得」だと述べている。よって、「子どもたちはまだ区わけの規則を理解していない」が誤り。

ウ 区わけは「納得からはじまらなくてはならない」とある。また、最後の文に、「彼もやがて子どもの父になって、その子を連れて象の前に立ったときどんな区わけで話すだろう」とあり、筆者は「その子」が大人になったときも象は猛獣でないというかはわからないと思っている。よって、正解。

エ 「猛獣が動き始めれば子どもたちはみな猛獣のしるしを見いだすだろう」とは、本文には書かれていない。

注意しよう
本文に書かれていないことが書かれている選択肢は、正解にはならない。

29 古典① 古文

1
問一　ひろいいたる
問二　母
問三　イ
問四　例 母が曽参に帰ってほしいと思って指をかんだことが、遠くの曽参に伝わったこと。（37字）

2
問一　いわいたり
問二　きれい ～ あけよ
問三　例 初春の朝にいつも出されるはずの茶菓子が出てこなかったから。（29字）
問四　a 鉢　b 割る　c 八割　d 上がる

解説

1
問一　語頭と助詞以外の「ひ」→「い」に直す。「ゐ」→「い」に直す。

問二　「母留主《るす》にゐたりけるに、親しき友来《きた》れり」とあり、母が留守番をしているところに、曽参《そうしん》の友人がやって来た。よって、「これ」（＝曽参の友人）をもてなしたいと思ったのは母である。

問三　「もとより家貧しければ」は、「もともと家が貧しいので」という意味。「かなはず」は、親しい友人をもてなしたいという母の思いがかなわない（友人をもてなすことができない）ということ。よって、イが正解。

問四　――線③の前の部分から、どのようなことが親子の情愛が深い証拠といえるのかをとらえ、まとめる。

　母は、曽参の友人をもてなすために、曽参が帰ってほしいと思って、自ら指をかんだ。曽参は、急に胸騒ぎがしたので、急いで家に帰ってきた。このことについて、筆者は、「このように指をかんだのが、遠いところの曽参に伝わったのは、曽参がとりわけ孝行であって、親子の情愛が深い証拠である」と言っている。

【現代語訳】　曽参がある時山中へ、薪《たきぎ》を取りに行きました。母が留守番をしていたところ、（曽参の）親しい友人がやって来た。（母は）この人（＝曽参の友人）をもてなしたいと思うけれども、曽参は家にいなくて、もともと家が貧しいので（もてなすことが）できず、（母は）曽参が帰ってほしいと思って、自ら指をかんだ。曽参は山で薪を拾っていたが、急に胸騒ぎがしたので、急いで家に帰ったところ、母はありのままをくわしく語りました。このように指をかんだのが、遠いところ（の曽参）に伝わったのは、（曽参が）とりわけ孝行であって、親子の情愛が深い証拠である。一般に曽参のことは、ほかの人の孝行と違って心と心が通じていることを言うのである。奥深い道理があるにちがいない。

2
問一　語頭と助詞以外の「は」→「わ」、「ひ」→「い」に直す。

問二　「家の者に」は「言ひて」にかかる。引用を表す「と」に着目する。「きれいにすすぎてあけよ」が、妻の言った言葉。

問三　「正月のいつもの茶菓子が出るだろうか」と思って亭主は待っていたが、鉢は割れてしまったので、茶菓子は出てこなかった。それで、亭主は機嫌が悪くなったのである。

問四　亭主が妻を叱ると、家の者は、割れた鉢を持ち出して、ありのままを言った。亭主は考えこんでいたが、やがて機嫌を直して、「めでたやめでたや。今年、我があきなひは八割上がらむよ」と言った。亭主の言葉のおかしさを読み取ることがポイント。

- 亭主は、話を聞いて、「鉢を割る」という言葉を思い浮かべた。↓a・b
- 「鉢を割る」から「八割」を連想し、商売が昨年よりも「八割も上がる」と読み替えて、縁起がいいと思い直した。↓c・d

【現代語訳】　ある商人の家で、正月の朝ごとに、昆布や、かちぐりなどの菓子を入れて置いておく鉢がある。（前日の）宵から妻が（その鉢を）取り出して、家の者に、「きれいにすすいであけておきなさい。」と言って渡すと、どうしたことであろうか、その者は、（鉢を）取り落として割ってしまった。妻が、ひどく驚いているうちに、（夜が）明けたので、「正月のいつもの茶菓子が出るだろうか。」と思って、亭主は待つけれども、（茶菓子は）出てこない。（亭主は）そこで機嫌を損ねて、妻を叱っていると、家の者が、割れた鉢を持ち出して、ありのままに言った。亭主はよく考え、機嫌を直し、「めでたいなめでたいな。今年、私の商売は八割上がるだろうよ。」と祝った。

30 古典② 漢文

1
問一 示スニ㆓玉人ニ㆒
問二 貪らざるを以て宝と為す
問三 宝
問四 エ

2
問一 ア
問二 ウ
問三 イ
問四 エ

解説

1 問一 書き下し文には、「玉人に示すに」とある。よって、「3 1 2」の順で読むために一・二点を付ける。

問二 空所の部分に当たる漢文は、「以テ㆑不《ざ》ルヲ㆑貪《むさぼ》ラ為ス㆑宝ト」である。レ点は、下から上に一字返って読む。送り仮名のカタカナはひらがなに直す。「不《ざ》」は助動詞なので、ひらがなに直す。

合格プラス!
助動詞「不《ず》・也《なり》・使《しむ》」などは、書き下し文ではひらがなに直す。

問三 玉《ぎょく》を献上したいと申し出た宋《そう》の人に対して、子罕《しかん》が答えた言葉を読み取る。

- 「私は欲ばらないことをもって、(自らの)宝としている」…子罕にとっての「宝」(=価値のあること)とは、欲ばらないことである。
- 「あなたは玉を宝としている」…宋の人にとって、「宝」(=価値のあるもの)とは玉である。

よって、子罕が言うには、もし宋の人が自分に玉を与えたなら、皆が(子罕と宋の人の両方が)宝を失うことになる。なぜなら、玉を受け取ることで、子罕は「欲ばらないこと」という宝を失うし、宋の人は玉という宝を失うからである。

問四 子罕は、自分の宝は欲ばらないことであり、宋の人の宝は玉だという。つまり、宝とするもの(価値のあるもの)は人によって異なるのであり、それぞれが宝とするものを大事にするべきだということを、本文は言おうとしている。よって、**エ**が正解。

【現代語訳】 宋の人が玉《ぎょく》を手に入れて、これを司城《しじょう》の子罕《しかん》に献上した。子罕は、(それを)受け取らなかった。玉を献上した者が言うことには、「(この玉を)宝石職人に見せると、宝石職人は宝玉だと認めたので、これを献上したのだ。」と。子罕が言うことには、「私は欲ばらないことをもって、(自らの)宝としている。あなたは玉を宝としている。もし(玉を)私に与えたなら、皆が宝を失う。(それよりも)それぞれがその宝を持っているほうがよい。」と。

2
問一 一句が五字で、四句から成るので、「五言絶句」。

問二 「日月《じつげつ》と争《あらそ》ひ」という書き下し文から、「3 1 2」の順で読むために一・二点を付ける。

問三 問題文に、「役人であった張説《ちょうえつ》が、洛陽《らくよう》の町から蜀《しょく》へ出張して帰るときのことを詠《よ》んだもの」とある。詩の題には、「蜀道《しょくだう》にて期《き》に後《おく》る」(蜀道で帰る予定に遅れてしまった)とある。「蜀道」とは、語注に「蜀へ通じる険しい道」とあり、洛陽と蜀を結ぶ道である。したがって、蜀へ出張した作者は今、蜀から洛陽に帰ろうとして、その道の途中にいることがわかる。よって、**イ**が正解。

問四 「秋風《しうふう》 相待《あひま》たず、/先《ま》づ至《いた》る 洛陽城《らくやうじやう》。」の部分を読み取る。ここは、「秋風は私を待ってはくれずに、先に洛陽の町に吹いてしまった」という意味。つまり、秋風が吹く前に、作者は洛陽の町に到着することができなかったことを表している。よって、**エ**が正解。

【現代語訳】 蜀道で帰る予定に遅れてしまった
旅人(である私)の心が月日の流れと速さを競うかのようにせきたてられるのは、
往復の日程をあらかじめ決めておいたからなのだ。
秋風は私を待ってはくれずに、
先にたどり着く。洛陽の町に。

Step 3 入試にそなえる！

第1回 入試模擬テスト

1 (1) ぜひ　(2) へだ（てて）　(3) かんかつ　(4) ぶよう
(5) けいしょう

2 (1) 系統　(2) 織（る）　(3) 額　(4) 導（いた）
(5) 喜色

3 問一 エ
問二 (1) イ　(2) 自然を克服すること
問三 (1) エ　(2) 生活様式
問四 例 労働時間と労働密度を自分で決められるということ。
（24字）
問五 例 山村での労働は生活と密接に結びつき、その在り方は、季節とともに自然条件に合わせて変化していくから。
（49字）
問六 イ

4 問一 おりおりは　問二 エ
問三 長々しき ～ ささげよ
問四 Ⅰ 例 花を散らす（5字）　Ⅱ 左近尉（3字）
Ⅲ 例 近衛殿のすばらしさを台無しにしている（18字）

5 Ⅰ 千里　Ⅱ ア

6 問一 オ　問二 かな

解説

3 **問一** 空所を含む一文のあとに、逆接の接続詞「しかし」があることに着目する。ここは、一般的なことがらを述べておいて、逆接で筆者の意見を述べるパターン。

問二 (1) 「そこ」は、直前の段落の内容を指している。植物や野生の動物は、季節の変化に合わせて自らの生活を変えていくのである。よって、イが正解。

(2) 「そのリズム」とは、季節の変化に応じたリズム。人間にそれがないのは、「一年中同じように働き、同じように生活しなければならない」からである。それは、「自然の一員としてあるだけでなく、自然を克服することによってのみ生きることのできる人間にさずけられた宿命」である。

問三 「そのリズム」とは、「春には春の仕事」「夏には夏の仕事」というように、一年の季節の変化に応じて仕事をしてきたことを指す。しかし、

- 「都市の生産活動は、一年の自然条件の変化に左右されずに生産がつづけられることを目的」としており、「一年中変わらない生産活動」に「人々の生活も合わせられる」→A
- 「その結果人間の生活様式も一年中変わることはなくなる」→B

問四 「能動的判断」とは、「自分自身で下した判断」ということ。「いそがしさ自身が、自分の能動的判断にもとづいて実現する」のは、山村の労働においてである。山村の労働は、都市の生産活動のように外から強制されておらず、「自分の労働時間と労働密度を自分でコントロールする」。

つまり、労働時間と労働密度をどれくらいにするかを、「自分で決める」ことができるのである。

問五 山村での生活と労働の性質を読み取る。山村では、「畑仕事に精を出すことは、そのまま自分の生活で消費するものをつくっていくこと、すなわち生活そのものである」とあり、労働自体が生活なのである。

そしてその労働の密度は、「自然条件との関係のなかで、自然条件を利用しながら決定される」のである。

山村での労働と生活が密接に結びついている点とその労働が自然条件（四季）に合わせて行われている点をまとめる。

問六 本文と照らし合わせて検討する。

イ 本文では、自然の四季のリズムに合わせた山村の労働・生活と、一年を通して変わらない近代以降の都市の労働・生活が対比して述べられていた。その内容と合致する。

4

問一　助詞以外の「を」→「お」に直す。「は」は助詞なので直さない。

問二　「左近尉《さこのぞう》」という家老が農民から強引に年貢《ねんぐ》を取り立てたので、農民たちはなげいていた。「いかがせん」は「どうしよう」、「ひしめきあふ」は、「大勢が騒ぎあう」という意味。よって、エが正解。

問三　「百姓」たちは、領主の近衛《このゑ》殿に訴えを申してみようと考えて、一休を招いて、訴状をお書きくださいと頼んだ。このあとが、一休の言った言葉である。「とて」に着目する。

問四　Ⅰ　むら雲は、美しい月を隠してしまうものである。同じように、風は花に対してどのように害を与えるかを考える。

Ⅱ・Ⅲ　一休の和歌は、「月↑むら雲」「花↑風」の関係と「近衛殿↑左近尉」の関係が同じであると言っている。つまり、左近尉の振る舞いは近衛殿のすばらしさを台無しにするものであると教えて、近衛殿に左近尉の振る舞いを改めさせるようにお願いしているのである。

【現代語訳】　一休和尚《おしょう》は、奈良のたきぎという所に、時々住んでいらっしゃった。そのあたりの村々は、近衛殿の御領地であったが、左近尉という家老が、農民から強引に年貢を取り立てたので、農民たちはこのことをなげいて、どうしたらよいかと（みんなで）騒いでいた。その中の老人が申すことには、どんなに農民への接し方がきついといっても、武家とはまったく違うだろう。（近衛殿は）貴族であるので、訴え申し上げてみようと言って、訴状を工夫しているところへ、農民たちは一休を招いて、この訴状をお書きくださいと頼んだところ、「長々しい訴状までもいらないだろう。これを持って近衛殿に捧げなさい」と言って歌を詠《よ》んでお送りになった。

世の中では、（すばらしさを台無しにするものとして）月に群がっている雲、桜に風という。（同様に）近衛殿には左近尉である（近衛殿のすばらしさを左近尉が台無しにしている）。

近衛殿は（歌を）ご覧になって、おもしろがられて、年貢をずいぶん軽くなさったということだ。

5

Ⅰ　「千里の道も一歩から」は、「どんな大きな事業も小さな努力から始まること」。「悪事千里を走る」は、「悪い行いは、すぐに世間に知れ渡ってしまうこと」。「千里眼」は、「遠いところにあるものを見通す能力」。

Ⅱ　「千里」は、きわめて遠い距離を表す。

6

問一　①　俳句は五・七・五の定型。　②　「枯野」は冬の季語。

問二　切れ字は、「や・かな・けり・ぞ」など。

第2回　入試模擬テスト

1　(1)　もっぱ（ら）　(2)　おごそ（か）　(3)　へいおん

(4)　ひあい　(5)　たんれん

2　(1)　逆（らって）　(2)　去就　(3)　縦隊　(4)　演奏

(5)　破（る）

3　**問一**　イ　**問二**　ウ　**問三**　エ

問四　例　美咲の怒りを受け止める覚悟。

問五　安易な同情

問六　エ　**問七**　ア　**問八**　イ

4　**問一**　知《ルヲ》レ之《ヲ》　為《シ》レ知《ルト》レ之《ヲ》、

問二　例　友人と交際する（7字）

問三　イ　**問四**　ウ

問五　(1)　例　知っていることと知らないこと（14字）

(2)　反省　(3)　例　両立させる（5字）

解説

3

問一　二文後に、「十二歳のあたしは、親友を見舞う優しい子の役を蹴っ飛ばすことができなかった」とある。「蹴っ飛ばす」は「一蹴する」の言い換えで、「要求などをそっけなく断る」という意味。よって、イが正解。

問二　友迫《ともさこ》さんは、「お見舞いの言葉を続けられなくて」泣き出し、「こんなになって、痛いでしょ」としゃくり上げた。

そんな友迫さんを見て、先生は、「少し涙ぐみながら、その頭をなで」、美《み》咲《さき》のお母さんは、「ありがとう。優しいのね。…仲よくしてやってね」と言って「エプロンで目頭をぬぐった」。先生も美咲のお母さんも、友迫さんは友達思いの優しい子だと感じていると考えられる。よって、ウが正解。ア・イは全体が的外れ。エは本文からは読み取れない。

問三　「指先だけが、シーツを握りこんでいた」ことから、美咲は、心の中になにか強い感情を抱いていることがわかる。

この時の美咲の気持ちは、ほかの人々がいなくなったあとの場面に書かれている。「わかっている。これは屈辱だ。美咲にとって、安易な同情ほど屈辱的なものは、ない」「自分が、かわいそうな少女にされてしまったことに、美咲は蒼白《そうはく》になって怒《いか》っている。怒りながら、耐えていた」とある。安易な同情に対する怒りを押し殺していたのである。よって、エが正解。

ア　美咲が怒りを感じていたのは、「あたし」が「お見舞いに来ても優しい言葉一つ掛けない」ことに対してではない。

イ　美咲が怒りを感じていたのは、大人に対してではない。

ウ　全体が的外れ。

問四　前後の文脈から、理穂《りほ》の気持ちを読み取る。

病室を出ようとしていた理穂を、美咲は「理穂ちゃん」と呼んだ。親しい美咲が「ちゃんづけで呼んだ」ことで、理穂の「嫌な予感は確信に変わ」った。

だから、美咲に呼び止められたとき、理穂はおそらく自分のしたことを非難されるだろうと覚悟したと考えられる。美咲に怒られても仕方がないと思ったのである。以上を簡潔にまとめる。

問五　「友迫さんの涙」については、——線④のあとで、「無責任」「無責任な覚悟のない優しさ」と書かれている。同様の言葉を——線④より前から探す。

問六　美咲に対する理穂の気持ちをとらえる。美咲は、「自分が、かわいそうな少女にされてしまったこと」に怒っている。それに対して、理穂は、「あたしも美咲を侮辱した。優しい親友の役を拒否できなくて、のこのこついてきた。最低だ」と思っている。理穂は美咲に対する自分の行動を反省している。よって、エが正解。ア・イは全体が的外れ。ウは、理穂は友迫さんの行動に同調していない。

問七　理穂は、「タオルを放り投げ、ドアを開けたおばさんの横をすり抜けて」、「曇り空の下を家まで走った」。急いで病院から立ち去ろうとしたのである。「一度も、立ち止まらなかった」のは、少しでも早く病院から離れたかったからだと考えられる。その心情に当てはまるのは、ア。

イ　理穂は美咲のことが嫌になったのではない。

ウ　理穂は、おばさんが入って来る前に美咲の顔の涙の跡をタオルで拭いている。よって、「美咲との友情が終わった」は誤り。

②

エ　全体が的外れ。

問八　内容を説明した部分と表現を説明した部分をそれぞれ検討する。

ア　「白っぽい病室」「黄色い点滴の液」「髪の黒さと唇の紅《あか》さ」など、色の表現は多用されているが、美咲が「死を覚悟したからこそ大人びた考えを手に入れた」ことは、本文からは読み取れない。

イ　本文の内容に合っている。また、会話も多用されている。よって、これが正解。

ウ　「美咲の成長を思いあえて厳しく接する理穂」が誤り。また、本文で比喩は多用されていない。

エ　「彼女を立ち直らせようとする理穂」が誤り。また、「複数の視点から多面的に描かれている」も誤り。基本的には理穂の視点から描かれている。

4

問一　書き下し文は「之《これ》を知るを之を知ると為《な》し」である。「2 1 5 4 3」の順に読むためにレ点を付ける。

問二　「朋友《ほうゆう》」は「友人」、「交《まじは》る」は「交際する」という意味。

問五　(1)【Ⅰ】の文に、「之を知るを之を知ると為し、知らざるを知らずと為す」とある。これは、自分が何を知っていて何を知らないかを把握するということである。

(2)【Ⅱ】の文は、初めに「吾《わ》が身を省みる」とあり、自分自身の人に対する態度を、様々な点から振り返っている。

(3)【Ⅲ】の文は、知識を学ぶことと考えることの両方が大切だと言っている。

【現代語訳】【Ⅰ】由よ、お前に「知る」ということを教えようか。知っていることを知っていると認識し、知らないことを知らないと認識する。これが「知る」ということである。

【Ⅱ】私は一日に三度自分自身について反省する。人のために相談にのって考え、まごころを欠くことはなかったか。友人と交際するとき、誠実さを欠くことはなかったか。（自分が）十分習熟していないことを（人に）伝えることはなかったか。

【Ⅲ】（知識を）学ぶだけで（自分で）考えなければ物事の道理はよく分からない。（自分で）考えるだけで（知識を）学ばなければ危険である。